Heribert Rau

Der Raub Strassburgs im Jahr 1681

Vaterländischer Roman

Heribert Rau

Der Raub Strassburgs im Jahr 1681
Vaterländischer Roman

ISBN/EAN: 9783743487543

Hergestellt in Europa, USA, Kanada, Australien, Japan

Cover: Foto ©ninafisch / pixelio.de

Manufactured and distributed by brebook publishing software (www.brebook.com)

Heribert Rau

Der Raub Strassburgs im Jahr 1681

Der Raub Straßburgs

im Jahre 1681.

Vaterländischer Roman in 3 Theilen

von

Heribert Rau.

Erster Theil.

Frankfurt a. M.
Literarische Anstalt.
(Rütten und Löning.)
1862.

Dem wackeren Ehrenmanne, dem rüstigen Vorkämpfer
für ächtes und wahres Volkswohl:

Herrn Carl Graeff in Bingen,

widmet dies Buch

als Zeichen seiner innigen Verehrung

der Verfasser.

Inhalt.

I. Abtheilung: Ludwig XIV. und sein Hof.

	Seite
1. Einleitung	1
2. Ludwig XIV.	13
3. Ein Tag aus dem Leben eines Königs	36
4. Nec pluribus impar	50
5. Die Marquise von Montespan und Louvois	69
6. Eine Intrigue	101
7. Die Teufelsbeschwörung	123
8. Der Traum	149
9. Ein edler Freund	170
10. Jagd und Edelwild	187
11. Ein vornehmer Schurke	211
12. Die Katastrophe	235

II. Abtheilung: Eine deutsche Stadt.

	Seite
13. Straßburg	259
14. Das Schneiderlein	280
15. Familienglück	301
16. Hans im Schnakenloch	324
17. Die Berräther	357
18. Eine schwere Stunde	375

Erste Abtheilung.

Ludwig XIV. und sein Hof.

Einleitung.

Der Friede von Nimwegen hatte die Macht König Ludwigs XIV. von Frankreich auf's Neue gestärkt. Größer und gewaltiger denn je stand dieser Herrscher jetzt da, während einerseits sein Jahrhundert ihm zujauchzte, andererseits dagegen seiner Regierung Fluch und Verwünschungen nachsandte. Weit über ein halbes Jahrhundert währte dabei in den europäischen Verhandlungen der vorherrschende Einfluß dieses mächtigen und ehrgeizigen Königs in Frieden und Krieg, indeß zugleich eine Verkettung der günstigsten Umstände — sowohl in Frankreich selbst, als auch im Auslande — ihn zu einer Höhe erhob, von der, in Folge innerer Zersplitterung, das deutsche Kaiserthum längst herabgesunken war.

War es doch Ludwig XIV. gelungen die Widersetzlichkeit des Adels — die seit Franz II. Frank=

reich in Trauer versenkt hatte — vollständig zu vernichten; die Herrschaft des Parlamentes zu brechen und jede Freiheitsregung des Volkes mit eisernem Fuße in den Staub zu treten. Die Nation gehorchte; das Parlament empfing von dem Monarchen — der sich nicht gescheut in Jagdrock, beschmutzten Stiefeln, die Reitpeitsche in der Hand, in dasselbe einzutreten — Gesetze; ja die Häupter und Helden der Fronde waren zu schmeichelnden augendienerischen Höflingen herabgesunken.

Ludwig XIV. hatte es zu der absolutesten und unbeschränktesten Machtvollkommenheit gebracht, und wie ein gewaltiger Donner rollte sein kühner Ausspruch: „L'Etat c'est moi!" über die weite, in Staunen und Aufregung erbebende Welt.

Aber der König kannte, verstand und erfaßte auch vor allen Dingen Frankreich und seine Franzosen. Die vorausgegangenen Bürgerkriege hatten die Thatkraft des französischen Volkes genährt und gesteigert; jetzt lenkte der schlaue Fürst diese Kraft mit unbestrittener Vollgewalt zum selbstgewählten Ziele.

Kühne Pläne weckten den Ehrgeiz der Nation; Eroberungen — gerecht oder ungerecht — steigerten ihn; Helden, wie Condé und Türenne, entflammten das leicht bewegliche, an sich kampflustige Volk zu einer fast fanatischen Kriegslust; während der Glanz und die Pracht des Hofes, das Emporwachsen riesiger Bauten, der Schutz und die Pflege der Künste und Wissenschaften die französische Nation mit dem ansteckenden poetischen Rausche der Größe erfüllte.

Was war da natürlicher, als daß das kriegerische, eitle, leicht entzündliche Frankreich sich jetzt begeistert auf die Bahn des Ruhmes und der Größe stürzte, die ihr durch den bewunderten Monarchen eröffnet worden war.

Welche Größen kamen aber auch Ludwig, als strahlende Geburten des ihn tragenden Jahrhunderts, zu Hülfe!

Glänzten nicht um jene Zeit an Frankreichs Himmel, als Sterne erster Größe, die Namen: Mazarin, Colbert, Louvois, — Condé, Türenne, Luxemburg, Catinat, Vandôme, — Corneille, Racine, Moliere, Bayle, La Fontaine, Boileau, Fenelon, Bourdaloue, Bossuet, Saurin, Massilon, — Mansard, Claude Lorrain, Poussin, Lebrun u. s. w.?! Mußten diese ausgezeichneten Männer, diese in allen Sphären des öffentlichen Lebens hervorragenden Geister nicht die Wirksamkeit der materiellen Kräfte gewaltig steigern? Drei Factoren wirkten hier gleichmäßig darauf hin, Frankreich ein Zeitalter des Glanzes zu geben, wie es ein solches seitdem nicht mehr gesehen; und diese drei gewichtigen Factoren waren:

die im ganzen Volke zunehmende geistige Thätigkeit — die seltene Persönlichkeit jener einzelnen, eben genannten Männer — und — die große Theilnahme und Mitwirkung der Regierung. War es da ein Wunder, daß bei solchem Zusammenwirken für Frankreich der Morgen einer neuen Aera anbrach, die in mancher Beziehung unwillkürlich an das Zeitalter eines Perikles, eines Augustus und der Mediceer erinnerte?

Und dieser Glanz mußte ja um so heller leuchten, als gerade in derselben Zeit die sonst so gefürchteten Nebenbuhler Frankreichs in Thatlosigkeit und Schwäche versunken waren. Spaniens Sonne war untergegangen; es stand vor den Augen der Welt als ein Muster der Erbärmlichkeit da — als ein Staat, der sich aus eigener Kraft kaum mehr eines Streiches zu erwehren vermochte. Auch Deutschlands Kraft und Herrlichkeit war leider längst erblichen, und Kaiser Leopold I. — Sohn Kaisers Ferdinands III. und der spanischen Infantin Maria Anna — war nicht der Mann dazu, das schöne herrliche deutsche Reich aus seiner Zersplitterung, Schlafsucht und Verkehrtheit emporzureißen. Mit schwacher Hand das Staatsruder führend, sah er das Reich von den Türken bedroht, Ungarn in Aufstand, seine Hauptstadt Wien belagert, Frankreich mit Deutschland in drei Kriegen, und den Norden des Reiches durch Friedrich Wilhelm, Kurfürst von Brandenburg, als ein selbstständiges Herrscherthum erstarken. Nur im Schutze **Hollands und Englands** — dessen Richtung jedoch damals ebenfalls durch die unlautere Politik seiner Könige in einem kläglichen Schwanken begriffen war — beruhte jetzt noch die Hoffnung der einst so stolzen und weltgebietenden deutschen Kaiserkrone. **Dänemark und Schweden** aber — von welchen sich je das eine oder das andere abwechselnd Frankreich oder dessen Feinden verbündet zeigte — hoben dadurch selbst ihre Bedeutung auf; während **Rußlands** Stimme in jenen Tagen noch wenig in die Ferne drang, und der **Sultan** — Ludwigs XIV. Freund war.

In zwei großen Kriegen gegen das verbündete halbe Europa errang also Ludwig, wenn auch nicht einen entscheidenden, doch einen glänzenden, durch kostbare Eroberungen strahlenden und reich belohnten Sieg. Rasch aber folgte jetzt der wachsenden Macht und Größe Frankreichs der Uebermuth des ehrgeizigen, ländersüchtigen Fürsten, und so riß denn Ludwig XIV. was der Krieg und der Sieg nicht gegeben auch im Frieden übermüthig und mit unerhörter Gewaltthat als „Raub" an sich.

Nichts wäre nun natürlicher und klüger gewesen,

als wenn sich alle europäischen Mächte verbunden und rasch und einstimmig, den deutschen Kaiser an der Spitze, den Eroberungs=Plänen Ludwigs XIV. energisch entgegengestellt hätten. Statt dessen fühlte fast allein der Kurfürst Friedrich von Brandenburg was auf dem Spiele stand. Er schloß daher, mit der Kühnheit und Weisheit eines großen Staatsmannes, ein Bündniß mit dem bereits bedrohten und ange= griffenen Holland und suchte den kaiserlichen Hof zu kräftigen Maßregeln zu bewegen.

Sobald indeß der französische Botschafter in Wien, Gremonville, hievon Nachricht bekam, suchte er das kühne und männliche Auftreten Brandenburgs zu hintertreiben, — eine Bemühung, die bei dem schwa= chen Kaiser und dem zersplitterten Reiche leicht aus= führbar war.

Da faßte der Kurfürst ein Herz, ging mit einem guten Beispiele voran und schloß von seiner Seite aus mit Spanien, dem Kaiser und Holland ein Schutz= und Trutzbündniß gegen Frankreich und die räuberischen Uebergriffe seines Königs.

Aber was vermag in der Politik der gute Wille eines Einzelnen!

Ungetreue Minister, sowie undeutsch ge= sinnte deutsche Fürsten standen Brandenburg entgegen und vereitelten aus Neid, Furcht und Eigen=

nutz fast jede Wirkung dieser schönen Vereinigung. Immerhin aber mußte Ludwig in deren Folge einen Theil seiner Macht unter Türenne aus Holland zurückziehen.

Obgleich nun seitdem in den Niederlanden keine großen Schlachten mehr vorfielen, ward das französische Heer doch durch einzelne Kämpfe, Krankheiten u. s. w. gar sehr geschwächt; während ein Versuch des neuen Feldherrn: auf dem Eise in das Innerste Hollands vorzudringen, gänzlich mißlang.

Anfangs waren die Franzosen so üppig, daß sie von den Kühen nur die Zungen aßen*), das übrige Fleisch aber vergruben, um Gestank zu vermeiden. Sobald indeß das Unglück über sie hereinbrach, wandelte sich schnell der französische Uebermuth in wilden Vandalismus um; ja sie begingen jetzt so viele abscheuliche Frevel, mit Plündern, Brandschatzen, Brennen u. s. w. daß die ärgsten Zeiten des dreißigjährigen Krieges wiederzukehren schienen.

Die Truppen des glorreichen Königs, Ludwigs XIV. — den die Stimmen der Schmeichler den „größten König", den „König der Erde",

---

*) Raumers „Geschichte Europas" VI. S. 68. u. f. Vie de Guillaume III. Th. I. S. 62. 91. Basnage II. 358. Desormeaux IV. 193. 212. Larrey IV. 128.

einen „neuen Constantin" und einen zweiten „Karl den Großen" nannten*), — mußten sich nun zwar zurückziehen; ... aber ... diesen Rückzug schmückten doch an 3000 mit Raub und Beute beladene Wagen; als Beweis, wie schonungslos man gewüthet.

Jetzt hatte Frankreichs König — wie auch Anfangs schon — keinen vernünftigen und genügenden Grund mehr, den Krieg fortzusetzen oder einen neuen anzufangen; am wenigsten mit Deutschland, das den Frieden aufrichtig wünschte. Aber gerade weil Ludwig XIV. sich überzeugte, sein Angriff Hollands sei ein Mißgriff gewesen, suchten sein gedemüthigter Stolz und seine nimmersatte Ländergier einen anderen Weg, den einmal begonnenen Kampf siegreich zu beenden. Spukte doch in Ludwigs Kopf die Idee einer Universalmonarchie, ... wie sie später den Geist Napoleons I. berauschte und auf Irrwege führte.

Da Ludwig XIV. aber gewohnt war, bei seinen Leidenschaften das Recht nie in Betracht zu ziehen, sondern nur diese Leidenschaften selbst, seinen Willen und die Machtverhältnisse zu berücksichtigen, so kehrte er sich jetzt wieder, ohne alle weitere Veranlassung, gegen das Deutsche Reich.

---

*) Bosuet!

Unter nichtssagenden Vorwänden wurde die Rheinbrücke bei Straßburg — dieser Perle in dem Kranze der deutschen Städte — abgebrannt, wurden die übrigen Reichsstädte im Elsaß besetzt, Kaufmannsgüter angehalten oder weggenommen; Kriegsvölker nach Belieben in deutsche Landschaften gelegt, Steuern völlig unberechtigt eingetrieben und innerhalb der Gränzen Deutschlands Willkürlichkeiten von den Franzosen vorgenommen, zu welchen selbst der eigene Landesherr — der Kaiser und das Reich — nicht berechtigt gewesen wären.

Aber dies Alles sollte ja — so verlangte es die perfide Politik Ludwigs XIV. — keineswegs für einen Angriff, oder eine Verletzung des Friedens, sondern nur für großmüthigen Beistand wider den gefährlichen und übermächtigen Kaiser gelten!

Und doch hatte keine Seele diesen Beistand verlangt.

Aber Ludwig ging noch weiter, ... er erklärte, ihm liege des deutschen Reiches Wohlfahrt ganz ungemein am Herzen[*]), und sein Heer unter Türenne betrete nur dessen Boden, um

---

[*]) Theatr. europ. 385. Basnage II. 372—375. 388. Valbenier I. 90. Raumer VI. 69. 70.

Ruhe und Ordnung aufrecht zu erhalten. Doch sei er bereit seine Mannschaft aus Deutschland zurückzuziehen, . . . wenn der deutsche Kaiser dasselbe thue*)!!

Wer noch irgend Gefühl für Wahrheit und Recht besaß, mußte über die Frechheit dieses Benehmens und die Erbärmlichkeit einer solchen Sophistik empört werden und, von ächtem Vaterlandsgefühle begeistert, darauf bringen, rasch, einig und kräftig zu handeln.

Was aber geschah nun in Deutschland?

Statt eines energischen einigen Handelns haderten Stände und Fürsten über unnütze Kleinigkeiten, gaben weniger den preiswürdigen Ermahnungen des Kaisers, als den Anerbietungen und Schmeicheleien des mächtigen Feindes Gehör und täuschten und betrogen sich zuletzt untereinander.

Wahrlich diese Schmach ist so entsetzlich, diese Nichtigkeit so jämmerlich, dieser Verrath am Vaterlande so abscheulich, . . . daß man die Frevel der Franzosen wie eine vom Himmel gesandte, verdiente Zuchtruthe betrachten könnte! Auch ist diese Nemesis über Deutschland immer wieder eingebrochen und wird auch künftig jedesmal wieder einbrechen, sobald

---

*) A. a. O.

Deutschland vergißt, daß die Mannigfaltigkeit seines inneren Lebens nie in eine völlige Trennung und Entgegensetzung ausarten darf und daß das größte Volk naturgemäß zu Grunde geht und eine Beute der Fremden wird, sobald es nicht mehr wie ein einiges untheilbares Volk denkt, fühlt und handelt!

So standen die politischen Verhältnisse zur Zeit des Beginnes unserer Geschichte; nur blendete damals noch der Glanz und die Pracht des Hofes von Versailles und die anscheinende Größe Ludwigs XIV. Frankreich und die ganze Welt.

Stand doch Ludwig gerade jetzt auf dem Gipfel seiner Macht; war er es doch, der das beste Heer, die größten Feldherrn, eine treffliche Flotte und, neben dem Staunen des Auslandes, die von ächt französischem Enthusiasmus getragene Zuneigung seiner eigenen Unterthanen besaß. Sah man doch überall in Frankreich preiswürdige Fortschritte; — blühten doch Gewerbe, Künste, Wissenschaften herrlicher denn je; — belebte doch heitere Geselligkeit ganz Paris; — gab es doch nichts Stolzeres und Glänzenderes, als den Hof Ludwigs XIV.

Und welch' einen Reiz gaben noch die Damen diesem Hofe … die schönsten und geistreichsten Damen Frankreichs, die den Thron des Königs

wie ein prachtvolles duftendes Blumendiadem um=
gaben.

Aber Ludwig XIV. wußte diese hohe Zierde
seines Hofes auch zu schätzen, wie sein Ausspruch
es beweist: „Ein Hof ohne Frauen ist ein Jahr ohne
Frühling und ein Frühling ohne Rosen!"

Und wahrlich! ... er pflückte dieser Rosen
genug, ... um sein Leben damit herrlich zu schmücken!

Ludwig XIV.

In der großen Gallerie des Schlosses von Versailles fing es an lebhaft zu werden. Diener in glänzenden Livréen, Cavaliere in noch weit strahlenderen Hofkostümen, Damen in Atlas, Seide oder Sammt gekleidet, funkelnd in den farbigen Blitzen kostbaren Schmuckes, aber heller noch leuchtend in dem Glanze eigener Schönheit, füllten den weiten Raum, den Mansard mit einer überraschenden Pracht an Spiegeln, Marmor und Goldbronze aufgeführt, Lebrun durch seine herrlichen Gemälde geschmückt hatte.

Das Schloß von Versailles — diese wahrhaft königliche Schöpfung Ludwigs XIV. — galt überhaupt damals als ein neues Wunder der Welt; wie es denn auch wirklich zu allen Zeiten nicht nur als eines der merkwürdigsten Denkmale für die Geschichte der Kunst, sondern auch als eine mate=

rielle Darstellung seines Jahrhunderts emporragen wird:

Einst standen auf dem Gebiete, das jetzt die Krone der Schlösser trägt, nur eine Priorei, ein Pachterhaus und eine Windmühle. Zu den Zeiten Ludwigs XIII. war das Pachterhaus verschwunden, aber die Mühle war noch vorhanden und oft, wenn der traurige gedankenvolle Monarch sich bei irgend einer Jagd verspätet hatte, schlief er in dieser schlechten Fuhrmannskneipe*).

Endlich war er, dessen Tage so trübselig dahin schwanden, es überdrüssig, auch hier noch so klägliche Nächte zuzubringen. Ludwig XIII ließ daher zuerst einen Pavillon bauen; aber dieser Pavillon war so klein, daß er nur dem Könige Raum für ein Nachtlager gab, das Gefolge aber, das sonst im Freien übernachten mußte, jetzt Obdach in der Mühle fand. Drei Jahre später wandelte sich der Pavillon in ein kleines Schloß, auf welches indeß, wie Bassompierre sagt, kein Edelmann sich etwas eingebildet hätte.

Da jedoch Ludwig XIII. nicht so anspruchsvoll war, als Bassompierre und Saint-Simon, so wurde

---

*) Memoiren Saint-Simon's. Ludwig XIV. und sein Jahrhundert von A. Dumas. IV. 180 u. f.

dies kleine Schloß seine Puppe. Er brachte den Winter 1632, den ganzen Carneval von 1633, und den ganzen Herbst desselben Jahres dort zu.

Eines Abends, als er um diese Besitzung — die einzige, die er als sein Eigenthum betrachtete, — lustwandelte, sagte er in einem Augenblicke der Begeisterung zu dem Herzog von Grammont:

"Marschall! erinnern Sie sich hier eine Windmühle gesehen zu haben?"

"Ja, Sire!" — antwortete der Marschall — "die Mühle ist fort . . . aber der Wind ist noch immer da!"

Endlich — im Jahr 1663 — beschloß Ludwig XIV. aus Versailles eine königliche Residenz zu machen. Mansard entwarf die Pläne, Lebrun skizzirte sie und nun entstand jener Prachtbau, der in seiner Ausführung nicht weniger als einhundert fünfundsechzig Millionen, hundert einunddreißig tausend, hundert vierundneunzig Livres verschlang, und der bei der unglücklichen Sucht, Ludwig XIV. nachzuahmen, lange Zeit — zum Unglück der Länder und Unterthanen — das Vorbild und Muster zu einer Menge Schlösser europäischer Fürsten abgab.

In der großen Gallerie dieses Schlosses nun versammelten sich nachgerade, wie an dem Morgen eines jeden Tages, die Höflinge und Chargen des Reiches, um — je nach Rang und Berechtigung — dem „Lever", den „grandes oder secondes entrées" Seiner Majestät beizuwohnen; denn Ludwig XIV. umgab ein strenges, fast bis in das Unglaubliche gehendes Ceremoniel, welches in der That nur zu sehr an die Herrscher des Orients erinnerte*).

Natürlich entsprachen der Pracht und dem Glanze, die der König entwickelte, auch die Pracht und der Glanz des Hofes. Ludwig XIV. liebte es so; . . . aber . . . Ludwig XIV. war schlau genug, damit auch einen diplomatischen Kunstkniff zu verbinden. Lag ihm doch alles daran, dem Feudalwesen in seinem Reiche ein Ende zu machen, den früher so stolzen und selbstständigen französischen Adel unter das Joch seines Scepters zu beugen und zu einer unbedingten Abhängigkeit von der Krone herabzudrücken. Dabei aber kamen ihm zwei Dinge trefflich zu Statten: einmal die angeborene französische Eitelkeit und Verschwendungssucht und dann . . . der Ehrgeiz des Adels selbst.

Von dem Glanze und der Pracht des Hofes gelockt und gereizt, stürzten sich die edelsten Geschlechter

---

*) „Ceremoniel des Rois, à l'Etat de France". Hofceremoniell des königlich französischen Staates.

in einen wahren Wettstreit der Verschwendung, der gar viele nur zu bald in den Abgrund gänzlicher Verschuldung und somit auch der äußersten Abhängigkeit von der Krone führte. Der schlaue Träger dieser Krone ging aber in der Prunksucht mit einem guten Beispiele voraus: der Werth der Kron-Juwelen z. B. der bei dem Tode König Ludwigs XIII. siebenmalhunderttausend Franken betrug, belief sich 1696 unter Ludwig XIV. auf 11,333,000 Franken!*)

Atlas, Seide, Sammt, kostbare Spitzen, Gold- und Silber-Brocate, Federn, Juwelen und Geschmeide aller Art überdeckten daher damals bis zum Uebermaß und Unschönen Herren und Damen des Hofes; war dies aber schon für gewöhnlich der Fall, um wie viel mehr heute, ... an dem Tage, an welchem dem persischen Gesandten eine große Ceremonien-Audienz zugesagt war, — in welcher derselbe die Huldigungen seines Herrschers zu den Füßen des Königs von Frankreich, Ludwigs XIV. niederzulegen sich erbeten hatte.

Alles strahlte also heute in dem äußersten Aufgebote der Pracht, die ihren Höhepunkt in den Toiletten der Herzoginnen von Chatillon, von Rohan, von Montbazon und von Beaufort

---

*) Dangeau Mem. II. 61. III. 334.

erreichte, die eben mit ihren Ehrendamen zum „l'entrée du cabinet" durch die große Gallerie schritten. Sie waren, als flammende Sonnen dieses Hofes, umgeben und gefolgt von anderen Sternen: den Herzögen von Brissac, Sevigné, Lameth, d'Argenteuil, Chateau-Regnault, d'Humières, Caumartin und d'Hacqueville, den Prinzen Condé und Saint-Fargeau und einer langen Reihe von Damen und Herren des übrigen hohen Adels. Munteres Gespräch belebte alle, während die Blicke vor Stolz und Freude nicht weniger blitzten und funkelten, als die Diamanten, die sich auf so manchem schönen vollen Busen wiegten, oder von Diademen und Hüten, Ohrgehängen und Orden, Kleidern und Röcken, Degenscheiden und Knöpfen dem entzückten Auge entgegenstrahlten.

Der Munterste der ganzen, sich leicht durch die Menge der Hofleute hinbewegenden Gruppe aber war der Herzog von Saint-Aignan, der geistreiche und gefällige Günstling des Königs, der, unerschöpflich an Geist und Witz, einen bedeutenden Einfluß auf Ludwig XIV. ausübte, — einen Einfluß, den er auch in der That nie verlor.

Es war ein schöner Mann, dieser Herzog von Saint-Aignan — so ganz das Urbild eines ächten Franzosen — heiter wie der Tag, beweglich wie

Quecksilber, geschmeidig wie ein Aal, und dabei stolz und chevaleresque in allen seinen Bewegungen.

Sein bleiches, etwas schmales Gesicht zeigte feine Züge; — Geist blitzte aus den schwarzen Augen; — der kleine zierliche Schnurr- und Zwickbart à la Henri IV., fein gezeichnet, wie die kühn geschwungenen Augenbrauen, verrieth, gepaart mit der leicht gebogenen Nase, Muth und Entschlossenheit; während sein schwarzes lockiges Haar, eine zierliche Allongen-Perücke — wie sie der König zu tragen pflegte — nicht übel ersetzte.

Prächtig hob sich dabei die schlanke Gestalt in dem Kleide von dunkelrothem Sammt, dessen Grund unter den Goldstickereien fast verschwand, indeß die Weste von Gold-Brocat den Körper bis zu den Knieen wie mit einem schimmernden Panzer deckte. Die fein gebildeten Beine umschlossen Strümpfe von weißer Seide, durch Rubin-Agraffen an den kurzen roth-sammten Hosen befestigt. Knöpfe und Schuhschnallen waren mit den gleichen Steinen besetzt; eine große Straußfeder — weiß, wie frisch gefallener Schnee, — wallte leicht und elegant über den kleinen, in drei Spitzen auslaufenden Hut, während der Degen keck und herausfordernd an der Seite des Cavaliers saß.

Und keck und herausfordernd, und lustig und

leicht — wie damals die Weise an Ludwigs XIV. Hofe — waren auch des Herzogs Worte. Ahnte in jenen Tagen doch noch Niemand, daß dieser leichtsinnigste und frivolste aller Höfe einst — unter dem Einflusse einer Maintenon — eben so in Heuchelei und Frömmelei versinken sollte, wie er jetzt in Laster und Sittenlosigkeit versunken war.

So kannte man in der That des Herzogs Leichtsinn in religiösen Dingen; da sich aber unter den Höflingen das Gerücht verbreitet hatte: Saint=Aignan habe gestern vor einem Crucifixe den Hut abgenommen, so frug ihn eben die Herzogin von Chatillon: ob er sich etwa bekehrt und dem Herrn zugewandt habe?

Saint=Aignan lächelte, dann sagte er: — „Wir grüßen uns, aber wir sprechen nicht mit einander!"

Alles lachte.

„Er ist ein vollkommener Heide!" — rief jetzt Saint=Fargeau. — „Wissen Sie, meine Damen, was mir der Herzog jüngst für eine ketzerische Antwort gab?"

„Nein!" — riefen Alle.

„Und was denn für eine, mein Prinz?" — versetzte Saint=Aignan lächelnd — „ich bin mir dieser Sünde gar nicht mehr bewußt."

„Als ich mich an einem der letzten Abende vom

Spiele bei dem Herrn Herzog erhob, war derselbe so artig, mir seine Equipage anzubieten."

"Er ist immer ein feiner Cavalier!" — meinte die Montbazon.

"Da ich nun aber wußte" — fuhr Saint-Fargeau fort — "daß seine Pferde den ganzen Tag in Bewegung gewesen, lehnte ich das Anerbieten ab. Was meinen Sie nun, was er hierauf antwortete?"

"Nun?" — riefen Alle lächelnd.

"Morbleu!" — sagte er — "wenn unser Herrgott meine Pferde zum Ausruhen geschaffen hätte, so würde er Kaplane der heiligen Kapelle aus ihnen gemacht haben!"

Allgemeine Heiterkeit folgte diesem Ausspruche; der Herzog aber erhielt von den Damen, begleitet von manchem: "Gottloser Mensch!" verschiedene zärtliche Fächerschläge.

"Ob ich wirklich darum gottlos bin, weiß ich nicht!" — rief der Herzog. — "Gottlos war es aber ganz gewiß, daß mir der Prinz an jenem Abend dreitausend Pistolen abgewann."

"Nun! was ist denn das?" — meinte der Herzog von Hacqueville — "die Herzogin von Bourgogne verlor gestern Abend 12,000 Louisdor."*)

---

*) Dangeau, Sevigné, Pelisson: lettres historique. Raumer VI. Th. 98.

„Pah! 12,000 Louisdor!" — rief Herr von Brissac spöttelnd — „eine Kleinigkeit! Da verstand es die Montespan besser. Sie verlor im Bassette-Spiele in einer einzigen Sitzung vier Millionen Livres, zwang aber die Banquiers fortzuspielen, bis sie alles wieder gewonnen hatte. Die Herren hofften sich ein andermal zu entschädigen, wurden aber bitter getäuscht, da die Montespan das Spiel der Bassette klugerweise gleich am andern Morgen verbieten ließ*)".

„Das konnte sie leicht!" — meinte die Herzogin von Sevigné heiter — „blieb ihr doch immer das „jeu d'amour!"

„Und mit ihm sechs Treffer!**)" — rief Prinz Condé lachend.

„Und doch hat sie Frau von Soubise ausgestochen!" — rief Saint-Aignan leichtfertig.

„Für die wieder Frau von Lüdre der Trumpf war!" — antwortete im gleichen Tone die Sevigné.

„Und wie lange wird diese wohl Farbe halten?" — frug der Herzog von Caumartin ironisch.

„Was geht das uns an!" — meinte Saint-Aignan. — „Ich, für meinen Theil, mache es hier, wie ihre Majestät die Königin. Als sich vor kurzem

---

*) A. a. O.
**) Die sechs Kinder, die sie von Ludwig XIV. hatte.

das Gerücht verbreitete, daß jetzt Frau von Lüdre die Maitresse des Königs sei, hatte eine Dame der Königin die Dreistigkeit, derselben diese Neuigkeit mitzutheilen und hinzuzufügen: „Ihre Majestät müssen sich dieser neuen Liebe widersetzen!" — Da sagte die Königin ganz ruhig: „das geht mich nichts an, das ist Sache der Frau von Montespan!"

Der Einfall gefiel ungemein. Man wunderte sich über den Witz der kleinen Königin.

In diesem Augenblicke rief die Stimme des ersten dienstthuenden Kammerherrn: — „L'entrée du cabinet!"

Sogleich legten sich die Gesichter der hohen Herrschaften in die der Etiquette entsprechenden Falten; ... die Herzoginen ließen sich von ihren Ehrendamen die brocatenen Röcke glatt streichen, die Herren entblößten das Haupt und die ganze Gruppe trat in die königlichen Gemächer.

Jetzt bedeckten sich die Uebrigen wieder, die in der großen Gallerie anwesend waren, denn ... ihre Stunde, die Stunde der großen Audienz oder des Ganges seiner Majestät zur Messe, hatte ja noch nicht geschlagen.

Es waren ihr wohl noch an sechzig: Herren und Damen, Staats- und Hofchargen, Cavaliere, Marquis, Grafen, Barone und Angestellte aller Art. Auch sie funkelten und glänzten in prächtigen Costümen, die Manchem unter ihnen — der vielleicht keinen Sou in der Tasche hatte — mehr kosteten, als sein ganzer Vermögensstand ausmachte*).

Nur ein junger hübscher Mann, der bescheiden, ja fast verlegen in einer Fensternische stand, machte durch seine einfache, den Edelmann der Provinz verrathende Kleidung eine Ausnahme hiervon.

Aber wie hätte denn die Bescheidenheit des Jünglings und sein schlichtes Auftreten den Augen der Höflinge Ludwig des XIV. entgehen können? Einfachheit und Bescheidenheit galten ja hier — wie jede sonstige Tugend — als wahre Lächerlichkeiten! Und so zischelte und spöttelte man denn auch weidlich über den Jüngling und freute sich unendlich in der großen Gallerie zu Versailles die „entre-temps" — die langweiligen Stunden des Wartens — durch Witze auf und über den neuen Ankömmling abkürzen zu können.

Der Jüngling selbst aber bemerkte von allem dem nichts.

Der Glanz und die Pracht des Hofes, an dem

---

*) „Il y en eus qui firent faire des habits, qui leur revenaient à plus d'argent qu'ils n'avaient de bien en fonds. Et qu'on ne prenne pas ceci pour une manière de parler, ni pour une éxageration, c'est la pure verité." Sevigné IV. 467. V. 592.

er sich heute zum erstenmale befand, — das Imponirende des Schlosses und seiner jetzigen Umgebung, — die Masse der ihn umschwirrenden Höflinge, die sich hier so leicht und so ungenirt bewegten, als befänden sie sich in ihren eigenen Zimmern, — die flammenden Blicke der Damen, die den hübschen jungen Mann, trotz seiner schmucklosen unmodischen Kleidung mit Wohlgefallen betrachteten, — die Leichtfertigkeit ihrer ganzen Erscheinung, die soviel von ihren Reizen sehen ließ, daß kaum noch etwas zu verbergen war ... alles dies verwirrte den Jüngling so sehr, daß er jeder ruhigen Beobachtung unfähig wurde.

Aber es waren ja auch noch wichtigere Dinge, die ihn beklommen machten und ihm Herz und Geist beengten.

Der junge Gauthier von Montferrand stand ja heute an einem der wichtigsten Wendepunkte seines Lebens; ... denn heute gerade beabsichtigte sein Oheim — der alte würdige Hauptmann der königlichen Leibwache, Herr von Torcy, — seinen Neffen dem Könige vorzustellen und an dem weltberühmten Hofe von Versailles einzuführen.

Bei Gott! das war keine Kleinigkeit! ... zumal für Gauthier der erst ein und zwanzig Jahre zählte und bis dahin in der stillsten Zurückgezogenheit der Provinz und bei den strengsten Grundsätzen aufgezogen worden war. Und was hatte er eben erst von all den vornehmen Herren und Damen hören müssen! . . . und dann . . . seinem . . . **Frankreichs gewaltigem Könige, Ludwig XIV.**, vorgestellt zu werden! . . . und in Folge dessen — Tag aus, Tag ein — unter der Aegide dieses großen Monarchen zu athmen und zu leben!

Die widerstreitendsten Gefühle durchstürmten die Brust des Jünglings. Einmal der Leibwache des Königs eingereiht, welche glänzende Laufbahn konnte sich ihm da möglicherweise eröffnen. Feldherrn und Staatsmänner waren aus dieser, mit dem Monarchen in so naher Berührung stehenden Leibwache schon hervorgegangen. Gauthier war Franzose genug, um sich ein kühnes stolzes Ziel zu setzen, — jung genug, um von der leichten Erfüllung der keckften Wünsche zu träumen.

Ehrgeiz, Lebenslust und Lebensmuth wallten daher jetzt in ihm auf; während ihn doch andererseits das Bewußtsein seiner Unbedeutendheit, das Gefühl: wie unendlich viel ihm noch an Gewandtheit, Lebenserfahrung und imponirendem Auftreten — den anderen Hofleuten gegenüber — abgehe, gewaltig niederdrückten und beengten.

Gauthier fühlte, daß dieser Tag für ihn der

Geburtstag eines neuen Menschen und einer neuen Welt sei; . . . er fühlte, daß er in dieser Stunde den ersten Schritt aus den Schranken der Jugend thue . . . und dieser Schritt ist für ein jugendliches Herz immer entzückend; — aber! — er fühlte auch, daß sich in der gleichen Stunde das Paradies der Jugend hinter ihm schloß.

Und! . . . wird es denn nicht jedem edlen Menschen schwer, von den holden Träumen, den seligen Täuschungen der Jugend zu scheiden?

Wer reißt auch gerne die Flügel sich aus?

Und doch begriff der Jüngling auch wieder: daß er die Blumenketten der Jugend durchbrechen müsse, wenn er Mann werden und eine Zukunft haben wolle.

Und er hatte Recht! das ist ja gerade ewige Jugend, daß immer Kräfte genug im Spiele sind und wir uns ganz und frisch erhalten in Lust und Arbeit! Darum liegt in jenen Jahren ein Streben in uns: Alles zu sein und zu werden, — ein Streben, das, wie der Titan des Aetna, herauf zürnt nach dem Himmel der Unsterblichen aus den Tiefen unseres Wesens.

Und doch wandten sich des Jünglings geistige Blicke gerade in dieser entscheidenden Stunde auch wieder mit Schmerz in die Vergangenheit.

Wer kann Abschied nehmen von einem Eden ohne

einen letzten Blick der Liebe, der Trauer, schmerzlicher Entsagung?

Und in diesem Eden wandelte noch dazu für Gauthier ein stiller lieblicher Engel, der die Spiele seiner Kindheit, in einfachen aber hohen und reinen Freuden seiner Jugend mit ihm getheilt. Es war ein gar liebliches herziges Mädchen — eine weitläufige Verwandte von ihm — Marie Angeline Scoraille de Rousille, Fräulein von Fontanges; — ein Bild der Schönheit der das röthliche Haar, der sanfte Blick, der blendend weiße Teint etwas von einer Madonna gab.

Welche schönen glücklichen Stunden hatte Gauthier doch mit ihr verlebt; . . . dort, wo sein kleines väterliches Schloß stand, in der reizenden Limangne, an den Ufern des Allier, wo die Berge des Puy-de-Dome und Mont d'or ihre stolzen Häupter heben, und der Maulbeerbaum — das Kind des fernen glühenden Persiens — weite Ebnen deckt.

An diese Gegenden, . . . an seine liebe Heimath, . . . an das väterliche Schloß, . . . an die alte treue Mutter, die jetzt einsam und allein dort wohnte, . . . an Angeline dachte der Jüngling eben und hatte, in süße Träumereien verloren, alles um sich her vergessen, als eine bekannte Stimme an sein Ohr schlug.

Es war die Stimme seines Oheims, des Haupt=

manns von Torcy, der eben mit dem Prinzen von Massilac, Herzog von Saint=Aignan, aus den königlichen Gemächern kommend, in die große Gallerie getreten war und jetzt in lautem Gespräche auf den Neffen zukam.

„So ist es, mein Prinz!" — sagte Torcy in diesem Augenblicke — „die Fontanges sind mit uns verwandt; aber es blüht nur noch ein einziges Zweiglein dieses alten Geschlechtes, ... wenn auch ein gar schönes und liebliches."

„Und das ist Fräulein Scoraille de Roussille?"

„Zu dienen: Marie Angeline Scoraille de Roussille!"

„Aber woher wissen Sie denn Herr von Torcy, daß dies Kind so schön ist? Sie haben den Hof seit zwanzig Jahren nicht verlassen und sagen doch selbst, daß Fräulein Angeline erst sechzehn Frühlinge zähle."

„Woher ich das weiß?" — wiederholte der Hauptmann mit freudig stolzem Lächeln — „das weiß ich von dem da!" — und er zeigte auf seinen Neffen, der noch immer in der Fensternische stand und sich jetzt, bei dem Herantreten des Prinzen und des Oheims, erfurchtsvoll, wenn auch etwas linkisch, verbeugte.

Ein spöttischer Zug machte sich um die Mund=

winkel Saint=Aignans geltend; dann zuckte der Prinz die Achseln und sagte:

„Das Herz eines Jünglings ist bei solchen Angelegenheiten ein partheischer Maler."

„Und Sie, mein Prinz," — fiel der Hauptmann ein — „sind ein ungläubiger Thomas. Schauen Sie hieher!"

Torcy zog dabei ein Miniaturporträt aus seiner Brusttasche.

Aber der Prinz hatte kaum einen Blick auf das Bild geworfen, als er staunend ausrief:

„Ja! das ist ein reizendes Wesen! wie kommen Sie, alter Haudegen, zu diesem Schatze."

„Gauthier brachte mir es mit!" — erwiderte Torcy, mit schlecht zurückgehaltener Eitelkeit und stellte dabei dem Prinzen seinen Neffen als den Jugend= und Spielkameraden Angelinens vor.

Was sich in diesem Augenblicke in der Seele des Prinzen regte, konnte weder der neue Ankömmling noch der alte Soldat errathen. Nur eines trat unverkennbar hervor und dies war: daß der Prinz plötzlich den jungen Gauthier mit überraschender Güte und Freundlichkeit am Hofe zu Versailles willkommen hieß. Ja, er reichte sogar beim Abschiede dem Jünglinge seine Hand und sagte: „Wir werden Freunde sein!"

Wie aber hatte diese Scene mit einemmale das

Benehmen aller Anwesenden gegen den jungen Mann verändert. Der Prinz von Marsillac, Herzog von Saint-Aignan, war wenn auch viel jünger als der König — doch immer einer der Günstlinge desselben. Im Momente schwiegen daher alle Lästerungen, Witze und Bonmots auf den neuen Ankömmling und das spöttische Benehmen der Höflinge wandelte sich gegen ihn, den ein Prinz, ein Günstling des Königs eines so freundlichen Empfanges gewürdigt, in ein tief-ehrerbietiges.

Der Hauptmann aber rief, sobald sich der Herzog entfernt hatte: — „Junge, du hast Glück! Wenn der ein Wort für dich einlegt, bist du geborgen. Er ist zwar einer der liederlichsten und verschwenderischsten Menschen am Hofe... aber... sicher auch einer der Einflußreichsten!"

„Einer der liederlichsten und verschwenderischsten?" — wiederholte Gauthier erstaunt — „und da soll ich mich an ihn halten?"

Herr von Torcy wollte antworten, aber in demselben Momente ertönte die Ankündigung: daß die große Ceremonien-Audienz beginne.

Wie durch einen Zauber kam jetzt die ganze Gallerie in Bewegung und Alles strömte dem Audienzsaale zu.

Torcy und sein Neffe folgten natürlich dem

Strome. Gauthier aber schlug das Herz fast hörbar: er sollte jetzt . . . Ludwig XIV. — den man „den Großen" nannte — **zum erstenmale sehen.**

Und groß und imponirend für den Jüngling war schon, was dem Erscheinen dieser Sonne vorausging.

Groß und imponirend war vor Allem der Audienzsaal, an den Mansard und Lebrun verschwendet hatten, was ihnen an kühnen Gedanken an materiellem Reichthum zu Gebote stand.

Groß imponirend war die Versammlung, die sich hier vorfand: denn sie umschloß was damals Frankreich an hohem Adel, an Capacitäten, an schönen herrlichen Frauen und Mädchen aufweisen konnte.

Groß und imponirend war der Glanz und die Pracht, die sich hier entfaltete und von welcher kein anderer Hof der Welt in jenen Zeiten auch nur eine Ahnung hatte.

Aber was war dies alles gegen den jetzt folgenden Moment, in dem die Flügelthüren aufflogen, der Groß-Ceremonien-Meister unter ihnen mit dem Ausrufe: — „der König!" — erschien, — alle Hüte von den Köpfen flogen und die Sonne Frankreichs, Ludwig XIV., gefolgt von der Königin, Monsieur, den königlichen Prinzen, der Marquise von Montespan, Frau von Soubise, Frau von Lüdre, dem ganzen Hofe und den Ministern und Chargen, unter schmetternden Fanfaren eintrat.

Bis zum Staube beugte sich jetzt alles rund umher ... und dem Geschmetter folgte Todtenstille.

Nur der König war bedeckten Hauptes.

Langsam ernst und stolz neigte er jetzt dasselbe ein wenig ... und die tiefgebeugten Rücken wagten es, sich etwas aufzurichten.

Aber welch ein Anblick! ... War das nicht wirklich das Strahlen und Flammen und Blitzen einer Sonne?

Ludwig XIV. trug ein Kleid, dessen Werth an Gold und Edelsteinen **zwölf und eine halbe Million** betrug[*]); aber seine hohe, edle und kräftige Gestalt vermochte sich auch kaum unter der Wucht des Gewandes aufrecht zu erhalten.

Und doch sah Gauthier nicht dies Gewand, sondern nur den König, ... nur Ludwig XIV., den die Welt den Großen nannte ... und der jetzt allerdings wie ein Halbgott unter den Menschen vor ihm stand.

Und wahrlich! Ludwig XIV. wußte ja auch seine lange Regierung hindurch den König meisterhaft darzustellen.

---

[*]) Dangeau mem. II. 61. III. 334. Raumer: Geschichte Europa's VI. 98.

Alles, bis auf die kleinste Bewegung, bis auf das geringste Wort herab, war an ihm gemessen, groß, majestätisch und doch ungesucht und natürlich.

Nie hat ein Mann durch Mittel solcher Art so allgewaltig gewirkt, so allseitig imponirt.

Ein Blick seiner Augen, ein Zeichen seiner Hand, ward gesucht und bemerkt, machte glücklich oder unglücklich.

Und war denn Ludwig nicht zugleich einer der schönsten Männer Frankreichs? Wenn auch nicht groß, doch gut gewachsen, wußte er sich durch seine ausgezeichnete Haltung, so wie durch hohe Absätze den Meisten an Größe gleichzustellen. Der Mund war lieblich, die geschwungene Nase verrieth Kühnheit, in dem Blicke seiner blauen Augen lag etwas Majestätisches und seine langsame scharf accentuirte Art zu reden verlieh seinen Worten einen überwältigenden Ernst.

Ueber seiner ganzen Erscheinung aber lag dabei — ein Erbtheil seiner Mutter — jene spanische Gravität, die indeß auf das Gewinnendste durch französische Grazie gemildert wurde.

Gauthier war hingerissen, begeistert, wie es jeder Franzose von einem solchen Könige sein mußte; nur erdrückte ihn fast das Ceremoniel, so daß er hoch, leicht und froh aufathmete, als sich der König und nach ihm der persische Gesandte zurückgezogen hatte.

Freilich blieb ihm nun noch der wichtigste Moment: der, der eigenen Vorstellung.

Dafür aber hatte die Stunde noch nicht geschlagen; denn am Hofe Ludwigs XIV. ging alles nach den Gesetzen einer unabänderlichen Alles beherrschenden Etiquette.

Gauthiers Vorstellung konnte nur bei des Königs Gang nach der heiligen Messe in der großen Gallerie stattfinden.

Ein Tag aus dem Leben eines Königs.

Als Gauthier mit seinem Oheim in die Gallerie zurückgetreten war — der ganze Hof, außer den Prinzen und Prinzessinen von Geblüt that es mit ihnen — befrug Hauptmann von Torcy seinen Neffen über den Eindruck, den er so eben empfangen.

Der Jüngling schüttete voll Begeisterung sein Herz aus. Er war — wie es die Jugend mit sich bringt — Feuer und Flammen. Nur wollte ihm, der an ein freies fröhliches Leben in der Natur gewöhnt war, das endlose Ceremoniel, der fesselnde Zwang der Etiquette nicht gefallen.

Lächelnd hörte Torcy zu; als Gauthier aber geendet, rief er:

„O ho, mein Junge! ich merke schon, du denkst es gehe hier zu, wie in der Limagne! Kannst die schönen Berge des Puy-de-Dôme und Mont d'or noch nicht vergessen; aber Paris und Versailles, Saint-Germain und Marly liegen nicht an den reizenden Ufern des Allier, und an dem Hofe eines großen Königs geht es anders her, als in deinem väterlichen Schlößchen. Damit du aber gleich, als angehender Cavalier mit der Art und Weise unseres Hofes vertraut wirst, will ich dir jetzt die langweilige Stunde des Wartens damit vertreiben, daß ich dir einen Tag aus dem Leben des Königs schildere."

„Was wird das helfen, Oheim!" — sagte hier Gauthier — „es bringt doch wohl jeder seine eigene Weise, seine Veränderungen mit sich."

„Kaum, mein Junge!" — versetzte der Oheim — „einer geht dahin, wie der andere, wenigstens was die Etiquette betrifft, und auf diese hält seine Majestät wie auf ein Heiligthum. Höre mir also hübsch zu und präge dir ein, was ich sage, denn jeder Fehltritt auf diesem glatten Boden kann dich um Stellung und Zukunft bringen."

Einen solchen Zwang hatte der junge Mann nun freilich am Hofe eines so gewaltigen Königs nicht erwartet. Seine Lebenslust, sein Jugendmuth und Freiheitssinn bäumten sich daher im Stillen gewaltig gegen das Joch, das man im Begriffe stand ihm aufzulegen; aber was war zu thun? Zurück konnte er nicht mehr. Er fügte sich also geduldig und lieh — einen tiefen Seufzer unterdrückend — dem Onkel sein Ohr.

Dieser aber, mit dem Neffen wieder in die Fensternische tretend hub an:

"Um 8 Uhr des Morgens, wenn der König noch zu schlafen pflegt, treten die "garçons de chambre" ein, besorgen, wenn es kalt ist, Feuer im Kamin oder öffnen im entgegengesetzten Falle leise die Fenster. Dann nehmen sie den "l'en-cas", den "mortier" und das "lit de veille" weg.

"L'en-cas, mortier, lit de veille?" — wiederholte Gauthier — "was sind das für Dinge?"

"Ventre-saint-gris!" — rief der Hauptmann — man merkt, daß die Limagne weit von hier ist, sonst müßtest du, Junge, diese Dinge kennen, mit welchen dein großer König täglich in Berührung kommt. "L'en-cas" ist eine Mahlzeit, die immer und namentlich Nachts bereit ist, für den Fall, daß der König Hunger bekommen sollte. Der "mortier" ist ein silbernes Gefäß in Form eines Mörsers, welches mit Wasser gefüllt wird, auf dem ein Stück gelbes Wachs schwimmt."

"Und sein Zweck?"

"Er dient der Majestät als Nachtlampe."

"Und das "lit de veille?"

"Ist das Bett, welches alle Abende im Zimmer

des Königs für den ersten Kammerdiener bereitet wird."*)

„Nun, und wenn nun diese Dinge fortgeschafft sind?" — frug der junge Mann mit einem leisen ironischen Lächeln.

„Dann" — fuhr der Hauptmann ernst fort — „wartet der erste Kammerdiener bis die Uhr halb neune schlägt; geschieht dies, so weckt er den König, ehe noch der Ton verklungen ist. Sofort treten der erste Wundarzt und der erste Leibarzt ein, frottiren den König und helfen ihm die Wäsche wechseln, wenn er transpirirt hat. Jetzt folgt die Einführung derjenigen, die freien Zutritt beim „Lever" oder „les grandes entreés" haben. Der erste Hofcavalier öffnet dabei die bis dahin wieder zugezogenen Vorhänge des Bettes und bietet der Majestät das Weihwasser aus dem am Kopfende des Bettes angebrachten Weihkessel dar."

„Und die bei dem „Lever" Gegenwärtigen?" — frug hier Gauthier.

„Sie bleiben einige Augenblicke, in welchen ihnen das Recht zusteht, dem Könige etwaige Gesuche vorzulegen. Hat Niemand mehr etwas zu erbitten, über-

---

*) Ludwig XIV. und sein Jahrhundert von Alex. Dumas V. 140 u. f.

reicht der, welcher die Vorhänge aufgezogen und das Weihwasser dargeboten hatte, das Buch der Andacht des heiligen Geistes. Fünf Minuten später schlägt Seine Majestät das Buch zu, und der Kammerherr überreicht ihm das Kleid, worauf die „secondes entrées" stattfindet!

Und wer ist zu diesen „secondes entrées" berechtigt?

„Nur die Höchstprivilegirten."

„Armer König!" — rief der Jüngling. — „Hat nicht einmal eine Minute für sich!"

„O!" — meinte der Oheim — „es kommt noch besser! Wenige Augenblicke nach den Höchstprivilegirten erhalten alle Personen von Distinction und endlich so viele Zutritt, als in der Gallerie erschienen sind."

„Und der König?"

„Er beschäftigt sich dabei mit **Grazie und Geschicklichkeit** seine Schuhe anzuziehen*), die der erste Kammerdiener, nachdem er die königlichen Beine mit den seidenen Strümpfen bekleidet, ihm reicht. Alle zwei Tage sieht der Hof dabei zu, wie sich die Majestät rasiren läßt, wobei ein Cavalier den Spiegel vorhalten darf."

---

*) Saint-Simon.

„Darf?! ... darf?!" — wiederholte der Jüngling und ein schönes Purpurroth färbte sein edles Antlitz. — „Ist das eine Ehre für einen Cavalier?"

„Ventre-saint-gris!" — rief Herr von Torcy, — „eine große Ehre!"

Gauthier schwieg verlegen; der Hauptmann aber fuhr mit einem Ernst fort, der den Jüngling an dem sonst so wackeren Manne fast irre machte. Er berichtete nun weiter, daß, sobald nun der König angekleidet, er vor dem Bette bete. Dann kniee Alles um ihn her, was von der Geistlichkeit und vom Hofe zugegen sei, sogar die Cardinäle; nur die Laquaien müßten stehen bleiben und der dienstthuende Hauptmann der Leibgarde mit gezogenem Schwerte unter die Thüre treten.

„Hierauf" — fuhr Herr von Torcy fort — „folgt das „entrée du cabinet". Dem Könige nämlich, in sein Cabinet tretend, folgen alle Chargen und empfangen hier die Tagesbefehle. So weiß der Hof vom frühen Morgen an, was die Majestät für den ganzen Tag zu thun beabsichtigt."

„Aber es kann doch dem Könige später anders belieben?" — meinte Gauthier.

Torcy schüttelte den Kopf.

„Was Ludwig XIV. einmal angeordnet" — sagte

er dabei — "wird, wenn nicht ganz besondere Umstände eintreten, niemals übertreten oder abgeändert."

"Mein Gott!" — rief der Jüngling halblaut — "da ist der König ja der Sclave..."

"Unvorsichtiger!" — herrschte mit finsterer Miene der Hauptmann — "kannst du denn deine Limagne gar nicht vergessen. Hier haben selbst die Wände Ohren."

Und sich den Schnurrbart drehend, schaute der Hauptmann besorgt umher; ... sie waren glücklicherweise unbemerkt und unbelauscht geblieben.

"Ich werde vorsichtiger sein!" — sagte der Jüngling begütigend, aber roth wie ein Mädchen und sein Herz ward, bei dem was er hörte, immer beklommener.

Der Hauptmann aber nahm den Faden seines Berichtes wieder auf:

"Nach der Ertheilung der Tagesbefehle gibt der König durch ein leises Neigen seines Hauptes zu erkennen, daß sich alles zurückzuziehen hat; nur mit den Bastarden und ihren Gouverneuren plaudert er alsdann noch ein halbes Stündchen. Hierauf folgt die Zeit der großen und Staatsaudienzen und die „entretemps", die Zwischenzeit in der wir uns jetzt befinden und in welcher der ganze Hof hier in der großen Gallerie wartet."

„Da hat ja fast jede Minute ihre besondere Benennung!" — meinte der Jüngling, trübe lächelnd.

„Und ihre Bestimmung!" — fügte der Hauptmann hinzu. — „In einer Viertel Stunde, zum Beispiel, wird sich der König an uns vorüber in die Messe begeben und dabei ist es gestattet ihn anzureden und Fremde vorzustellen. Mache dich gefaßt Junge!"

Gauthier erbebte. Der große entscheidende Augenblick, in dem er Ludwig XIV. Auge in Auge schauen sollte, rückte heran. Kaum hörte er noch des Oheims weiteren Bericht: von den nun folgenden Minister-Conseils, den sich daran schließenden Besuchen des Königs bei seinen verschiedenen Geliebten: der Marquise von Montespan — deren Stern aber im Erlöschen sei — der Frau von Soubise und der Frau von Ludre.

Davon freilich hatte Gauthier schon gehört. Frankreich war es von jeher gewöhnt, seine Könige in den Rosenfesseln der Liebe und schöner Weiber schmachten zu sehen. Es hatte dies fast nichts Anstößiges mehr für einen Franzosen.

Desto mehr horchte er wieder dem weiteren Bericht, als Torcy sagte:

„Das Diner des Königs ist fast immer **au petit couvert**, d. h. Majestät speisen allein."

„Allein?!" — rief der Jüngling erstaunt — „und die Königin? und die Prinzen?"

„Allein!" — wiederholte Herr von Torcy mit einer Betonung, die alle weiteren Fragen abschnitt. — „Tel est notre bon plaisir!" — sagt der König. Wenn die Tafel gedeckt ist, erscheint der Hof, die Prinzen an der Spitze. Nun benachrichtigt der erste Cavalier den König, daß die Tafel servirt sei. Der König erscheint, setzt sich und nun bedienen ihn der erste Kammerherr und die Prinzen — oft selbst Monsieur, sein Bruder, während alle Uebrigen schweigend und entblößten Hauptes im Hintergrunde stehen. Aber Junge!" — rief hier plötzlich Hauptmann von Torcy — „was hast du? Ventre-saint-gris! du wirst ja roth wie ein Mädchen?"

„Es ist nichts!" — entgegnete Gauthier verlegen. — „Ich wunderte mich nur ... über Monsieur ... und den übrigen Abel ..."

„Warum?" — fiel ihm Torcy ins Wort — „der König ist der Staat ... alle Uebrigen sind seine Diener!"

„Aber den eigenen Bruder...."

„Der König bietet ihm während der Tafel niemals einen Stuhl an. Stehend, entblößten Hauptes, die Serviette unter dem Arm, bedienen ihn die Prinzen von Geblüt ... und ... rechnen sich dies zu einer Ehre an."

Der Jüngling biß sich auf die Lippen: welch' andere Begriffe von Ehre hatte er mit an den Hof gebracht! welch' andere Begriffe auch von so manchem in dem Wesen dessen, den die Welt den **größten der Könige** nannte, — den er, seit seiner zartesten Jugend, als die schönste und stolzeste Blüthe der Ritterlichkeit glühend verehrte.

„Nach der Tafel" — fuhr Torcy fort, um sein Gemälde mit raschen Pinselstrichen zu vollenden, — „empfängt der König zuweilen Monsieur speciell und füttert dabei seine Hühnerhunde. Eine zweite Toilette, in Gegenwart der Günstlinge folgt und dann wird — gleichviel welches Wetter es sei — ausgefahren: einen Hirsch zu hetzen, im Parke zu schießen oder nach den Bauten zu sehen. Zuweilen ordnen Majestät auch Spazierfahrten mit den Damen an, oder Collationen in den Gehölzen von Marly oder Fontainebleau."

„Und seine Familie?" — frug Gauthier gedehnt.

„Ihr gehört eine Stunde nach der Rückkunft; dann kommt die Montespan oder Frau von Lüdre an die Reihe, in deren Appartements der Rest des Abends zugebracht wird."

„Und die Abendtafel?"

„Findet genau um 10 Uhr statt. Der dienstthuende Haushofmeister erscheint alsdann mit seinem Stabe in der Hand bei dem Gardehauptmann, der im Vorzimmer derjenigen Dame Wache hat, bei welcher sich der König befindet. Nur dem Hauptmann" — sagte hier Torcy stolz — „steht es zu, alsdann die Thüre zu öffnen und zu sagen: „Le roi est servi." Eine Viertelstunde darauf kommt der König zum Souper. Während dieser Viertelstunde haben die Hausbeamten „les prets" gemacht..."

„Les prets?"

„Das heißt, sie haben das Brod, das Salz, die Teller, die Servietten, das Besteck und die Zahnstocher des Königs untersucht."

„Wozu?"

„Ob sie nicht vergiftet seien."

„Vergiftet?!" — wiederholte der Jüngling gedehnt und seine Stirne verfinsterte sich.

„Auch bei der Mittagstafel geschieht dies!" — erläuterte der Oheim. — „Die Speisen aber werden jedesmal nach folgendem Reglement aufgetragen: unter Aufsicht zweier Garden, eines Thürstehers, des ersten Cavaliers, des General-Controleurs und des Oberküchenmeisters, wobei noch zwei Mann Wache dafür sorgen müssen, daß sich Niemand den Speisen des Königs nähert."

„Armer König!" — seufzte Gauthier.

„Warum armer König?" — frug Torcy erstaunt.

„Wie kann es einem Menschen bei solchen Vor=
kehrungen schmecken?" — meinte der junge Mann.

Der Oheim lachte laut auf.

„Ventre-saint-gris!" — sagte er dann heiter
— „Du kannst dich beruhigen, Junge. Seine Majestät
schlagen im Felde und bei Tische eine vortreffliche
Klinge."

„Und speißt auch hier der König allein?"

„Ja! auch jetzt steht der Hof in der Ferne. Sechs
Cavaliere haben die Bedienung. Die Prinzen und
Prinzessinnen von Geblüt dürfen auf Tabourets in
einiger Entfernung Platz nehmen. Ein Kranz der
schönsten Frauen Frankreichs steht hinter denselben,
indeß während des ganzen Mahles eine sanfte, die
Unterhaltung keineswegs störende Musik aus der Ferne
ertönt. Nachdem der König auf diese Weise soupirt
hat, steht er auf und mit ihm natürlich Alle, die
saßen. Zwei Garden und ein Thürsteher gehen nun
vor ihm her und er betritt das Schlafzimmer. Da=
mit beginnt das „petit-coucher", bei welchem die
„grandes" und „secondes entrées", sowie die Pri=
vilegirten zugegen bleiben."

„Auch jetzt noch?" — rief der Jüngling staunend.

„Auch jetzt noch!" — wiederholte der Oheim —
„und zwar bis zum ersten Schlage der Mitternacht=
glocke, ... und bis dahin wird das Privilegium, sich

in der Nähe des größten und mächtigsten Monarchen der Welt befinden zu dürfen, nach Möglichkeit benutzt: Bitten und Gesuche, Schmeicheleien und Verläumdungen werden angebracht, Gunstbezeichungen erjagt und Feinde gestürzt, wie das eben so kommt. Wenn dabei der König mit einem der Anwesenden spricht, ziehen sich alle Anderen zurück. Da schlägt die Glocke, ... die Damen verneigen sich und treten ab ... und der König geht zu Bett."

„Also endlich Freiheit!"

„Noch nicht so schnelle! Der Kammerdiener empfängt jetzt die Uhr der Majestät, die Reliquien die der König beständig auf seiner Brust, zum Schutze gegen Gift und Dolch, trägt, und sein Ordensband; — zwei Cavaliere lösen alsdann die Strumpfbänder, — zwei Kammerdiener, jeder an einer Seite, ziehen die Beinkleider, Schuhe und Strümpfe aus, — und zwei Pagen aus den ältesten adeligen Häusern überreichen die Pantoffeln. In demselben Augenblicke nähert sich der Dauphin und bietet dem König das Nachthembe, welches der Garderobemeister gewärmt hat. Und jetzt ..."

„Nun?"

„Jetzt kommt der große Augenblick der größten Gunst!"

„Jetzt?! — ich denke der geplagte Mann steigt zu Bette?"

„Jetzt bezeichnet der Monarch denjenigen Glücklichen unter den anwesenden Herren, der ihm mit dem bekannten silbernen Handleuchter mit zwei Kerzen zu Bette leuchten darf. Der Thürsteher ruft: „Entfernen Sie sich meine Herren!" Die Anwesenden ziehen sich zurück, ... der Begünstigte leuchtet vor, ... der König steigt zu Bett, ... der Leibmedikus hat die letzte Frage nach dem Befinden Seiner Majestät ... und ... ein Tag aus dem Leben eines Königs ist zu Ende!"

„Und dies wiederholt sich täglich?" — frug der Jüngling mit beklommener Brust.

„Täglich, und ein= wie das anderemal!" — versetzte Hauptmann von Torcy.

„Dann!" — rief der junge Mann mit trübem Lächeln — „dann! ... möchte ich kein König sein!"

Nec pluribus impar.

In demselben Augenblicke öffneten sich die Flügelthüren und der König trat in die Gallerie.

Sofort entblößten sich alle Häupter, verneigten sich tief die Damen, beugten sich fast bis zur Erde die Herren. Ludwig aber schritt bedeckten Hauptes, hoch aufgerichtet, ernst und feierlich daher. Er trug nicht mehr jenes mit Gold und Edelsteinen überladene Gewand, welches ihn in der Audienz geschmückt, die er dem persischen Gesandten ertheilt, sondern den einfachen blauen Leibrock, — jenen blauen Leibrock, der historisch geworden. Denn ... um nach Gutdünken ihm persönlich geleistete Dienste zu belohnen, hatte Ludwig XIV. ein ganz eigenes Vorrecht an seinem Hofe geschaffen: dieses Vorrecht bestand nämlich in der Auszeichnung, einen blauen Leibrock tragen zu dürfen, wie ihn der König selbst trug.

Die Erlaubniß dazu ward durch ein Diplom ertheilt, und war — an dem in Schmeichelei und Vergötterung des Königs versunkenen Hofe — um so mehr gesucht, als Diejenigen, welche diesen blauen Leibrock trugen, das Recht hatten, den König sowohl auf die Jagd, als bei seinen Promenaden zu begleiten.

Aber **welche** Verdienste wurden mit diesem Vorrechte oft belohnt?

Condé, der Sieger von Rocroy, Lens und Nördlingen, bat um diese Gunst. Er erhielt sie auch; ... aber nicht, weil er vier große Schlachten gewonnen und in zwanzig kleineren Treffen Sieger geblieben, sondern ... **weil er, die Serviette über dem Arm, den König auf dem Canal von Fontainebleau demüthig bedient hatte!***) —

Jetzt war der König in die Nähe Torcy's gekommen.

Der Oheim stellte seinen Neffen der Majestät vor — eine Anstellung in der Leibwache hatte der Hauptmann klugerweise im Voraus erwirkt. — Der König wechselte gnädig einige Worte mit beiden; ... dann schritt er weiter und verschwand, nach ähnlichen Präsentationen, die Minuten — oft nur Secunden

---

*) Ludwig XIV. und sein Jahrhundert. IV. 186.

— dauerten, in der Thüre, die zu der Hauskapelle führte.

Es ist ein eigenes Ding mit der Ehre. Wie oft ist sie im Leben nur etwas **Eingebildetes;** — ja! kommt es nicht tausendmal vor, daß man, namentlich an Höfen, die höchste Ehre in demjenigen sucht, was ein Mann von **wahrer Ehre entehrend** nennen würde?

Nirgends war dies mehr der Fall, als an dem Hofe Ludwigs XIV., den Schmeichler „den Großen" nannten.

Beugte sich nicht der ganze Hof — Fürsten und Fürstinnen an der Spitze — vor des Königs Maitressen?

Fuhr nicht **selbst die Königin** mit der Valière und der Montespan in **einem Wagen,** bis das Volk schrie: es wolle **die drei Königinnen** sehen!*)

Schätzte sich nicht die Königin glücklich, wenn sie bei der Montespan, die im Hauskleide blieb, angenommen und zum Spiele zugezogen ward**).

Wurden die sechs Kinder der Montespan mit dem Könige: der Herzog von Maine, der Graf von Vexin,

---

*) Duclos Mémoires I. 131. Sevigné III. 303. 330. 415.
**) Sevigné.

die Fräuleins von Nantes, Tour und Blois und der Graf von Toulouse nicht alle — obgleich Früchte doppelten Ehebruchs — den französischen Gesetzen zum Hohne, legitimirt? und beugte sich nicht der ganze Hof vor ihnen, wie vor Prinzen und Prinzessinnen von Geblüt?*)

Erbot sich nicht Marquis von Villerceaur, seine Nichten für den König zu gewinnen, und waren diese Nichten nicht sehr unzufrieden, als der König dies Anerbieten ablehnte?**)

Schalt nicht ein andermal, als der König ein Auge auf Fräulein la Mothe warf und diese sich zurückzog, — schalt nicht da die Mutter des Fräuleins gar sehr, daß sie die Leidenschaft eines so großen Monarchen nicht erwiedern wolle, und stimmten nicht Muhmen und Basen nach gehaltener Berathung bei: daß man die thörichte Einfalt der Vorfahren in derlei Dingen bei Seite setzen müsse?***)

Dies waren die Begriffe von Größe und Ehre am Hofe Ludwigs XIV.!

Zum Ruhme Gauthiers sei es indeß gesagt, daß sein Herz und sein Geist noch frei von diesen traurigen

---

*) Dumas: Ludwig XIV. u. s. Jahrhundert V. 65.
**) Sevigné: lettres edit. de Grouvelle 160. Raumer VI. 96.
***) Fried. v. Raumers: „Geschichte Europa's" VI. S. 96.

Irrungen waren. Er — der noch unerfahrene Jüngling — sah dagegen in Ludwig nur das, was die schmeichelnde Welt, was glückliche Verhältnisse aus dem Könige gemacht, — als was er sich selbst von Außen gab. Er — der noch unerfahrene Jüngling, der Franzose, — war von dem Rausche erfaßt, der damals ganz Frankreich hingerissen … von dem Rausche der Ehre und des Ruhmes, den die Nation aus dem die Welt betäubenden Auftreten ihres Königs sog.

Gauthier war Jüngling: heißblütig, ehrgeizig, wie jeder Franzose — wie hätte ihn das Tête-à-tête mit dem gewaltigsten Monarchen der damaligen Zeit nicht begeistern sollen?

Er glühte in schönem Purpur, — seine Augen funkelten, — aus seinen Zügen strahlte es von großen Entschlüssen, — während es in seiner Seele schmetterte und rief: „Zwar steh ich allein und trete ruhmlos unter die Menschen; aber … kann denn nicht Einer, der ein ganzer Mensch ist, mehr denn Hunderte sein, die nur Theile sind des Menschen?"

Und keck und kühn sprach er dies gegen den Oheim aus: und wie ihm kein Ziel zu hoch sein werde, um nach ihm zu streben!

Lächelnd strich sich bei diesen Ergüssen der Hauptmann den Bart:

„Ventre-saint-gris!" — rief er — „Junge, du hast Recht; so liebe ich die Jugend! Indeß . . . es gibt doch ein aber dabei."

„Ein aber?" — frug Gauthier.

„Ja! und ich will dir, wenn wir das Schloß verlassen haben und in der Trinkstube „zum Cardinal Richelieu" bei einer Kanne guten Weines sitzen — ich habe ja heute keinen Dienst — dies „aber" durch einen kleinen Bericht aus der jüngsten Vergangenheit klar machen. Oder hast du auf deinem väterlichen Rattenneste in der Limagne etwa schon von der Devise des Königs „nec pluribus impar!" und dem Schicksale des Ministers Fouquet gehört?"

„Auf unserem angestammten bescheidenen Schlößchen" — entgegnete der Jüngling mit Lächeln aber doch mit bedeutsamer Betonung — „gibt es allerdings viele Ratten; aber sie haben mir nichts von der Devise: „nec pluribus impar!" entdeckt."

„Nun denn, so komm, Junge!" — rief der Hauptmann vergnügt. — „Es ist heute dein Ehrentag . . . und wenn wir beim Weine sitzen, bekommst du die Erzählung . . . sie mag dir für dein ganzes Leben zur Warnung dienen."

Nach einer halben Stunde saßen beide in der Trinkstube „zum Cardinal Richelieu" an einem großen mächtigen Eichentische; eine gewaltige Kanne Weines stand vor ihnen. Der Hauptmann goß die Becher voll, leerte einen auf Gauthiers Wohl bis auf den Grund und hub dann an:

"Also aufgepaßt, Junge! Wir sind allein und so sollst du die Geschichte des „nec pluribus impar" zur Warnung hören!"

"Der allmächtige Minister Ludwigs XIV., Cardinal Mazarin, war gestorben. Sobald der König diese Nachricht erfuhr, ließ er die Männer, die ihm Mazarin als seine Nachfolger empfohlen: Le Tellier, Lyonne und Fouquet zu sich entbieten und erklärte ihnen, daß er von nun an selbst regieren wolle!"

"Das gefällt mir an dem Könige!" — rief Gauthier begeistert — "wer Bedeutung in der Welt erlangen will, muß auf eigenen Füßen stehen!"

"Ja!" — versetzte der Hauptmann — "und fest, damit er nicht beim ersten Sturme umfalle. Jetzt aber unterbrich mich nicht, Junge, wenn ich berichten soll!"

"Ich werde schweigen."

"Gut!" — rief der Hauptmann, leerte noch einmal den Becher und fuhr fort. — "Die von dem Cardinal empfohlenen Männer waren tüchtige Leute. Namentlich war Fouquet ein trefflicher Finanzmann, der in den traurigsten Lagen stets neue Hülfsquellen zu eröffnen wußte."

„Ihr scherzt, Oheim!" — rief hier Gauthier heiter, sein eben gegebenes Versprechen vergessend. — „Einem Ludwig XIV. kann es doch nicht an Geld fehlen?"

„Ventre-saint-gris!" — rief der Hauptmann — „dem **Könige** nicht ... aber dem **Lande**!"

„Aber dieser prächtige glänzende Hof? ...

„Junge! das glänzt nur alles an der Oberfläche. Wirst das Sprüchlein schon lernen: Es ist nicht alles Gold was glänzt!"

„Aber Frankreich, Frankreich!" — rief der Jüngling — „das muß doch unerschöpfliche Quellen haben?"

„Ja," — meinte der Hauptmann finster — „wenn der gute Cardinal Mazarin nicht zwanzig Jahre lang sein Blutigel gewesen wäre."

„Der große Mazarin?"

„O du Unschuld!" — rief Herr von Torcy mit spöttischem Lachen — „der große Cardinal Mazarin war ein großer Spitzbube. Um seinen Ehrgeiz zu befriedigen, verrieth Mazarin Frankreich, ... : um seinem Geize zu genügen, richtete er es zu Grunde. Sein Nachlaß betrug 50 Millionen und 15 Millionen hatte er noch vergraben."

„Aber Oheim!" — flüsterte hier Gauthier — „ich meine die Wände hätten hier Ohren!"

„Pah!" — rief der Hauptmann. — „Mazarin ist todt, der König haßt ihn und das Land flucht ihm!... Aber wir sind wieder von Fouquet abgekommen. Was sagte ich doch?... ja!... Fouquet war ein tüchtiger Finanzmann; er besaß einen hinreißenden Geist, galt als ein vorzüglicher Rechtsgelehrter, war wissenschaftlich gebildet und von feinen edlen Manieren; auch verstand er anzuhören und zu antworten, zwei Eigenschaften, die man selten bei einem Minister antrifft. Er wußte nämlich so angenehm zu antworten, daß er, ohne weder seine eigene noch die Staatskasse anzugreifen, die Leute, welche bittend bei ihm erschienen, beinahe befriedigt entließ. Uebrigens hatte er vielleicht nur einen Fehler und der bestand darin: daß er zu gut, zu vertrauensvoll war. Freigebig gegen Gelehrte, die er zu beurtheilen wußte und nach Verdienst belohnte, war er der Freund von Racine, la Fontaine und Molière, der Mäcen von Lebrun und le Nôtre. Unglückseligerweise aber schmeichelte sich Fouquet dabei, den damals noch jungen König wie Mazarin leiten zu können, indem er ihm zu gleicher Zeit seine Arbeiten abnehmen, für sein Vergnügen sorgen und ihm in Liebesangelegenheiten behülflich sein wollte. Sieh', Junge, daran strauchelte sein Ehrgeiz: der König wollte keinen zweiten Mazarin und so schlug Haß gegen Fouquet in seinem Herzen Wurzel!"

Der Hauptmann that einen tüchtigen Zug, dann fuhr er fort:

„Aber auf Fouquet lastete ja nicht allein der Haß des Königs, sondern auch der Neid der Prinzen und des Hofes, denn er war unermeßlich reich und sein Einfluß im Lande wuchs von Tag zu Tage. Da kam dem Minister der unselige Gedanke, dem Könige zu imponiren: die kleinlichen Feste zu Fontainebleau sollten übertroffen, Ludwig XIV. gezeigt werden, was Pracht, Geschmack und Luxus sei. So lud Fouquet den König und den ganzen Hof nach seinem Schlosse Vaux ein."

„Das Schloß Vaux war wohl sehr schön und groß?" — frug Gauthier.

„Nun, mein Junge!" — sagte der Hauptmann — „das magst du nach dem beurtheilen, was es gekostet hat."

„Und wieviel kostete es?"

„Es kostete Fouquet fünfzehn Millionen Livres!"

„Fünfzehn Millionen!" — rief der Jüngling, starr vor Verwunderung.

„Fünfzehn Millionen!" — erwiederte der Hauptmann ruhig. — „Der König kam. Er war von einer Compagnie Musketiere, unter Anführung des Herrn von Artagnan, begleitet. Der Hof folgte, so wie Alles

geladen war, was irgend auf Ansehen oder Aus=
zeichnung Anspruch machen konnte. La Fontaine
war dazu bestimmt, das Fest zu beschreiben, Ben=
serade, es zu besingen; während der Dauer desselben
aber sollte ein Prolog von Pelisson gesprochen
und eine Comödie von Molière aufgeführt werden;
denn Fouquet hatte eher als Ludwig XIV. die Talente
La Fontaine's und Molière's entdeckt."

"An den Thoren des Schlosses wurde der König
von dem Besitzer desselben empfangen. Er trat hinein;
der ganze Hof folgte ihm. In einem Augenblicke
waren die prachtvollen Alleen, die Rasenplätze,
Treppen und Fenster, mit jungen feinen Edelleuten,
mit zarten und reizenden Frauen und Mädchen über=
sät und besetzt. Es war ein köstliches Panorama —
das ich nie vergessen werde, denn ich war selbst bei
der Escorte des Königs, — es war ein köstliches
Panorama von Bäumen und strahlenden Wasserkünsten;
ein reizender sonniger Horizont blühenden blumigen
Lebens — wie einer der anwesenden Dichter damals
sagte — und dennoch brütete inmitten all' dieser
Freude, beim Säuseln des lauen Windes, der die
Blätter bewegte; bei den Worten der Liebe in den
Gebüschen; — bei all' den Händedrücken und Aus-
rufungen des Entzückens, zwischen diesem in der
Ruhe so frohen, in seinen Vorsätzen so schlaffen, in

seiner Liebe so thörigten Hofe... ein großer Haß, eine große Rache*)!"

„Wenn Fouquet's Fall von dem Könige noch nicht beschlossen gewesen wäre, so würde der Entschluß dazu in Vaur gefaßt worden sein. Denn Ludwig XIV., dessen Devise — passe auf, mein Junge! — nec pluribus impar ist,... konnte nicht ertragen, daß ein Mann von dunkeler Herkunft, ihn selbst durch seine Pracht überstrahle. Nach Ludwigs XIV. Wille darf Niemand im ganzen Reiche ihm an Pracht, Ruhm und Liebe gleichen wollen. Wie am Himmel nur Eine Sonne, so darf auch nur Einer König in Frankreich sein. Und Ventre-saint-gris!" — rief hier der Hauptmann — „darin hat seine Majestät recht. Es lebe Ludwig XIV.!"

Die Gläser klangen und Oheim und Neffe tranken auf des Königs Gesundheit.

„Und Fouquet?" — frug jetzt der Jüngling, nicht ohne Theilnahme.

„Wer im Herzensgrunde des Monarchen hätte lesen können," — fuhr Herr von Torcy fort — „würde darin schreckliche Dinge gegen den Unterthan gelesen haben, der es wagte, den König so glänzend

---

*) „Ludwig XIV. u. s. Jahrhundert." v. A. Dumas. IV. 156 u. f.

zu empfangen, wie der König ihn in keinem Theile seines ganzen Reiches hätte empfangen können."

„Dem Zorne des Königs kam überdies noch fremder Haß zu Hilfe: es war des Minister Colbert's Haß und Neid, die dem Zorne des Königs waren, was der Wind einer Feuersbrunst ist. Aber höre weiter!... Die Wasserkünste spielten."

„Fouquet hatte drei Dörfer gekauft und zerstören lassen, nur ... um die Gewässer von fünf Meilen in der Runde in die Marmorbecken des Schlosses Vaux zu leiten. Alles war entzückt, begeistert, hingerissen. Der König knirrschte mit den Zähnen."

„Endlich neigte sich der Tag. Bei dem Erscheinen des ersten Sternes ertönte eine Glocke. Alle Wasser standen: die Tritonen, die Delphine, die Gottheiten des Olymps, wie die des Meeres, die Nymphen der Wälder, alle Thiere der Fabelwelt, alle Ungeheuer der Einbildungskraft, stellten ihre geräuschvollen und nassen Athmungen ein; die zurückfallenden letzten Wasserstrahlen trübten noch einmal die Klarheit der Teiche, um dann eine Ruhe anzunehmen, die von ewiger Dauer sein sollte, denn ... der Zornesathem des Königs wehte darüber."

„Eine Bezauberung folgte nun der anderen."

„Bezauberung?" — frug der junge Mann mit angehaltenem Athem.

„Ja!" — sagte der Oheim — „so wenigstens schien es: Wir traten in das Schloß... von den Decken senkten sich gedeckte Tafeln herab; — eine unterirdische geheimnißvolle Musik ertönte; und als der Nachtisch erschien, ergötzte die Anwesenden vor allen Dingen ein beweglicher Berg von Confitüren, der sich — vermöge eines mir noch heute unerklärlichen Mechanismus — von einem Gaste zum andern bewegte."

Gauthier staunte, der Haupmann aber fuhr fort:

„Der König ließ sich nun von Fouquet die Zimmer des Schlosses zeigen, die bei ihrer reichen Beleuchtung in Tageshelle strahlten. Ludwig hatte — und das will wahrlich viel heißen — noch nichts Aehnliches gesehen: da bemerkte er Gemälde von Meisterhand, die er nicht kannte; Gärten, Werke eines Mannes, der aus Bäumen und Blumen Gemälde bildete und dessen Name ihm bis jetzt noch nicht einmal zu Ohren gekommen. Fouquet aber machte den König auf dies Alles aufmerksam, in der Hoffnung seine Bewunderung zu erregen, — Ludwig zu imponiren und sich fügsam zu machen... aber... der Unbesonnene erregte nur mehr und mehr den Neid und den Haß des Monarchen."

„Ich bebe für ihn!" — sagte hier der Jüngling.

„Lerne vielmehr von dieser Unklugheit des klügsten

Mannes in Frankreich, klüger zu sein als er!" — meinte der Hauptmann. — „Aber höre weiter. Jetzt kommt die Pointe."

„Ich höre und mein Herz klopft."

„Wie heißt Ihr Baumeister?" — frug der König.

„Levau, Sire!" — antwortete der Finanzminister.

„Ihr Maler?"

„Lebrun . . ."

„Ihr Gärtner?"

„Le Nôtre, Majestät."

„Ludwig XIV. merkte sich diese drei — ihm damals noch unbekannten, jetzt so berühmten Namen — und ging weiter. Er träumte Versailles."

„Da kam der Augenblick, wo die Folgen — merke dir's mein Junge — wo die Folgen eines allzu großen und allzu kühnen Ehrgeizes den Blitz der Rache auf das Haupt des Unglücklichen zogen."

„Sie waren in eine weite prächtige Gallerie getreten — jene hier im Schlosse, in der wir uns heute Morgen befanden, ist ihr nachgebildet. Da bemerkte der König — zufällig in die Höhe blickend — das Wappen Fouquet's in den vier Ecken angebracht: ein Eichhörnchen mit der Devise: „Quo non ascendam?" — „Wohin verstiege ich mich nicht?"

„Ludwig XIV. erblich. Ein Zornesblitz schoß

aus seinen Augen. Er winkte mir ... und ... befahl, Herrn von Artagnan, den Commandeur der Musketiere herbeizurufen."

„Aber die Königin Mutter und Fräulein de la Valière — damals die allmächtige Geliebte des Königs — die beide dicht hinter dem Monarchen gingen, erriethen den drohenden Sturm. Sie trennten auf geschickte Weise den Minister von dem Könige und baten so sehr, erinnerten so bringend an die Undankbarkeit, die darin liegen würde, eine solche großartige Aufnahme mit einem solchen Verrathe zu vergelten, daß Ludwig seine Rache aufschob."

„Fouquet ahnte nichts. Der Hof begab sich jetzt nach dem Theater, in welchem man zum erstenmale Molières „Les Fâcheux" aufführte. Der König amüsirte sich köstlich. Nach dem Theater war Feuerwerk, nach dem Feuerwerk Ball. Ludwig XIV. tanzte selbst mehrere Couranten*) mit Fräulein de la Valière, die in der Fülle ihrer Schönheit, wie eine Zauberrose strahlte und in dem Gedanken, ihren königlichen Geliebten von einer unwürdigen Handlung abgehalten zu haben, damals in der That einem Engel glich."

---

*) Ein damals sehr beliebter Tanz.

Der Hauptmann hielt inne und strich sich den Bart. Er schwelgte augenscheinlich in der Erinnerung an diesen Anblick.

„Und weiter! weiter!" — rief der Neffe, dem das Herz vor Erwartung über das fernere Schicksal Fouquets pochte.

„Ja so!" — rief der Hauptmann — „Ventre-saint-gris! das Bild der reizenden La Balière und die Erinnerungen der Jugend ließen mich meine Geschichte vergessen! — Um 3 Uhr Morgens reiste der Hof ab. Fouquet, der den König an der Pforte empfangen hatte, begleitete ihn auch wieder bis dahin."

„Mein Herr" — sagte der König zu seinem Wirthe, als er ihn verließ — „ich werde niemals wieder wagen, Sie zu mir einzuladen; Sie würden zu schlecht logirt sein."

„Und Ludwig XIV. kehrte nach Fontainebleau zurück. Er konnte sich über die Demüthigung, welche der Finanzminister ihm angethan hatte, nur durch den festen Entschluß trösten: den Uebermüthigen demnächst zu verderben."

„Und führte der König diesen Entschluß aus?" — frug fast athemlos der junge Mann.

„Nach wenigen Tagen beherbergte die Bastille einen unglücklichen Gefangenen mehr, um ihn in

einem abgelegenen Kerker sterben zu sehen. Es war...
Herr von Fouquet."

Der Hauptmann schwieg und trank mit einer eigenen Hast den letzten Becher leer.

Auch Gauthier schwieg.

"Komm, Junge!" — sagte endlich der Hauptmann, indem er das Geld für den Wein auf den Tisch warf, — "und merke dir zwei Dinge: einmal, daß ein kühnes freudiges Aufstreben der Jugend geziemt. Ohne dies Streben ist der Mann ein Feigling und ein verächtliches Nichts. Das anderemal aber: daß allzuscharf schartig macht und Hochmuth vor dem Falle kommt. "Nec pluribus impar" ist des Königs Devise, und dieser Sinnspruch bezeichnet ihn und sein Wesen trefflich."

Gauthier schaute düster vor sich hin: — "Wie anders habe ich mir so manches an diesem Hofe gedacht!" — sagte er dann leise.

Herr von Torcy lächelte.

"Junge!" — rief er dann — "du wirst im Leben noch gar Vieles anders finden, als du dir es bisher gedacht. Ich will dir daher eine Lebensregel mit auf deinen Weg geben?"

"Und die wäre?"

"Passe auf:

„In schlimmen Tagen auf die bessern hoffen,
„Hält dir im Unglück stets die Aussicht offen;
„In guten dich auf schlimme vorbereiten,
„Das hilft dir durch die Stürme aller Zeiten!"

Und damit verließen Oheim und Neffe die Trinkstube zum „Cardinal Richelieu!" —

Die Marquise von Montespan und Louvois.

Die Marquise von Montespan, Françoise Athenais von Rochechouart — die bis dahin allmächtige Geliebte König Ludwigs XIV. — saß, von Schmerz gebeugt, in tiefe Gedanken verloren, an einem der Fenster von Marly le Roi und schaute wehmüthig der untergehenden Sonne nach.

Ob sie dabei an die Vergänglichkeit, ... an das rasche Erlöschen und Versinken aller irdischen Herrlichkeit dachte? Ob sie darüber nachsann, was selbst dies stolze Marly le Roi nach anderthalb Jahrhunderten sein werde? — — — —

Wenn sich jetzt der einsame Wanderer, nachdem er den Hügelweg von Marly hinaufgestiegen ist, zwischen der Doppelreihe der hundertjährigen Ulmen, — diesem prachtvollen Baumgang, der so viele hohe Personen des großen Jahrhunderts in ihren mit Gold überladenen Karossen vorüberfahren sah, und dessen Quaderpflaster jetzt von Gras überwuchert, — wenn sich der einsame Wanderer, durch diesen prachtvollen Baumgang schreitend, einem gewaltigen Marmorbecken gegenüber befindet, ... so ruht sein trüber Blick auf dem fast einzigen, noch vollständigen Ueberbleibsel der Herrlichkeit von Marly, — dem kleinen Reste, der noch einigermaßen den Glanz von Dem errathen läßt, was einst hier war ... und längst ... nicht mehr ist!

Aber beschwöre sie nur, stiller Wanderer, deine Phantasie — diese kühne Zauberin, diese Armida mit der Wundergerte, — und die alte Einsiedelei Ludwigs XIV. wird sich wieder vor deinen Geistesblicken aufbauen!

Links zieht sich die Straße nach Versailles hin, rechts liegt das Dorf Marly, welches sich bis zum Belvedere ausdehnt, während die Grundlinie dieses architectonischen Dreiecks von dem schönen Walde begränzt wird, der vor hundert und fünfzig Jahren eines schönen Morgens groß und frisch — wie ein bezauberter Wald Tasso's oder Ariost's — von Compiegne hieher geschafft wurde.

Erhebe dann den Blick, stiller Wanderer, in gerader Linie vor dir auf die hohen Terrassen, belebe sie im Geiste von Entfernung zu Entfernung mit Springbrunnen und aus den Nebeln der versunkenen Zeiten wird dir eine Doppelreihe von Warten entgegensteigen: es sind die zwölf Pavillons, an welchen man vorübergehen mußte, ehe man zu jenem des Königs gelangte.

Und schärfer werden die Umrisse und lebendiger treten, im wesenlosen Widerscheine vergangener Zeiten, die Dinge hervor.

Da steigen sie auf vor deinem Geiste, die Pavillons der zwölf Zeichen des Zodiacus. Wie schön und klug sind sie mit einander durch elegante Lauben und Gänge vereinigt, die die Strahlen der Sonne nicht zu durchdringen vermögen.

O Himmel! könntet ihr erzählen, was ihr gesehen, ihr stillen dichten Laubgänge!

Hörst du es denn nicht flüstern und rauschen, Wanderer, wie von leisem Kosen der Liebe? ... wie von süßen Küssen und Seufzern des Entzückens?

Erliege nicht dem Gesange der Syrenen! Verschließe deine Ohren und schaue lieber auf!

Die der Sonne (dem Könige) sich zunächst befindlichen Pavillons waren den Prinzen von Geblüt und den Ministern vorbehalten; die anderen öffneten sich den großen Hofchargen und den nach Marly eingeladenen Personen.

Alle diese Pavillons aber waren nach Freskogemälden benannt, welche die Wände zierten und die von den berühmtesten Künstlern aus der Zeit Ludwigs XIV. ausgeführt worden.... Gemälden, die die Freuden der unsterblichen Bewohner des Olympos wiederspiegelten und das Liebesglück der irdischen Götter erhöhten.

Aber, Wanderer, wende dich auch hier ab mit deinem hochklopfenden Herzen und schaue lieber dort, auf der gegenüber liegenden Seite, die große, die ungeheuere Wasser-Garbe, deren Strahlen eine Höhe von hundert und sechzig Fuß erreichen, ... und ... den Fluß, der von den hunderten von Wasserbehältern unaufhörlich Nahrung erhält.

Fouquet schmachtete im Gefängniß ... aber Ludwig XIV. hatte etwas von dem Empfang zu Vaux gelernt.

Und jetzt, Wanderer, baue in deiner Phantasie — in der Mitte des Dreiecks, rechts und links von dem königlichen Pavillon, — die Säle der hundert Schweizer und der Thorwachen auf, so wie die Küchen und die Wohnungen der zahllosen Dienerschaft. Und ziehe — nach beiden Seiten hin — neue Linien langer Alleen von Birken und Eiben, in deren Schatten die Majestät Frankreichs, Ludwig XIV., so gerne spazieren ging. Belebe alsdann dies Alles mit Statüen, Wasserbecken, Blumenparterres und Cascaden ... und ... du hast Marly ... wie es einst —

vor hundert und fünfzig Jahren — die erstaunte Welt sah!

Und wie war es entstanden dies Marly? war es nicht das Kind einer königlichen Laune? Ludwig XIV., der das geräuschlose Schloß von Saint-Germain gegen den glanzvollen Pallast von Versailles, die lieblichen Illusionen der Jugend gegen die ehrgeizigen Träume des reiferen Alters und die zärtliche La Valière gegen die stolze Montespan umgetauscht hatte, fing eines Tages an, der Welt und ihres Geräusches überdrüssig zu werden und überredete sich, wie Saint-Simon sagt, daß er sich manchmal nach der Einsamkeit sehne! Die Gebäude mit den reinen kolossalen Linien, die ungeheuren Gärten mit ihren steifen winklichen Gängen und Baumfiguren, in denen sich unaufhörlich ein Heer von Höflingen, Pagen und Lakaien bewegte, hatten zum größten Theil ihre Reize für ihn verloren, seitdem die sanfte La Valière sie nicht mehr belebte. Der übersättigte Geliebte der Marquise von Montespan bedurfte eines beschränkteren Gesichtskreises, wo der weniger helle Tag die geheimnißvollen Oerter verborgener ließ, denen zu nahen nur eine kleine Anzahl Auserwählter das Recht hatten.

An dem Tage, wo der große König zum erstenmale, den Kopf solcher Gedanken voll, erwachte, war der gewöhnliche stolze Ausdruck seiner Stirne durch einen leichten Zug von Traurigkeit gemildert. An diesem Tage ward die Hirschjagd abbestellt und gegen seine Gewohnheit bestieg Ludwig XIV. allein seine Karosse, ohne zur Begleitung eine einzige jener schönen Damen einzuladen, die bis an das Ende seines Lebens seine alltägliche Escorte blieben. Nur von einigen seiner Vertrauten begleitet, verließ er Versailles, nachdem er den Befehl gegeben hatte, die Richtung nach der einsamsten Gegend um Paris einzuschlagen. Die Karosse hielt an der freundlichen Hügelreihe von Luciennes und der König stieg aus dem Wagen. Einer der Hofleute, jedenfalls von dem Zweck dieser Promenade unterrichtet, nahete sich dem König und sagte ehrerbietig zu ihm: Sire, Ew. Majestät dürften schwerlich eine bessere Lage zur Erbauung eines Palastes finden."

„Das ist wohl wahr", — antwortete der König — „aber, was ich suche, ist das nicht. Ich habe schon zu viel für Gebäude ausgegeben, und diese schöne Lage könnte Ausgaben erfordern, die zu ruinirend wären. Gehen wir weiter, meine Herren. Sehen Sie dort das Thal mit dem kleinen Dorfe am Abhang des Hügels? Ach, welche Stille, ... wie ruhig muß hier das Leben verfließen! Ich fühle es, dieser Ort würde mir genügen."

In diesem Augenblicke warf die Sonne, die durch eine Wolke verdeckt gewesen, die vollen Strahlen ihres Glanzes auf den stillen Friedhof des Dorfes, auf welchem einige Denksteine und schwarze hölzerne Kreuze, hie und da zerstreut stehend, die grüne Rasenfläche unterbrachen. Bei diesem Anblick senkte der König den Kopf und verfiel in eine tiefe Träumerei. War dies ein Zeichen von Oben, welches ihm ankündigte, daß einst an demselben Orte, dem Zeugen so großen Unglücks, welches das Ende seiner Regierung hervorhub, er — ein Greis — verurtheilt sein würde, einen Zweig seiner königlichen Nachkommenschaft nach dem andern fallen zu sehen? — daß er hier sein eigenes Geschlecht dem Mutterschooß der Erde übergeben müsse?!

Die durch diesen Zufall hervorgerufene Stille hätte vielleicht noch länger gedauert, wenn nicht einer der Seigneurs aus dem Gefolge, etwas kühner als die andern, sie unterbrochen und versucht hätte, den König zu überreden, ein Project aufzugeben, dessen Ausführung überdem noch sehr zweifelhaft schien.

„Sire!" — sagte der Hofmann — „Ew. Majestät haben wahrscheinlich nicht bemerkt, daß dieses Thal sehr eng und wegen der umliegenden Hügel ganz ohne Fernsichten; die Zugänge sind dabei so holprich, daß sehr schwer dahin zu gelangen ist."

„Das Alles suche ich ja eben!" — erwiderte Ludwig XIV. — „Ich will einen Ort, wo es unmöglich ist, etwas anderes als eine Einsiedelei zu bauen, die ich zuweilen besuchen werde, um die Welt und den Hof zu verlassen. Ein Nichts genügt mir. Wie heißt dieses Dorf?"

„Marly, Sire!"

„Nun, meine Herren, wir werden zwei oder drei Mal des Jahres die Einsiedelei Marly besuchen, zur Sühne unserer Sünden."

Denselben Abend noch, gleich nachdem er von der Promenade zurück gekehrt war, ließ der König Mansard rufen und befahl ihm, unmittelbar an's Werk zu gehen, um den Plan zu seiner Eremitage zu entwerfen.

Diese Eremitage — dieses Nichts — kostete aber ... über eine Milliarde.

Eine Milliarde, um, wie Saint-Simon sagt, einen Zufluchtsort von Schlangen, Kröten und Fröschen zu verschönern und der vornehmen Welt zugänglich zu machen!

Aber was ist denn eine Milliarde, der Laune eines Königs gegenüber?

Eine Milliarde ist unerschwinglich, wenn

sie zum Wohle des Volkes angewandt werden soll;
… eine Milliarde ist ein Nichts, wenn es gilt,
den launenhaften Gelüsten eines Herrschers, wie
Ludwig XIV., zu fröhnen! — — — —

Die Marquise von Montespan, Françoise
Athenais von Rochechouart — die bis dahin allmäch=
tige Geliebte König Ludwigs XIV. — saß, von
Schmerz gebeugt, in tiefe Gedanken verloren, an
einem der Fenster von Marly le Roi und schaute
wehmüthig der untergehenden Sonne nach.

Ob sie dabei an die Vergänglichkeit, … an das
rasche Erlöschen und Versinken aller irdischen Herr=
lichkeit dachte? Ob sie darüber nachsann, was selbst
dies stolze Marly le Roi nach anderthalb Jahrhun=
derten sein werde? … oder über ihr eigenes Schicksal,
das gerade jetzt eine traurige Wendung zu nehmen
drohte? …

Auch die Sonne — die stolze Königin des Tages
— sank ja dort vor ihren Augen und dem lieblichen
Tage folgte schwarze tiefe traurige Nacht!

Auch der Glanz der sanften holden, vom Könige
so heiß geliebten La Valière war erblichen; …
auch ihrer war Ludwig XIV. überdrüssig geworden
und hatte sie — die Mutter seiner Kinder — Marias
von Bourbon und des Grafen von Vermandis —
in der Blüthe ihres Lebens, im dreißigsten

Jahre, in ein Kloster geschickt. Dort, bei den Carmeliterinnen in der Vorstadt Saint Germain in Paris ... verblutete sich jetzt langsam das arme liebevolle Herz der Schwester Louise de la Misericorde!

O Gott! o Gott! und ein solches Schicksal stand es denn nicht jetzt auch der Marquise von Montespan bevor, ... trotz der sechs Kinder, die sie Ludwig XIV. geschenkt und die als legitime Prinzen und Prinzessinnen am Hofe zu Versailles glänzten?

Die Marquise war freilich jetzt neun und dreißig Jahre alt; aber diese neun und dreißig Jahre hatten die Spuren ihrer einst so außerordentlichen Schönheit nicht verwischen können. Vor allen Dingen war ihr die alte Geistesfrische geblieben. Nur jene natürliche Heiterkeit und Fröhlichkeit — die Françoise auszeichnete, als sie durch die Herzogin de la Vallière dem Könige bekannt wurde — hatte mit der Zeit einer allzugroßen Liebe zum Gelde, Launen, Eigensinn und Herrschsucht weichen müssen; ... Dingen, die sie nach und nach — ihr selber unbewußt — dem Könige lästig machten.

Hatte doch die Herzogin von Orleans erst kürzlich gesagt: „die Montespan ist ein lebendiger Teufel, aber so divertissant und possierlich, daß einem die Zeit nicht bei ihr lang werden kann*).“

Aber das Vergänglichste auf der Welt ist ja die Gunst der Könige und Fürsten. Sie selbst — obgleich an den Marquis von Montespan verheirathet — hatte ja die La Balière gestürzt, . . . und nun? . . . nun mußte sie ihren eigenen Sturz gewärtigen, denn, Ludwig XIV. — der glühendste und leidenschaftlichste, aber auch der unbeständigste aller Liebhaber fing an, sie zu vernachlässigen.

O! sie fühlte nur zu gut, daß ihr Einfluß im Erlöschen sei; — daß die Sonne ihres Glücks sinke, wie da draußen die irdische Sonne. Aber sie konnte den Gedanken nicht ertragen, von ihrer Macht zu scheiden, — zurückzutreten von der schwindelnden Höhe einer Gebieterin Ludwigs XIV.

Nichts kümmerten sie dabei die Siege der Frau von Soubise und der Frau von Ludre.

An vorübergehende Untreuen ihres königlichen Geliebten war die Marquise längst gewöhnt.

Auch hatte das kurze Regiment der Frau von Soubise schon sein Ende erreicht. Ein kleiner Hof-Scandal — wie er damals häufig vorkam — hatte es rasch zertrümmert.

---

*) Orleans I. 116. Voltaire: siècle Louis XIV. 21. 112.

Die Königin erwartete nämlich eines Abends zu bestimmter Stunde den Gemahl vergebens. Sehr beunruhigt durch sein Nichterscheinen, ließ sie Seine Majestät überall, im Schlosse und in der Stadt, suchen. Man klopfte bei allen Frauen vom Hofe, Prüden wie Koketten, an; ... indeß ... man suchte vergebens. Seine Majestät fand sich erst am anderen Morgen wieder.

Diese Beleidigung der Königin machte großes Aufsehen. Jeder sprach darüber, Frau von Soubise, wie die andern. Ja, Letztere ging noch weiter, und nannte in Gegenwart der Königin eine Dame, bei der das Rendez-vous stattgefunden haben sollte.

Die Königin voll Zorn, nannte seiner Majestät den Namen. Ludwig leugnete, die Königin indeß versicherte, gut unterrichtet zu sein, indem Frau von Soubise ihr selbst den Namen genannt habe.

„Nun denn, weil dem so ist," — antwortete der König gelassen — „so will ich Ihnen sagen, mit wem ich dies kleine Rendez-vous hatte: mit Niemand anderm, als mit Frau von Soubise selbst. Wenn ich sie zu sprechen wünsche, so stecke ich einen Diamantring an meinen kleinen Finger; wenn sie es mir gewährt, legt sie Ohrgehänge von Smaragden an."

In Folge dieses netten Hof-Scandales wurde Frau von Soubise verabschiedet. Von ihr also hatte die Marquise nichts mehr zu fürchten. Eben so wenig von Frau von Lübre, die jetzt an der Reihe war. Sie besaß Schönheit, aber weder Geist, noch das Talent dauernd zu fesseln.

Ganz anders indeß konnte die Sache kommen, wenn der Zufall oder irgend eine Intrigue Ludwig XIV. ein weibliches Wesen in die Hände spielte, das den König mit stärkeren Banden an sich zu klammern, ihn durch Geist und Witz zu beherrschen verstand. Für einen solchen Fall war die Marquise verloren. Es konnte ihr alsdann nur zu leicht wie derjenigen gehen, die sie selbst gestürzt: die düsteren Hallen eines Klosters konnten schon bei Lebzeiten ihr Grab werden.

Entsetzlicher vernichtender Gedanke! ... er durchglühte das Gehirn der Marquise ... er drohte es zu versengen ... auszubrennen!

Ihr Herz ging dabei wie ein Hammerwerk. Es ist keine Kleinigkeit, einen Scepter niederzulegen. Wer einmal das Regieren gewöhnt ist, vermag so leicht nicht herabzusteigen in das Dunkel der Allgemeinheit, in die Niederungen des Gehorchens, ... in das Grab der Vergessenheit.

Und dann! ... war es nicht Louvois, der ehrgeizige Minister, der im Geheimen an ihrem

Sturze arbeitete, weil er gern allein den König beherrscht hätte?

Niemand beherrschte freilich Ludwig XIV. bis jetzt noch; aber eine Menge strebten doch beharrlich nach diesem Ziele: die Marquise, die Lüdre, Louvois und der Herzog von Saint-Aignan, des Königs Günstling.

Und hatte der schlaue Louvois nicht den König schon zum Theil in seiner Hand?

François Michel le Tellier, Marquis von Louvois, der Sohn des Kanzlers Le Tellier, war in der Jugend den Leidenschaften und Zerstreuungen dergestalt hingegeben, daß sein eigener Vater ihn für unfähig hielt, jemals mit Erfolg eine bürgerliche Laufbahn zu betreten.

Da ging Louvois in sich und entwickelte unerwartet die ausgezeichnetsten Anlagen. Es war eine jener bei hervorragenden Persönlichkeiten häufig vorkommenden Umwandlungen. Der Jugendbrausch war bei ihm ausgetobt — an seine Stelle trat eine unbegränzte Ruhm- und Ehrsucht. Und er hatte wahrlich die Anlagen dazu, dieser Ruhm- und Ehrsucht zu genügen.

Mit der angestrengtesten Thätigkeit und großem Gedächtniß verband sich schon bei dem Jünglinge — um wie viel mehr bei dem jetzt herangereiften Manne

— ein schneller Blick, ein durchdringender Scharfsinn und ein fester Wille.

Aber dieser Wille — in der That unbezwingbar — war nur der Ausfluß eines noch größeren Ehrgeizes und diesem opferte er Alles: das Glück von Millionen, seine Ehre, sich selbst!

So lange Ludwig XIV. noch mit eiserner Hand das Staatsruder leitete, wagte es der junge Staatssecretär Le Tellier nicht, die Gränzen des Schülers zu überschreiten; aber der Schlaue wußte durch kluge, ihm selbst meist zu gut kommende Rathschläge, die er seinem Monarchen gab, das ganze Vertrauen desselben zu gewinnen, während er doch zugleich immer Höfling blieb.

Sein kühner, von unbezwingbarem Ehrgeiz geschärfter Blick ging indeß schon damals weiter. Er fühlte, daß ein Feldherrntalent in ihm ruhe; ... er begriff, daß der König sein war, ... sobald er ihn fortwährend in Kriege verwickle.

So wußte Le Tellier, Marquis von Louvois, allmälig seiner Gewalt über das Heer und dessen Befehlshaber eine nie geahnte Ausdehnung zu geben.

Da ernannte ihn die Gunst und der Wille Ludwigs XIV. zum Kriegsminister.

Das hatte der Ehrgeizige bezweckt.

In alle Theile des Kriegswesens brachte Louvois

jetzt Ordnung und Zusammenhang. Der weise Colbert hatte dem Staatsschatze Millionen gespart; ... Louvois gab Frankreich das größte und beste Heer. Der Sieg war ihm gewiß, durch ihn wurde ja der Herrschaft Ludwigs und dem Stolze der ganzen Nation geschmeichelt.

Zwei Feldzüge, in Flandern und der Franche Conté, gaben jetzt die Loosung zu einer Reihe blutiger Fehden, die den französischen Namen bald furchtbar machten. Frankreich blieb in beiden Sieger; Louvois hatte die Mittel dazu bereit und sein Ansehen bei dem Könige wuchs mächtig.

Schlau genug hatte der Kriegsminister dabei berechnet, daß dieser zweijährige Kampf nur ein Vorspiel für weitergreifendere Kriege sein würde. Er hatte den König damit in Pläne verwickelt, aus welchen sich dieser nicht so leicht mehr, und namentlich nicht mehr ohne ihn, den Kriegsminister, herausarbeiten konnte.

Louvois war von diesem Momente an Ludwig XIV. unentbehrlich.

Ein neuer Krieg mit den Generalstaaten folgte. Der Friede von Nymwegen endete ihn nach sechsjährigem Kampfe. Ludwig XIV. dictirte ihn. Aber Louvois hatte auch mit diesem sechsjährigen Kampfe, welcher halb Europa zu den Waffen rief, Frankreich auf den Gipfel seiner Macht geführt. Was lag daran, daß Tausende dabei an den Bettelstab gekommen und die blühende Pfalz — dieser reiche, herrliche Garten Deutschlands — zum erstenmale durch hunnische Verwüstungen und schmähliche Mordbrennerei in eine rauchende, von Blut triefende Einöde verwandelt worden war.

Auf Louvois fiel dabei der Fluch zahlloser Unglücklicher! Denn... wollte man auch die Strenge, ja die Härte verzeihen, mit welchen der Marquis alle Untergebenen behandelte; wollte man es auch natürlich finden, daß er alles, was ihm in den Weg trat, daß er alle Nebenbuhler um jeden Preis zu stürzen suchte; so lastete doch auf ihm das unaustilgbare Brandmal, daß er überall — in den Niederlanden, zu Trier, in Savoyen und vor Allem in der Pfalz — nicht blos die entsetzlichsten Barbareien duldete, sondern sie auch sogar mit unmenschlicher Kälte und Grausamkeit unbedingt anbefahl.

Die Pfalz sollte — seiner schmählichen Politik zufolge — auf ewig in eine Einöde und Wüste verwandelt werden, um Frankreich gegen Deutschland hin an seinen Gränzen zu sichern.

Weil Louvois dabei, gleichwie sein König, immer den falschen Ruhm für den wahren hielt, so mußte er für schlechte Zwecke auch verdammliche Mittel ergreifen*), und Recht, Gesetze, Verträge, Eidschwüre erschienen ihm wie Kleinigkeiten, welche ein großer Herrscher nach Belieben berücksichtigen oder mit Füßen treten könne.

So standen die Dinge zur Zeit unserer Erzählung, — zu jener Zeit, in welcher zugleich der Stern der Marquise von Montespan sichtbar zu erblassen anfing. Mit ihrem Untergange aber hoffte Louvois um so mehr zur alleinigen Herrschaft über den König zu gelangen, als dieser nachgerade der selbstständigen Führung des Staatsruders hie und da überdrüssig ward und lieber in den Armen eines schönen Weibes ruhte.

So hatte denn auf der einen Seite ein zwar geheimer aber darum nur um so erbitterterer Kampf zwischen der Montespan und Louvois begonnen, während auf der anderen Seite der schlaue Minister den ehrgeizigen König gerade jetzt in neue weitaussehende Pläne gegen Deutschland und den Elsaß verwickelte, um ihn fest und sicher für die Zeit seines Lebens in den Händen zu haben.

Diese Pläne aber waren niederträchtig genug,

---

*) So waren unter Anderem damals alle Tanzmeister, Bereiter u. dgl. engagirt, um an den deutschen Höfen zu spioniren.

und sollten in ihren Folgen eine Schmach für Deutschland werden.

Um — wie bereits gesagt — den König in Athem und von sich abhängig zu erhalten, hatte ihm Louvois eingeredet: Frankreich müsse den — bis dahin deutschen — Elsaß besitzen; ... es erfordere dies die Sicherheit des Reiches und die Größe und Ehre der französischen Krone. Sei einmal der Ober=Rhein die Gränze Frankreichs gegen Deutschland, müsse es in der Folge auch der Nieder=Rhein werden.

Bedurfte es aber mehr, um den Ehrgeiz eines so ländergierigen Fürsten, wie Ludwig XIV., zu wecken und zu entflammen?

Es kam nur auf die Frage an: wie dieser Raub bewerkstelligt werden solle?

Die Antwort darauf war für einen Louvois nicht schwer: mit Gewalt ... aber unter dem Schein und dem Deckmantel des Rechtes.

Ludwig XIV. und Louvois waren bald einverstanden und der Kriegsminister ging an das Werk.

Es war in demselben Gemache, in welchem heute die Marquise von Montespan, in so trübe und ernste Gedanken verloren, dem Untergang der Sonne zuschaute, in dem Ludwig XIV. schon vor längerer

Zeit mit Louvois einen geheimen Conseil in Marly abgehalten.

Der König und der Kriegsminister befanden sich damals und zu dem Ende in dem Pavillon Seiner Majestät. Sie waren allein. Hauptmann von Torch bewachte den Eingang.

Ludwig saß mit bedecktem Haupte auf einem kostbaren Sessel; ... Le Tellier, Marquis von Louvois, stand, entblößten Hauptes, etwas zur Seite.

Die Etiquette erlaubte nicht, daß in irgend einem „Conseil" und Ministerrathe, dem Ludwig XIV. beiwohnte, die Minister saßen. Und wenn die Berathungen auch mehrere Stunden dauerten, mußten sie stehend verharren. Ja, als Chamillart dies aus Schwäche nicht mehr aushalten konnte, bewilligte ihm Ludwig keinen Stuhl ... sondern ... entließ ihn, trotz seiner großen Verdienste*).

„Und was nun?" — sagte in jener wichtigen Stunde Ludwig XIV. in seiner langsamen und scharf accentuirten Sprechweise, die rechte Hand an der Brust unter der Weste von Goldbrocat bergend, den durchbringenden Blick auf den Marquis geheftet, der in geneigter Stellung und mit dem Ausdrucke tiefster Ergebenheit vor der Majestät stand.

---

*) Saint Simon: nouvelle édition V. 281.

„Sire!" — entgegnete Louvois feierlich — „ich bin meiner Sache gewiß."

„Und Sie glauben den Augenblick gekommen, Marquis?" — frug der König weiter.

„Ja Majestät!" — fuhr der Kriegsminister fort — „die Frucht ist reif. Ludwig XIV., den die Welt mit Recht „den Großen" nennt, darf nur seine Hand aufthun ... und ... sie wird ihm hineinfallen."

„Und das deutsche Reich ... und Spanien?"

„Waren nie schwächer denn jetzt. Majestät kennen ja bis in das Einzelne die in Deutschland herrschende Zwietracht."

„Ja, ja! Wir kennen sie!" — sagte der König und ein stolzes, hönisches Lächeln umschwebte dabei seinen Mund. — „Wir kennen sie recht gut, diese unkluge Zersplitterung ... und wahrlich ... Wir ließen es nicht fehlen, die Eifersucht der deutschen Fürsten auf ihren Kaiser durch Bestechungen und diplomatische Künste zu nähren."

„Und diese Bestechungen und diplomatischen Künste haben trefflich gewirkt!" — fuhr Louvois mit dem Ausdrucke bitteren Hohnes fort, indem das königliche Lächeln zugleich einen schwachen Abglanz in seinen, sonst so strengen Zügen fand. — „Dem deutschen Kaiser sind überall und bei jedem Schritt, den er unternehmen will, Hände und Füße gebunden.

Nicht auf drei der Reichsfürsten kann er mit Sicherheit rechnen. Vor allen Anderen sind Schwaben und Bayern unser . . . Brandenburg ängstigt ihn und Leopold selbst . . ."

„Ist schwach!" — rief der König mit einem stolzen Aufblitzen seiner Augen. — „Leopold I. ist zu einem guten Hausvater geboren . . . aber . . . nicht zu einem Kaiser. Es ist eine milde, weiche, fleißige Natur, von großem Gedächtniß und vielen Kenntnissen; aber . . . nicht von der Einheit und Kraft des Charakters, die einen Herrscher abgeben."

„Sire!" — sagte hier Le Tellier, Marquis von Louvois und verbeugte sich tief, — „Herrscher, wie Ludwig XIV., sind leuchtende und flammende Wunderblumen im Garten der Geschichte. Es bedarf nicht Jahrhunderte sondern Jahrtausende um sie auch nur einmal zu erzeugen!"

„Marquis!" — sagte der König wohlgefällig — „Ihr seid ein Schmeichler. Wir denken übrigens in der That unserer Devise: „nec pluribus impar" Ehre zu machen. Doch zur Sache! Wir halten den Zeitpunkt wirklich auch geeignet unsere großen Pläne zur Ehre und zum Ruhme Frankreichs durchzuführen. Die Ohnmacht Deutschlands und Spaniens liegt am Tage und auch England ist, durch den thörigten Streit seiner Könige mit den eigenen Unterthanen, geschwächt. Wohlan! . . . treten wir den Uneinigen, Zaudernden, Abgeschwächten und Furchtsamen kühn und energisch entgegen. Beschäftigen wir vor allen Dingen die guten, leichtgläubigen Deutschen durch irgend eine diplomatische Verhandlung . . . einen Congreß vielleicht! . . . Während sie alsdann Monate lang berathen, in welcher Rang=Ordnung die Abgeordneten an den Tischen und auf welchen Stühlen sie sitzen sollen . . . handeln wir!"

„Sire!" — rief Louvois, indem er sich stellte, als überraschten ihn die Worte des Königs, während er selbst doch in einer früheren Berathung den Impuls dazu gegeben — „Sire! welch' ein vortrefflicher Gedanke! Beweisen Sie durch dessen Ausführung der Welt, daß ein großer Monarch nicht nach kleinlichen Bedenken zu fragen hat, wenn ihm sein erleuchteter Geist den Weg zeigt, die Völker zu beglücken."

Eine Pause entstand.

„Marquis!" — sagte Ludwig nach einigen Minuten und eine Wolke beschattete seine Stirne — „der Weg des strengen Rechtes dürfte es nicht sein, den wir zu wandeln beabsichtigen."

„Das Wohl des Staates ist das Recht der Könige!" — entgegnete Louvois mit Bedeutung.

Abermals trat eine kurze Stille ein, dann wiederholte der König langsam und mit scharfem Accent:

„Das Wohl des Staates ... ist ... das Recht der Könige!"

Und Ludwig nickte leise und feierlich, aber mit freudiger Zustimmung mit dem Kopfe; dann traf ein leuchtender Blick den Kriegsminister und der König sagte:

„Marquis! Ihr habt um das Recht des Leibrockes bei uns angehalten; Wir gewähren es Euch in Gnaden! das Decret soll morgen ausgefertigt werden."

„Majestät!" — rief Louvois entzückt, und vor dem Könige das Knie beugend, küßte er, unter überströmendem Danke, die Hand des Monarchen.

„Aber" — fuhr Ludwig XIV. jetzt fort — „einen Anschein des Rechtes müssen wir doch wenigstens in den Augen der Welt haben, um den Elsaß vom deutschen Reiche loszureißen und Frankreich einzuverleiben!"

„Eure Majestät haben das beste Heer, welches Europa jetzt aufzuweisen hat!" — rief Louvois.

„Ja!" — meinte der König — „und den Segen der Kirche, das ist auch etwas. Der Elsaß muß wieder katholisch werden."

„Die Bewunderung der Welt kann Eurer Ma=

jestät darum nicht entgehen!" — fuhr der Minister fort. — "Wer die Macht der Waffen und der Kirche auf seiner Seite hat, ist bei dem großen Haufen stets im Rechte. Den weiteren und höheren Anforderungen genügt eine diplomatische Sophistik."

"Der Westphälische Frieden" — fiel hier der König gedehnt ein, und schien bei jedem Worte, was er sagte, zu überlegen, — "hat allerdings die Bisthümer Metz, Toul und Verdun, die Landvogtei Hagenau und die Landesherrlichkeit von Pignerol, das Sundgau und Breisach der Krone Frankreich's zugewiesen; . . . jedoch mit der Ausnahme, daß den Bischöfen von Straßburg, der Stadt Straßburg selbst, den bekannten zehn anderen Reichsstädten des Elsaß, vier Aebten, so wie den Grafen und Herren von Lützelstein, Hanau, Fleckenstein und Oberstein sammt der Reichsritterschaft ihr Zusammenhang mit dem deutschen Reiche erhalten bleibe! Der Friede von Nymwegen hat daran nichts geändert!"

"Weil Frankreich klugerweise die Fragen über den Elsaß offen hielt!" — versetzte Louvois mit leisem Hohn. — "Eurer Majestät Scharfblick hatte damals schon den heutigen Tag im Auge, wie einst, bei der Verheirathung mit Spaniens Infantin, das Erbe derselben."

„Still, Marquis!" — sagte hier der König, mit einem schlauen Blick nach dem Minister, — „still! nichts vor der Zeit verrathen. Schafft uns lieber jetzt einen plausiblen Rechtsvorwand, unter dem wir den Elsaß unserem guten Frankreich einverleiben können."

„Ich habe einen solchen, Majestät!" — entgegnete der Marquis, indem er sich tief verneigte.

„Louvois!" — rief der König freudig — „Ihr seid ein Mann, wie Wir sie lieben!"

„Dann bin ich der glücklichste der Sterblichen!"

„Aber den Rechtsvorwand!"

„Er ist so gut als das Recht selbst!"

„Redet!"

„Nun denn, Sire!" — fuhr der Marquis lauernd fort, indem er schon im Voraus still triumphirte — „da Eure Majestät die Schwäche des deutschen und spanischen Reiches, so wie die in dem Ersteren herrschende Zwietracht kennen, und die Eifersucht der deutschen Fürsten auf ihren Kaiser durch Bestechung und diplomatische Künste trefflich genährt haben, so werden sich Eure Majestät auch durch den Frieden von Nymwegen nicht abzuhalten nöthig haben, alle die Orte und Gegenden der deutschen und spanischen Gränzländer, die Sie begehren, ohne alle Umstände an sich zu nehmen. Majestät sind dabei im vollen Rechte."

„Schön!"... und der Beweis?"

„Ich habe einen alten Rabulisten den Parlaments-Rath Roland Ravaulx in Metz mit der Auffindung desselben betraut."

„Wir sind begierig!"

„Ravaulx wühlte auf meine Veranlassung in den alten Urkunden, und siehe da, er brachte heraus, daß viele Landstriche, welche weit und breit außerhalb der an Frankreich abgetretenen Bisthümer Metz, Toul und Verdun liegen... ehemals zu diesen gehörten..."

Ein beifälliges schlaues Lächeln überflog des Königs Züge.

„Und deshalb" — fuhr Louvois fort — „als Lehen derselben inbegriffen seien."

„Vortrefflich, Marquis, vortrefflich!" — rief der König freudig. — „Ihr Ravaulx darf auf eine fürstliche Belohnung rechnen. Und wie nennen wir dies Wiederergreifen der alten Rechte und das Einziehen der betreffenden Städte und Landschaften?"

„Ich würde Eurer Majestät unterthänigst vorschlagen" — entgegnete der Minister mit tiefer Verbeugung — „diese rechtliche und ganz gesetzliche Wiedervereinigung... die „Reunion" zu nennen."

„Reunion!" — wiederholte Ludwig mit leisem Neigen des Hauptes, während der übrige Körper und die ganze Haltung des Monarchen unbeweglich blieb — er blieb es oft Stunden lang — „Reunion! ja das ist gut! Aber wie soll diese Reunion nun bewirkt werden und in Rechtskraft treten?"

„Durch Eurer Majestät souveränen Willen! Geruhen Sie, Sire, den Plan zu genehmigen, den ich hiermit ausgearbeitet zu den Füßen meines großen Königs lege. Nach demselben werden besondere Gerichtshöfe, unter den Namen Reunions-Kammern, in's Leben gerufen, die in Metz und Breisach ihren Sitz nehmen."

„Und diese?"

„Diese Reunions-Kammern, von Ravaulx geleitet, beweisen alsdann der Welt, daß **achtzig im Auslande gelegene Lehen, zu welchen unter Anderen Homburg, Pont à Mousson, Salm, Saarburg, Saarbrücken, Vaudemont, Hagenau und Weißenburg und die zehn elsässischen-Reichsstädte gehören,... daß dies alles Dependenzen der französischen Besitzungen sind!"**

„Diable!" — rief der König — „das ist stark! der Westphälische Frieden behielt die meisten dem deutschen Reiche vor!"

„Wenn Majestät meinen Plan genehmigen!" — entgegnete Le Tellier, Marquis von Louvois, mit

einer tiefen Verbeugung, — "werden die Reunions=
Kammern und Eurer Majestät unterthänigster Kriegs=
minister der Welt das Recht der französischen Krone
auf diese Dependenzen so nachdrücklich beweisen, daß
alle jene Städte in kurzer Zeit ohne Widerspruch
als leuchtende Edelsteine in der Krone Ludwigs XIV.
des größten Monarchen der Erde, strahlen und
blitzen."

"Und wenn die Einwohner die Huldigung ver=
weigern?"

"Dann erinnern Sie sich, Sire, daß Sie die
größten, gewaltigsten und tapfersten Heere besitzen,
die Europa jetzt aufzuweisen hat!"

"Und wenn Kaiser und Reich und die Betroffe=
nen dagegen aufschreien und mit ihren Klagen Un=
seren Thron bestürmen?"

"Dann wird Eurer Majestät Minister, Colbert
de Croissy, den Schreihälsen die Antwort geben:
ihre Beschwerde sei keine Kabinets=Angelegenheit, son=
dern eine Rechtssache, sie müßten sich daher nicht an
die Regierung, sondern an die Kammern zu Metz
und Breisach wenden, welche" — und hier strahlte
wieder ein wahrhaft diabolischer Hohn aus Louvois
Augen — "welche der König eingesetzt habe, um
seinen Nachbarn zu beweisen, daß er kei=
nem Menschen Unrecht thun wolle!"

„Gut, sehr gut!" — sagte hier Ludwig mit Befriedigung. — „Und das Herzogthum Zweibrücken? Es ist Eigenthum des Königs von Schweden."

„Wird, als französisches Lehen, von Eurer Majestät getreuen Truppen besetzt."

„Und König Karl XI.?"

„Ihn laden die Reunions-Kammern vor."

„Er wird nicht kommen!"

„Dann sprechen sie ihm das Herzogthum ab!"

„Und der König von Spanien, dem das Fürstenthum Chimay, die Stadt Cortryk und das Herzogthum Luxemburg zustehen?"

„Auch er wird vor die Kammern geladen ... erscheint natürlich nicht ... und ist damit seines Besitzes verlustig."

Eine Pause entstand.

„Und Straßburg?" — hub' nach einigen Minuten der König wieder an. — „Auf Straßburg, diese Perle des deutschen Reiches, — diesen so wichtigen Paß für Kaiser und Reich, — diese ächt deutsche Stadt, die noch dazu ein kleiner Freistaat für sich ist, — auf dies Straßburg habt Ihr auch Rechte für Uns aufgefunden? Wir gestehen, daß gerade der Besitz von Straßburg Uns als das Wichtigste und Liebste bei dem ganzen Unternehmen erscheint."

„Majestät!" — entgegnete hier Louvois achsel=
zuckend — „mit unendlichem Bedauern spreche ich es
aus: auf Straßburg, hat selbst Ravaulx nicht das
kleinste Rechtstitelchen aufgefunden."

Der König zog seine Stirne finster zusammen:

„Dann taugt der ganze Plan nichts!" — sagte
er dabei ungehalten. — „Straßburg vor Allen muß
Uns gehören. Es ist Unser Wille!"

„Und es wird auch Eurer Majestät gehören!" —
versetzte hier fest und bestimmt der Marquis. —
„Wollen Eure Majestät die große Gnade haben,
mir die Einverleibung dieser schönen Stadt in das
Reich des großen Ludwig anzuvertrauen?"

„Es sei!" — rief der König, indem er sich er=
hob. — „Aber wie anfangen?"

„Als ob es keine Verräther gäbe, keine Be=
stechungen, keine List?" — sagte schlau lächelnd der
Minister.

„Verräther?" — frug der König. — „Wer
sind sie?"

„Fürst Franz Egon von Fürstenberg,
Bischof von Straßburg!" — meldete in die=
sem Augenblicke Hauptmann von Torcy.

Ludwig der XIV. sah seinen Minister über=
rascht an.

„Wir befahlen, daß dieser Privat=Conseil in

Marly le Roi ganz geheim gehalten werde!" — sagte er dann finster.

„Ludwigs XIV. Wille ist der Welt Gesetz!" — versetzte Louvois sich tief verbeugend.

„Aber es scheint keine bindende Kraft für unsern Herrn Kriegsminister haben zu sollen!" — fügte der König mit einem stolzen zornigen Blick hinzu.

„Majestät!" — sagte Louvois gelassen — „eine verschlossene Thüre zu öffnen … bedarf man eines Schlüssels!"

Der König stutzte.

„Ich verstehe!" — versetzte er dann, und die trüben Wolken seiner Stirne wichen einem schlauen Lächeln.

„Und, Sire, wenn der Schlüssel vergoldet werden müßte?" — frug Louvois, seine harten Züge ebenfalls zu einem höhnischen Lächeln zwingend.

„Dann vergolden Sie ihn!" — rief der König — „vorausgesetzt, daß es der rechte Schlüssel ist."

„Er ist es!" — sagte der Marquis.

Der König nahm wieder Platz und Herr von Torcy ließ auf den Wink des Ministers den deutschen Fürsten, Franz Egon von Fürstenberg, Bischof von Straßburg, bei seiner Majestät von Frankreich eintreten.

Eine Intrigue.

Der Tag war im Verglühen. Die letzten Strahlen der sinkenden Sonne übergossen die Mauern von Marly le Roi mit einem rothgoldenen Scheine. In einem eigenthümlichen Zauberglanze lag die königliche Einsiedelei; ... aber dieser Zauberglanz umfloß auch mit seiner glühenden Pracht Diejenige, die bis dahin gleich einer Königin über Frankreich geherrscht, ... und die jetzt in der That ... eine Einsiedlerin in Marly le Roi war.

„So ist auch mein Tag im Erlöschen! ... so geht auch meine Sonne unter!" — hatte die Marquise von Montespan eben noch einmal schmerzlich ausgerufen, als die Thüre ihres Gemaches sich leise öffnete und ihre erste Kammerfrau den Kopf hineinschob und den Herzog von Saint-Aignan meldete.

Die Züge der Marquise sprachen Verwunderung aus. Was hatte der Günstling des Königs, was hatte Saint-Aignan bei derjenigen zu suchen, die sichtlich mit dem Verluste der königlichen Gunst bedroht war?

Nicht den sinkenden, . . . den aufsteigenden Gestirnen huldigt man an Höfen!

Aber sie ließ den Herzog eintreten. Er that es mit der ihm eigenen chevaleresquen Weise, begleitet von einer tiefen ehrfurchtsvollen Verbeugung.

„Herzog!" — sagte nach einigen Secunden tiefen Schweigens die Marquise ernst, aber mit unverkennbarer innerer Bewegung — was suchen Sie bei mir? Wollen Sie Abschied von mir nehmen und sich dabei den Genuß verschaffen, die Zuckungen eines verblutenden Herzens mit Gemüthlichkeit näher zu betrachten?"

„Hohe Frau!" — entgegnete Saint-Aignan mit abermaliger Verbeugung — „Sie kennen mich schlecht!"

„Sie sind ein Roué!" — sagte die Marquise gelassen.

„Da haben Sie freilich Recht!" — rief der Herzog heiter. — „Aber was soll das hier?"

„Für einen Menschen, wie Sie!" — fuhr die Montespan ernst fort — „für einen, am Rande des Abgrundes hinstreifenden Menschen, wie Sie, gibt es kein höheres, aber auch kein dämonischeres Vergnügen, als sich — für sich selbst und bei Anderen — an jeden Abgrund hinzuwagen, den Schlund des Bösen oder des Unglücks zu ergründen, seinen kalten Hauch zu fühlen und sich dann — tief und stürmisch bewegt oder getragen von den Gefühlen der Schadenfreude — zurückzuziehen!"

„Man kann nie aufhören den Geist und den Scharfblick der Frau Marquise von Montespan zu bewundern!" — versetzte der Herzog — „selbst dann nicht, wenn man sich über eine kleine Ungerechtigkeit beklagen dürfte. Es ist wahr, es kann mich entzücken, dies Hinstreifen an den Abgründen des Bösen — es erfüllt mich mit einer diabolischen Lust, der Nichts auf Erden gleich kommt!... Was gäbe es auch sonst noch für Genüsse für uns?... Aber Schadenfreude?... ich verstehe nicht, was Sie damit sagen wollen, hohe Frau!"

„O!" — rief die Marquise bitter — „welche Unschuld in dem Herzen eines Saint=Aignan's!... Aber ich verstehe!... Es wird Ihrem boshaften Wesen einen noch höheren Genuß bereiten, wenn Ihnen das Opfer, das unter den Klauen des Löwen zuckt, die Geschichte seiner Schmach und seines Leidens mit ersterbender Stimme selbst berichtet. Nun denn, mein edler Herr Herzog, schauen Sie dort aus dem Fenster! . . . dort steht es blutroth an dem Himmel geschrieben, was mein Schicksal ist! Sie fanden mich eben in Gedanken verloren: ich zog durch die Vergangenheit, wie ein Aehrenleser über die Stoppelfelder. Wenn die Zeit, der Herr des Landes, geerntet hat, liest man jeden Strohhalm auf!" —

„Was sollen Strohhalme einer Hand, die gewöhnt ist den Scepter zu führen? Halten Sie den letzteren fest, Marquise!"

„Auch das noch!" — rief die Montespan schmerzlich — „auch noch diese bittern Stiche! Geh'n Sie, geh'n Sie, Herr Herzog! . . . was suchen Sie mich, die Sinkende? Gehen Sie . . . und huldigen Sie dem Sterne, der da bald aufsteigen wird, den neuen Morgen zu verkündigen!"

„Marly le Roi stimmt Sie schwermüthig, Frau Marquise!" — rief der Herzog, mit seiner unveränderlichen Heiterkeit. — „Bestimmen Sie den König, daß er nach Versailles zurückkehrt. Es gebührt Ihnen, als der schönsten Frau in ganz Frankreich, dort zu residiren."

„Es gebührt mir?!" — rief hier Frau von Montespan schmerzlich. — „Weiß der edle Herzog, der stets von witzigen Anekdoten übersprudelt, nicht, was seine Majestät, der König, der Herzogin von la Valière auf dies Wort antwortete?"

„Nein, hohe Frau, zu meiner Schande sei es gesagt, ... nein!" — versetzte der Herzog diplomatisch, obgleich er die Geschichte kannte.

„Nun denn, ... als es mit der la Valière so weit gekommen war, wie jetzt mit mir, und sie bei Seiner Majestät von etwas sprach, das ihr gebühre, da nahm der König in einer Anwandlung von Härte, deren er oft hat, seinen kleinen spanischen Hund, Malice, warf ihr denselben auf den Schooß und sagte: „Nehmen Sie, Madame, das ist, was Ihnen gebührt!"

Frau von Montespan schwieg; aber über ihr Antlitz flog eine dunkle Röthe und in ihren Augen schimmerte es wie Thränen.

Auch der Herzog schwieg einen Moment und es war, als ob etwas wie Ernst über diese ewig heiteren Züge flöge. Dann sagte er, die Hand der Marquise erfassend und einen leisen Kuß auf dieselbe drückend:

„Wissen Sie, warum ich gekommen bin?"

„Nun?"

„Um einen solchen Fall bei Ihnen abzuwenden?"

„Sie?"

„Ich, hohe Frau; ... und ... es wird uns dies gelingen ... wenn wir Hand in Hand gehen."

„Sie sehen mich staunen!"

„Aber ich bedarf Eines."

„Und das wäre?"

„Ihrer Freundschaft. Wissen Sie, was Freundschaft heißen will?"

„Ich denke wohl."

„Kennen Sie die Geschichte mit der Rambouillet?"

„Ach! eine Ihrer Geschichten. Ich glaube wenn Ihr Vater sterbend in Ihren Armen liegt, haben Sie, Unerschöpflicher, noch einen Witz oder eine Anecdote auf das Sterben bereit."

„Sie sind lehrreich, meine Beste, diese Anecdoten! So gab es zum Beispiel keine treuere Freundin, als Frau von Rambouillet. Herr Arnauld d'Andilly, welcher sich „einen Professor der Freundschaft" nannte, bot ihr einst an, ihr Unterricht in dieser Wissenschaft zu geben, und begann denselben mit der Frage: was sie unter Freundschaft verstehe? — „Ein gänzliches Unterordnen der eigenen Interessen unter die meiner Freunde!" antwortete Frau von Rambouillet. — „Also würden Sie einwilligen," fuhr Herr von Andilly fort, „zum Besten eines Ihrer Freunde einen großen Verlust zu erleiden?" — „Nicht allein für Einen meiner Freunde," antwortete Frau von Rambouillet, „sondern für jeden braven Mann." — „Wenn Sie so viel wissen, gnädige Frau," erwiederte Andilly, „so ist jeder Unterricht überflüssig und ich habe Sie nichts mehr zu lehren!"

Die Marquise war nachgerade etwas erblaßt. Sie wußte welche Ebbe es gewöhnlich in des jungen über alle Gränzen verschwenderischen Herzogs Casse sei, und . . . Geiz war einer ihrer Hauptfehler. Aber ebenso rasch begriff Frau von Montespan auch, daß eine Allianz mit dem ersten Günstlinge des Königs sie möglicherweise vor dem drohenden Sturze retten könne. Hofleute haben für solche oft vorkommende Dinge ein instinktives Vorgefühl. Ihr Entschluß war daher schnell gefaßt, . . . sie ergriff, dem Schiffbrüchigen gleich, der in der Verzweiflung nach jedem Rettungsmittel langt, die dargebotene Hand und das Bündniß — das Wort „Freundschaft" ließ sie natürlich in Gedanken aus — ward geschlossen.

Beide sahen dabei klar genug, was sie beabsichtigten. Auch Saint-Aignan strebte nach der Herrschaft über den König. Gelang es ihm sich die Geliebte Ludwigs XIV. dadurch zu verbinden, daß er ihr, wenn auch nicht das Herz des Monarchen, doch ihre Stellung neben demselben erhielt, dann war ihr Einfluß, wenigstens noch für die nächste Zeit, auch wieder so stark, um ihn — den des allmächtigen Louvois Eifersucht und Ränke bedrohten — zu halten. So versprach denn der Herzog alles daran zu setzen, Frau von Lübre zu stürzen, — — die Mon=

tespan dagegen: Saint-Aignan von den Intriguen Louvois zu benachrichtigen."

Die gegenseitigen Bedingnisse wurden gestellt und eingegangen. Die nächste Folge war nun, daß die erheiterte Aussicht in beider Herzen bei den leichten, für jeden Eindruck empfänglichen Charakteren auch die gewohnte Frische und Heiterkeit des Geistes jetzt wieder weckte. Dennoch verschloß jedes von ihnen noch einen geheimen Wunsch in seiner Brust, der seinen speciellen Vortheil betraf. Es machte nichts zur Sache, daß sich beide dabei der Perfidie gegen einander klar bewußt waren. Perfidie oder diplomatisch handeln heißt und bedeutet in jenen Sphären meist eines und dasselbe.

Der Marquise war der Sturz der Lüdre nicht genug; sie bedurfte — da ihre erbleichende Schönheit den flüchtigen König nicht mehr auf die Dauer zu fesseln im Stande war — eines anderen Gegenstandes für das Herz des Monarchen; .... aber ... dieser neue Gegenstand durfte weder ihrem noch des Königs Geist gewachsen ... er mußte im Gegentheil **ihr Spielwerk sein und bleiben.**

Dieser Gedanke war die Frucht ihres heutigen schmerzlichen Nachsinnens. War sie aber einmal im Stande durch eine neue, ihr geistig untergeordnete Geliebte auf den König einzuwirken, dann brauchte sie Saint-Aignan nicht mehr. Frau von Montespan dachte daher schon jetzt daran, wie sie sich, gelänge ihr Vorhaben, an dem Herzoge für alle die Opfer rächen wolle, die das jetzige Bündniß ihrem Geize auflegen werde.

Aber kein Adlerauge ist so scharf, als der innere Blick eines Höflings, wenn es gilt, die Schleichwege eines Anderen seines Gelichters zu durchschauen.

Saint-Aignan wußte über welchen Plänen die Montespan brütete; ... er wußte es, ohne etwas darüber von ihr gehört zu haben; ... er wußte es, weil er, an ihrer Stelle, dasselbe gedacht und erstrebt hätte. Aber die Sache konnte auch ihm dienen ... freilich umgekehrt, zum Sturze der Marquise und zu seiner Alleinherrschaft über den König; ... möglicherweise sogar zum Untergange Louvois ... nur mußte dann die neu aufzuspürende Geliebte des Monarchen sein Geschöpf und nicht das der Montespan sein.

Indeß ... der Marquise eine Nebenbuhlerin zu geben, blieb schwierig. Sie mußte also mitwirken. Stand dann die Neue einmal fest, konnte und sollte die Alte fallen.

In den Eisregionen ragen nur Gletscher empor ... kalt, einsam, öde; in den Regionen der Throne gibt es nur Egoisten.

Nichts erkältet ja mehr die edelsten Theile des inneren Menschen, als Umgang mit Personen, an welchen man keinen Antheil nimmt. Täglich und stündlich Leute um sich sehen zu müssen, die nichts denken und sagen, als — „Ich!" — die uns, wenn man sie nicht gerade bedarf, so gleichgültig sind, wie ein vom Winde vorübergetragenes Blatt; dabei das ewige Haschen nur nach dem nächsten Augenblick — dieses fortwährende Vorüberrennen der feinen aalglatten Besuch=Ameisen, die in drei Tagen vergessen sind ... alles das macht schon das Herz unendlich öde und leer ... wenn es dies nicht schon vorher durch die eigene Selbstsucht geworden ist.

Feine Berechnung ist an Höfen Alles! Hier hatten die Calculationen der Marquise und des Herzog's ein und dasselbe Facit. Saint=Aignan wußte, daß er den rechten Ton treffen werde: er ging also gerade auf sein Ziel los und rieth der Marquise, sich selbst eine geistig untergeordnete Nebenbuhlerin zu geben. Eine solche zarte Aufmerksamkeit gegen den Monarchen mußte ihr ja außerdem schon seine Gunst wieder gewinnen ... und dann! ... Kleine und große Kinder, Individuen und Völker, Kluge und Thoren, Diplomaten, Politiker und ... Könige ... beherrscht man am leichtesten durch ihre Leidenschaften!

„Und ... sie werden bei seiner Majestät noch

verfangen!" — meinte mit frivolem Lachen der Herzog. — „Die Leidenschaften sind am fürchterlichsten — für den Träger oft dämonisch schön — wenn sie im reifen Alter aufflammen, wo sich schon die Ohnmacht mit ihnen mischt. Dann gesellt sich ihnen der süß-verzweiflungsvolle Genuß der Empfindung des Spielers bei, der seinen letzten Satz wagt!"

„Schweigen Sie, Herzog!" — sagte die Marquise — „wenn Sie mich in Ihr Inneres blicken lassen, schüttelt mich Fieberfrost."

„Ho! ho!" — rief Saint=Aignan lustig — „da müßte ich Sie, meine Gnädige, am Ende nach der Mode Voitures kuriren!"

„O weh'!" ✠ seufzte die Montespan — „wieder eine seiner Geschichten!"

„Und wissen Sie, wie Voiture, der geistreiche Freund des Hauses Rambouillet, seine Dame vom Fieber heilte?" — frug der Herzog.

Die Marquise schüttelte seufzend das Haupt. O Himmel! ihre ganze Seele war bei anderen Dingen ... und ... der Unverbesserliche kam mit seinen Anecdoten.

Aber sie bedurfte seiner!

Saint=Aignan ließ sich nicht stören.

„Voiture hatte die sonderbarsten Einfälle von der Welt!" ✠ sagte er, sich gemüthlich in seinem Fau=

teuil ausstreckend. — „Eines Tages, als Frau von Rambouillet das Fieber hatte, fiel ihm ein, gehört zu haben, daß große Ueberraschungen oft schon plötzlich das Fieber vertrieben hätten; er sann, indem er über die Straße ging, darüber nach, wie er Frau von Rambouillet recht originell und wirksam überraschen könne, als er plötzlich zwei Bärenführer mit ihren Bestien gewahr wurde. — „Ach, vortrefflich!" dachte er, „das ist, was ich bedarf." Und er nahm die Savoyarden und die Thiere mit nach dem Hôtel Rambouillet. Die Marquise saß bei dem Kamin, von einem Bettschirm umgeben. Voiture kam ganz leise herein, setzte zwei Stühle an den Schirm und ließ seine Acteure darauf steigen; Frau von Rambouillet, die hinter sich schnauben hörte, drehte sich um und sah zwei Bärenschnauzen über ihrem Kopfe. Sie glaubte vor Schrecken zu sterben; aber wie Voiture ganz richtig vorausgesetzt hatte, das Fieber war dem Schreck gewichen. Indessen dauerte es lange, ehe sie Voiture die Wiederherstellung ihrer Gesundheit verzeihen konnte. Er seinerseits erzählte überall: dies sei seine schönste Kur, die er nicht nur selbst gemacht, sondern auch machen gesehen habe."

„Sind Sie zu Ende?" — frug Frau von Montespan, aus tiefen Gedanken erwachend.

„Ich bin es!" — rief der Herzog — „aber zum

Teufel! ich glaube Sie haben meine schöne Geschichte gar nicht gehört."

"Doch!" — versetzte die Marquise — "ich hörte etwas von einem Bären!"

Der Herzog lachte, dann sagte er:

"Ihr Bär hat doch etwas Gutes, . . . er hat wahrscheinlich den Honig, den Sie suchen, aufgefunden."

"Herr Herzog!" — rief hier die Montespan schmerzlich — "Sie wissen, daß mir das Herz nahe am Zerspringen ist und Sie hören nicht auf zu scherzen!"

"Weil mich der Gedanke heiter stimmt, Dasjenige in der Tasche zu tragen, was Sie in der Nähe und Ferne vergeblich suchen."

Und der Herzog griff in seine Brusttasche, zog ein Miniaturbild aus derselben und hielt es Frau von Montespan vor.

"Welch' ein Engel!" — rief diese. — "Die Büste einer Venus!"

"Ja!" — meinte der Herzog mit dem unheimlich auflodernden Blicke einer unreinen glühenden Leidenschaftlichkeit — "marmorschön . . . aber freilich auch . . . marmorkalt! . . . wenigstens dem Anscheine nach. Aber gewiß! . . . gewiß! . . . gerade diese anscheinende Kälte lockt und reizt doppelt

... wie das Ungewöhnliche eines solch' üppigen tiefröthlichen Haares!"

"Es ist hier wundervoll, dieses Haar!" — sagte die Marquise in Staunen verloren, — "wer könnte ihm einen ganz eigenthümlichen Reiz absprechen! — und dabei welch' ein Teint! welch' eine Zarte der Haut! welch' ein süßer Hauch reinster Kindlichkeit!"

"Sahen Sie noch je etwas Piquanteres?" — frug Saint-Aignan begeistert und seine Blicke verschlangen fast das Bild.

"Nur eines fehlt!" — meinte die Montespan — "Geist!"

"Desto besser!" — sagte der Herzog mit frivolem Lächeln. — "Anscheinend kalt, anscheinend prüde, ohne die erhebenden aber oft auch belästigenden Flügel des Geistes, wird diesem wunderbaren Mädchen gegenüber die Lust an der Erfüllung der Poesie der Sinne ein Band werden, an welchem Sie..."

"Himmel!" — rief die Marquise — "Sie glauben?"

"Verehrteste!" — fiel Saint-Aignan heiter ein — "unter uns gesagt: ich glaube an gar nichts und glaube nie! Aber ich bin von dreierlei Dingen fest überzeugt: einmal, daß, wenn wir dies Mädchen an den Hof bringen, der König sich sofort sterblich in sie verliebt; — dann, daß diese so kalt aussehende

Schöne ein Weib ist, wie Andere, und den Bewerbungen eines Ludwigs XIV. nicht widerstehen wird — und endlich, daß dieser götterschönen Marmorbüste das intellectuelle Element fehlt, den König zu beherrschen und eine Marquise von Montespan — die geistvollste Frau Frankreichs, — zu verdrängen."

„Wenn sie ein unschuldiges Kind ist, wie es nach diesen Zügen scheint," — meint Frau von Montespan, — „wird sie vor einem Manne zurückbeben, der schon so Viele geliebt und so manches arme Herz zertreten hat."

„Ja! wenn der Mann nicht Ludwig XIV. und Frankreichs König wäre!" — rief Saint=Aignan. — „Uebrigens, ... vertrauen Sie mir, ... ich kenne die Weiber! Bei den Frauen ist die Liebe stets die Ursache einer allgemeinen Absolution. Der Mann, welcher eine Frau wirklich und stark liebt, kann Verbrechen begehen ... und ... sie wird ihn doch lieben."

Ein Seufzer drängte sich hier aus der Brust der Marquise hervor. Die Wahrheit dieser Worte schnitt zu tief in ihre Seele. Dann frug sie rasch:

„Und wer ist dies arme unschuldige Opfer, das uns und der Unersättlichkeit des Königs fallen soll?"

„Saint=Aignan lachte laut auf. Dann rief er spöttelnd:

„Bei allen Heiligen! ich hätte nie erwartet, daß diese unselige Einsiedelei, Marly le Roi, auch die Marquise von Montespan noch mit ihrer Sentimentalität anstecken würde. Was kümmert Sie die Unschuld jenes Mädchens, wenn es gilt, die Gunst des Königs zu erhalten! Voilà bien du bruit pour une omelette!"

„Herzog!" — sagte die Marquise trübe — „meine Seele ist mit vielen Sünden beschwert; aber ... Sie sind noch schlechter als ich!"

„Und Sie sind göttlich naive!" — rief Saint-Aignan lachend und küßte der Montespan die Hand. — „Ich hätte nie gedacht, daß wir beide bei diplomatischen Verhandlungen so herrlich zu einander passen würden. Diese liebenswürdige Offenheit von beiden Seiten! ... Ich könnte Ihnen da ..."

„Um Gottes Willen! nur jetzt nicht wieder eine Geschichte erzählen!" — flehte die Marquise. — „Sagen Sie mir lieber, wer das reizende Rothköpfchen ist, dessen Bild Sie mir eben zeigten."

„Das ist die unschuldigste Seele von der Welt!" — rief der Herzog. — „Ein Kind der Provinz: wunderbar schön, wie Sie sahen, blendend weiß, roth von Haar ..."

„Herzog!"

„Schlank, ... mit tief blauen Augen; Nase und

Mund fein, Hände und Füße ungemein zierlich; kalt dem Anscheine nach und doch voll innerer Gluth;... geistig sehr beschränkt... und... was uns noch besonders zu Gute kommt: eitel über Alles!"

„Ich staune!" — sagte die Dame. — „Sie sind wohl Polizeiminister des Königreiches geworden, weil sie ein solch' ausführliches Signalement Ihrer Schönen besitzen. Aber Sie vergaßen mir noch immer den Namen zu nennen!"

„Unsere Schöne heißt: Marie Angeline Scoraille de Rousille, Fräulein von Fontanges!"

„Ah, Fontanges!"

„Eine alt=adelige Familie aus den Schluchten des Puy de Dôme, mit den Montferrand und Torchs verwandt. Arm, wie eine Kirchenmaus... aber..." — und hier führte der Herzog die linke Hand zum Munde und küßte mit einem leisen lüsternen Laute die Spitzen seiner Finger — „aber... erst sechzehn Jahre alt."

„Also noch Kind!" — sagte die Marquise mit= leidig. — „Und wie hat der Wolf dies arme Schäf= lein aufgespürt?"

„Durch einen merkwürdigen Zufall!" — ver= setzte der Herzog, und erzählte nun, wie er durch den Hauptmann von Torcy auf die Spur dieses reizen= den Wesens gekommen sei. Da er sich nun schon länger mit dem Schicksale der hohen Frau beschäftigt habe, deren segensvoller Einfluß auf den König gerade jetzt auch sein Feind, Louvois, bekämpfe, so sei ihm schon bei dem ersten Anblick des Bildes gleich der Gedanken gekommen, den er jetzt in Gemeinschaft mit der Marquise auszuführen in Bereitschaft stehe.

Der Herzog sagte dies mit so glatten, schmeichelnden Worten, und wußte seinem Interesse an dem Schicksale der Marquise einen solchen Anschein von Tiefe, Wärme und Wahrheit zu geben, daß sich Frau von Montespan in der That verleiten ließ, den Versicherungen seiner Aufrichtigkeit nach und nach Glauben zu schenken. Sie selbst erwärmte sich an seinem Eifer für ihre Rettung und bald waren beide über Dasjenige, was in dieser Sache zu thun sei, einig.

Wirklich hatte der Herzog von Saint-Aignan, wie ein großer Feldherr — oder besser gesagt: wie ein feiner Schurke — seinen Feldzugsplan bereits entworfen.

Gauthier — er theilte die Geschichte seines Bekanntwerdens mit dem unerfahrenen Jünglinge der Marquise lachend mit — Gauthier hatte selbst in seiner Unschuld und Begeisterung für Angeline den Herzog, der ihn durch zuvorkommendes Wesen und Freundschaftsversicherungen an sich gezogen — in das Nähere über Fräulein von Fontanges eingeweiht.

Daß er das Mädchen liebe, anbete... hatte der Jüngling freilich nicht gesagt; aber konnte dies denn einem Weltmanne, wie Saint-Aignan entgehen. Daß sie wenig Geist besitze, war natürlich auch nicht über Gauthiers Lippen gekommen... vielleicht nicht einmal zu seinem Bewußtsein. Er schwärmte nur für ihr einfaches, stilles, kindliches Wesen, — erzählte aber, durch des Herzogs schmeichelhafte Vertraulichkeiten und dessen feurigen Wein verlockt, so viele einzelne Züge aus des Fräuleins Leben und Charakter, daß das scharfe Auge des geübten, mit allen Schwächen der menschlichen Natur nur zu vertrauten Menschenkenners bald das wahre Wesen der so begeistert gepriesenen Dame genügend errieth und erkannte.

Hierauf nun baute der Unselige seinen Plan — denn was ist einer solchen Natur heilig, wenn es gilt, ein vorgestecktes Ziel zu erreichen? — und diesen Plan legte er jetzt seiner neuen Verbündeten vor. In Folge dessen kam man dahin überein: Fräulein von Fontanges — die stille Blume der reizenden Limagne, das sanfte unschuldige Kind aus den paradiesischen Thälern des Allier, — sollte Frau von Montespan in die Hände gespielt werden. Die nächste Handhabe dazu bot die weitläufige Verwandtschaft der Marquise, als einer geborenen Rochechouart, mit den Montferrands. Es galt nur, daß Françoise Athénais ihren fernen Verwandten den Wink zukommen ließ: es sei eine junge adelige Dame durch sie am Hofe zu placiren, und man konnte des Vorschlages eines halben Dutzends gewiß sein. Gab es denn damals ein höheres Ideal für den Adel der französischen Provinzen als den Hof von Saint-Germain und Versailles? Und kam dem Herzog und der Marquise dabei die stille Neigung Angelinens und Gauthiers nicht trefflich zu statten? Die unschuldige, im Verborgenen aufkeimende Liebe der jungen Leute ward daher von den beiden Verbündeten als Hebel ihrer Intrigue festgestellt. Saint-Aignan versprach: Gauthier unter der Maske herzlicher Freundschaft immer näher und inniger an sich zu ziehen, so daß dieser ihm bald, ohne allen Rückhalt, angehöre. Falsche Liebesbriefe sollten alsdann Angelinen erst mit Sehnsucht nach dem fernen theueren Jugendgespielen, dann nach dem Orte, wo er jetzt verweilte, und endlich nach dem Hofe selbst erfüllen. Mit Versprechungen, Hoffnungen und Aussichten konnte man ja dann zugleich die Eitelkeit und Leidenschaft der Kleinen wecken und so lange schüren, bis daß, bei einem bestimmten Rufe nach Paris, an eine freudige und unbefangene Annahme von Seiten des Fräulein von

Fontanges kein Zweifel mehr obwalten konnte. Für das Uebrige blieb die Sorge der Geschicklichkeit der Marquise und den Machinationen Saint-Aignans überlassen, dem es, als Freund und erstem Günstlinge des Königs, dann wieder eine Kleinigkeit sein mußte, das für Liebe so leicht bewegliche Herz des Monarchen zu dem erwünschten Ziele zu leiten.

So weit waren der Herzog und die Marquise jetzt mit ihren Plänen übereingekommen, . . . nur fürchtete die Letztere, so oft sie einen Blick auf das Bild der schönen Fontanges warf . . . daß dieses kalte reine Engelantlitz, welches in der That ein Ausdruck der strengsten Tugend, der reinsten Sittlichkeit, ächt christlicher Frömmigkeit war, — — daß dies Engelantlitz auch ein gleiches Herz im Busen berge.

Der Herzog von Saint-Aignan freilich lachte dabei höhnisch auf.

„Wissen Sie, meine Gnädige, wie es uns und dem Könige bei dieser Eroberung gehen wird?" — frug er mit lasterhafter Ironie.

„Und wie denn?" — entgegnete die Marquise.

„Wie Achmet Pascha bei der Eroberung von Candia."

„Und wie erging es diesem?"

„Als Achmet Pascha an der Insel, die damals

noch den Christen gehörte, landete, sagte er die nachherige Eroberung derselben durch ein Gleichniß voraus. Er warf seinen Säbel mitten auf einen breiten Teppich und sagte: „Meine Herren, wer von Euch wird meinen Säbel nehmen, ohne auf den Teppich zu treten?" — Da der Säbel ziemlich in der Mitte des Teppichs lag und mit den Händen auf keine Weise zu erreichen war, erklärten alle Umstehenden dies für eine Unmöglichkeit. Da fing Achmet Pascha an, den Teppich aufzurollen, bis er an den Säbel kam, so daß er den Säbel wirklich nehmen konnte ohne auf den Teppich zu treten; er faßte ihn nun und rief: „So werde ich mit der Zeit Candia Fuß für Fuß einnehmen! — Und" — fügte der Herzog heiter hinzu, indem er sich erhob — „so werden auch wir und der König diese schöne Marmorstatue erobern!" — — —

Die Sonne war längst untergegangen und tiefe Nacht lag auf der Erde, als sich der Herzog und die Marquise trennten.

Die Teufelsbeschwörung.

Es war heute „Freitag" . . . und . . . dieser „Freitag" fiel gerade auf „den dreizehnten des Monats!"

So mußte es zusammentreffen.

Der Tag, der sehr heiß gewesen, neigte sich zu Ende, als sich eine eigenthümlich zusammengesetzte Gesellschaft auf dem Wege nach Saint Denis befand.

Saint Denis, mit dem Zunamen en France, am Croult gelegen, welcher sich in der Nähe mit der Seine vereinigt, war damals eine kleine Stadt von höchstens fünf Tausend Einwohnern, unter welchen indeß die Todten eine größere Rolle spielten, als die Lebenden. Der heilige Dionysius nämlich, welcher in Galien das Evangelium predigte und angeblich der erste Bischof von Paris war, gab durch seinen Märtyrertod einer frommen Heidin, die seinen Leichnam beerbigt hatte, Veranlassung zur Bekehrung und zu dem Bau einer Capelle über dem Grabe des Märtyrers. Diese Capelle wurde nun später erweitert und schon von Dagobert I., im Jahre 636, zu einer Abtei erhoben. Bildnisse der Heiligen und der fränkischen Könige schmückten von jenen frühen Zeiten an das Innere der Kirche, und jetzt ruhten bereits die Gebeine von mehr denn dreißig Königen und Königinnen und gegen 80 Prinzen und Prinzessinnen in derselben, nicht ahnend, daß die Wuth gegen das Königthum in den Schreckenstagen der Revolution das Volk verleiten werde, die Leichname aus den Begräbnissen zu reißen und sie — unter Zerstörung aller Zierden des Gotteshauses — mit Hohn und Verachtung in eine einzige Grube außerhalb der Kirche zu werfen*).

Damals also ruhten die gekrönten Schläfer und Schläferinnen noch in Saint Denis ... und ... nach ihrer stillen Schlafstätte wanderte eben die erwähnte Gesellschaft.

---

*) Napoleon ließ die Kirche wieder erneuern und ausschmücken, und bestimmte sie zur Ruhestätte der Herrscherfamilie. Von Ludwig XVIII. wurden die Ueberreste der alten Könige gesammelt und wieder hier begraben; der Schutz ihrer Gebeine aber den neu eingesetzten Domherrn übertragen, die fortan unter den Geistlichen Frankreichs den ersten Rang behaupteten.

Es waren zwei Savoyarden, von welchen freilich der ältere — ein behäbiger gut genährter Mann — nicht recht in seine Kleidung zu passen schien. Der Körper war für einen armen Savoyarden allerdings etwas zu abgerundet und von dem Kopfe hätte man schwören sollen, daß er eher auf den Rumpf eines vornehmen Prälaten, als auf jenen eines Mannes aus dem Volke passe. Sein jüngerer Begleiter konnte eher dasjenige sein, was er schien; obgleich ein gewisses feines, wenn auch leichtes und freies Wesen gar manchmal in seiner Haltung durchschimmerte. Er war übrigens ein schöner Mann, aus dessen Gesicht — trotz den etwas verlebten Zügen — ein ungemein lebhaftes schwarzes Auge blitzte, dessen Glanz die schwarzen Brauen und der feine schwarze Bart à la Henri IV. noch bedeutend hoben.

Die beiden Savoyarden legten indeß ihren Weg nicht allein zurück; denn in Ihrer Gesellschaft befanden sich wunderbarerweise noch zwei alte abgedankte Soldaten, während — etwas weiter — ein Neger und zwei alte Weiber folgten, von welchen der erstere einen sonderbaren, zum Theile in Tücher eingehüllten Apparat trug.

Aber der Neger und die Weiber gehörten doch auch zu den Savoyarden; denn wo der Weg einsam und stille ward, sah man mehr als einmal den jün-

geren der Savoyarden zurückbleiben und geheimniß=
voll einige Worte mit der einen der Frauen wechseln.

Der Tag ging bereits zu Ende; aber die Schwüle,
die bisher geherrscht, nahm nicht ab, sondern im
Gegentheile zu. Eine peinliche Windstille beengte die
Brust. Kein Blatt rührte sich, kein Thier ließ sich
blicken. Nur schwere dicke Gewitterwolken lagerten,
wie träg hingestreckte Riesen am fernen Horizonte.
Auf der Welt aber und allem Leben lastete es mit
Bergesschwere.

Auch die Wanderer mußten — außer dem jün=
geren Savoyarden, dessen hübsche Züge fort und
fort eine gleichmäßige Heiterkeit umspielte — auch
die Wanderer mußte ein peinliches Gefühl belasten,
denn Niemand von ihnen sprach ein Wort; ja ein
schärferes Auge hätte wohl leicht auf ihren Stirnen
den Ausdruck einer ängstlichen Gespanntheit, einer
tiefen Erregung und Erwartung erkannt.

So schritten sie schweigend einher und nur hie
und da ermuthigte der jüngere Savoyarden den älte=
ren — dem die Wanderung augenscheinlich schwer
ankam — daß man fest daraf loszuschreiten müsse, um
in Saint Denis noch vor Thorschluß einzutreffen.

So zog die wunderliche Gesellschaft still und
schweigend dahin; ... so zogen die schweren schwar=

zen Gewitterwolken finster, mit kaum merklicher Bewegung, langsam und träge heran.

Und der Abend sank mehr und mehr herein; — ja es war bereits dunkel, als die wunderliche Gesellschaft die Thore von Saint Denis passirte. Hier aber theilte sie sich, und — ohne ein Wort zu verlieren — schlugen die Savoyarden, die Soldaten und die Weiber mit dem Neger verschiedene Wege ein.

Indeß . . . auch verschiedene Wege können zu einem Ziele führen. Nach Verlauf einer kleinen halben Stunde fand sich die Gesellschaft wieder zusammen und zwar in einem unscheinbaren Häuschen, das nicht allzuweit von der Abtei Saint Denis, — diesem großen Grabe so vieler königlicher Schläfer — lag. Die verschiedenen Gruppen waren hier zu verschiedenen Momenten und verschiedenen Thüren unter dem Schutze der Dunkelheit eingetreten.

Aber auch dies war schweigend geschehen und schweigend begrüßte der Besitzer des kleinen Häuschens — der Sacristan der nahen Kirche — die Eintretenden, nur daß er sich auffällig tief vor den beiden Savoyarden — am tiefsten vor dem ältesten — verbeugte.

Kein Licht brannte in der kleinen engen Stube, . . . alles war finster und Nacht.

Da brach, als Alle eingetreten waren, — auch

die Weiber mit dem Neger — der jüngere der Savoyarden das Schweigen und sagte im reinsten französisch zu dem alten grauköpfigen Sacristan, der, ein großes Schlüsselbund in den Händen, schüchtern in einem Winkel des Gemaches stand:

„Wie ist es nun? seid Ihr bereit, den Willen des hochwürdigsten Herrn Cardinal-Groß-Allmosenier Gehorsam zu leisten?"

„Ich bin dazu bereit!" — sagte der Mann mit etwas zitternder Stimme.

„Nun denn!" — fuhr jener fort und reichte dem Alten eine volle Börse und eine Papierrolle — „hier sind die versprochenen hundert Pistolen und diese Schrift enthält das Decret, das Euch eine gute Klosterstelle in St. Pierre le jeune zusagt."

Der Sacristan von Saint Denis nahm das Dargereichte so schüchtern hin, als stehe der ausgestreckte Arm durchaus nicht so ganz im Einverständnisse mit seinem Gewissen.

„Und der hochwürdigste Herr Cardinal-Groß-Allmosenier" — sagte er dabei verlegen . . .

„Wir versichern Euch auf unsere Ehre" — entgegnete jetzt die ebenfalls nicht ganz sichere Stimme des älteren Savoyarden — „daß uns ein heiliges Gelübde verpflichtet, die ganze Nacht in der Kirche der Abtei zu beten."

„Also zögert nicht länger!" — fuhr der jüngere Mann fort — „und führt uns durch den, Euch allein bekannten, unterirdischen Gang an Ort und Stelle."

„Nur noch ein Wort zuvor!" — unterbrach hier eine wohlklingende weibliche Stimme die Rede.

„Warum jetzt?" — frug der jüngere Savoyarde ärgerlich. — „Hat die Sache nicht Zeit bis Morgen?"

„Nein!" — entgegnete die weibliche Stimme entschieden. — „Jeder Artikel der Absprache muß pünktlich gehalten werden sonst. . . ."

„Schweigen Sie!" — gebot der Andere, dann wandte er sich zu dem Sacristan und flüsterte demselben einige Worte in die Ohren.

Wenige Augenblicke später hatte der Alte mit den Soldaten, dem Neger und einer der Frauen das kleine Gemach verlassen. Die äußeren Fensterläden schlossen sich und als er mit einer düsterflammenden Oellampe zurückkam, fand er, den beiden Savoyarden gegenüber, eine Dame in schwarzen Gewändern, von feinen Stoffen aber seltsamem Schnitt.

Schön waren ihre Züge nicht — fast konnte man ihren Ausdruck unheimlich nennen — aber sie hatten auch gerade nichts Abstoßendes. Der Wuchs des Weibes — sie konnte wohl vierzig Jahre zählen — war dagegen untadelhaft und zeigte angenehme kräftige Formen.

Der Ueberwurf, den sie als Verkleidung getragen, lag auf der Erde.

Bei dem ersten einfallenden Lichtstrahle der düster=flammenden Oellampe zuckte der Sacristan zusammen; dennoch würde es jedem schärferen Beobachter aufgefallen sein, daß der alte Mann nicht mehr von dieser Erscheinung . . . hier . . . zu dieser Stunde . . . dem Cardinal gegenüber . . . überrascht war. Sein Zusammenzucken glich eher den Wirkungen eines Gewissensbisses, als jenen einer Ueberraschung; . . . auch traf ihn ein kurzer, ganz eigenthümlicher räthselhafter Blick der schwarzen Frau, den er augenscheinlich nicht ertragen konnte. Was dieser Blick zu bedeuten habe, wußte sicher er allein . . . für den Moment wohl seine Entfernung; denn . . . er verließ, ohne ein Wort zu verlieren, nur leicht mit dem Haupte nickend, mit scheuem Tritt das Zimmer.

„Und was wünschen Sie nun, Madame!" — frug, nachdem sie allein waren, der jüngere der Savoyarden.

„Herr Herzog, Sie wissen es!" — versetzte die Dame. — „Sie kennen die Uebereinkunft. Wenn nicht alle Artikel derselben genau erfüllt sind, wird die Beschwörung zu nichts führen."

„Sei Ihr zu Willen!" — flüsterte der Cardinal im Savoyardengewande — „du weißt, was darauf steht."

„Oheim!" — sagte, zum Ohre des Groß=Almoseniers geneigt, der Herzog von Saint=Aignan, — denn er war der jüngere Savoyarde — kaum hörbar: — „Oheim! Haben Sie sich auch recht besonnen? . . . die Summe ist horrible!"

„Zahle sie immer, mein Junge!" — versetzte flüsternd der verkleidete Priester. — „Es ist wahr, die Forderung der La Voisin ist horrible . . . aber . . . der Schatz, den Marschall Türenne — dessen Erbe ich bin, wie du weißt — zurückgelassen hat, . . . der Schatz muß noch tausendmal größer sein?"

„Aber, Oheim, wissen Sie denn auch, . . . sind Sie gewiß, daß der Marschall Vermögen besaß? Man will es widerstreiten."

„Bei solchem Namen, solchen Würden und den tausend Gelegenheiten reich zu werden, die ein solcher Kriegsherr hat, stirbt man nicht, . . . ohne einen Sous zu hinterlassen. Ich sage dir, er hat sein Geld vergraben, . . . und den Ort anzugeben, wo dieser Schatz vergraben liegt . . . dies soll uns heute Nacht bekannt werden. Die La Voisin — du kennst, wie ganz Paris und der ganze Hof ihre Geschicklichkeit

9*

— soll uns diese Nacht durch eine Teufelsbeschwörung den Geist Türenne's aus dem Grabe herauf citiren, damit er uns sage, wo und wie wir seinen Nachlaß haben können.*) Du bist doch von der Zauberkunst der Hexe überzeugt?"

„Gewiß!" — versetzte der Herzog und es lag in der That der Ausdruck vollster Ueberzeugung in dem Tone, mit welchem er dies „gewiß!" ausstieß.

„So zahle ihr die festgesetzte Summe!" — fuhr der Cardinal-Groß-Almosenier fort. — „Es geht ja aus meiner Tasche und da du außerdem mein Erbe bist und mich beständig um Geld bestürmst, soll dir gleich der dritte Theil der Summe, die wir finden werden, gehören."

„Nun, meine Herren?" — sagte die Dame jetzt, des langen Wartens müde.

„Empfangen Sie, Madame!" — entgegnete Saint-Aignan. — „Hier sind, der Absprache nach, fünfundzwanzigtausend Livres in Gold! . . . die weiteren fünfundzwanzigtausend sind, laut Uebereinkunft, bei einem dritten, den Sie selbst vorschlugen, bei dem frommen Abte, Pater St. Etienne, deponirt, von welchem Sie dieselben nach geschehener Beschwörung zu empfangen sicher sind!"

---

*) „Archives de la police," tome I. pag. 198 et suivantes.

„Gut!" — entgegnete die La Voisin, indem sie die dargereichte Summe einstrich. —

„Jetzt aber lassen Sie uns an das Werk gehen; ... es ist die höchste Zeit."

Ein fernes dumpfes Rollen des Donners antwortete auf diese Worte. Das Gewitter zog heran.

Saint-Aignan rief den Sacristan. Der alte Mann trat — die Schrecken des jüngsten Gerichtes im voraus in allen seinen Zügen, eine Laterne und den Schlüsselbund in der Hand — ein. Die Anderen harrten auf dem kleinen dunkelen Vorplatze.

Auf einen, mit zitternder Hand ertheilten Wink des Alten, folgten Alle und verschwanden bald darauf in einem finsteren kellerartigen Gewölbe, das zu dem, nur dem Sacristan von Saint Denis bekannten unterirdischen Gange führte.

Es war damals eine wunderbare Zeit, und ... wunderbare Menschen lebten in ihr!

Während auf der einen Seite an dem Hofe Ludwigs XIV. der höchste Leichtsinn und eine gränzenlose Sittenlosigkeit und Frivolität herrschten, hielt man auf der anderen Seite um so fester an dem Scheine einer strengen Religiosität. Priester und Kirche spielten eine große Rolle; — Beichte und Messe wurden mit unglaublicher Pünktlichkeit besucht, wenn auch meist nur, um zu sehen und sich sehen

zu lassen, oder gar … um den frivolsten Liebes=
abenteuern nachzugehen.

Es war unter dem „großen Könige" Mode, mit
Allem zu spielen: mit den Herzen, mit den Völkern,
mit Karten, mit dem Wohle von Millionen, mit
der Tugend, mit dem Laster, mit der Religion, mit
Bußübungen, mit Gift und Dolch … und …
mit dem Teufel selbst.

Männer der Kirche, wie die Cardinäle Richelieu
und Mazarin, waren in jenen Zeiten allmächtige
Minister des Staates gewesen; der Staat ward un=
ter denselben auch kirchlicher … aber die Menschen
wurden dabei nicht besser und frömmer, sondern nur
scheinheiliger und schlechter. Weder Volk noch Geist=
lichkeit, weder Adel noch König waren zu Erkennt=
niß der wahren Religion durchgedrungen. Man
betete mit Ostentation zu Gott, — man „diente"
ihm in Scheinheiligkeit, — man liebte aber Gott
nicht, sondern man fürchtete ihn nur sclavisch, wie
es die Pfaffen lehrten und befahlen; … oder viel=
mehr man fürchtete auch ihn nicht einmal, sondern
nur die Pfaffen selbst: und … die Hölle!

Mit einem Worte: die Religion bestand damals
nur in Aberglauben und oberflächlichen Gebräuchen.
Man war ängstlich und kindisch in Kleinig=
keiten und bis in das Unglaubliche ver=

härtet gegen die furchtbarsten Uebel. Man lebte lediglich und allein den irdischen Dingen, der zügellosesten Sinnlichkeit, dem Glanz und dem Mamon; . . . coquetirte aber desto mehr mit himmlischen Verlangen. Alle Sünden der Welt waren ja doch am Ende mit einer letzten Beichte abzumachen.

Wohin aber anders konnte ein solches Treiben führen, als zu einer schmählichen Heuchelei und Verdorbenheit, die dann naturgemäß mit einem Aberglauben Hand in Hand gingen, für den unsere Zeit gar keinen Begriff mehr hat. Dazu kam aber noch, daß König Ludwig XIV. und sein Hof dem ganzen Volke in Leichtsinn, Verdorbenheit und Sittenlosigkeit als Beispiel dienten. War es da ein Wunder, daß die Verworfenheit im Volke bald zu einer Höhe stieg, die alle besseren Gemüther mit Entsetzen und Angst erfüllte?

Seit dem plötzlichen Tode der Gemahlin des Herzogs von Orleans — des Bruders Ludwigs XIV. — der, wie man flüsterte, durch Vergiftung herbeigeführt worden war, kamen, zum Schrecken aller Welt, eine Menge Todesfälle vor, deren Ursachen unerforschlich blieben. Kartenschlägereien, Wahrsagungen, Geisterbeschwörungen und dergleichen Dinge waren an der Tagesordnung. Man sprach sogar bei Hofe und im Volke von einem Magie- und Zauber-

Bureau, so wie von einer geheimen Fabrik der schrecklichsten Gifte, welche die Pariser in ihrer Sucht, über Alles zu witzeln: Successionspulver — poudre de succession — nannten.

Zwei Italiener, Exili und Destinelli, hatten, wie man sagte, indem sie den Stein der Weisen suchten, die Zubereitung dieses Giftes, welches keine Spur hinterließ, erfunden. Die furchtbare Giftmischerin Brinvilliers hatte dasselbe zuerst an dem General-Lieutenant d'Aubray versucht, und dieser war gestorben und begraben worden, ohne daß der geringste Argwohn gegen die Schuldige sich erhob.

Bald sah eine gewisse La Voisin — eine berühmte Kartenlegerin jener Zeit, die in der höchsten Pariser Gesellschaft als Wahrsagerin sehr gesucht wurde — ein, welchen Vortheil sie davon ziehen könne, wenn sie ihren Erwerbzweig auf diese Weise auszudehnen versuche. Sie **prophezeite** also von jetzt an nicht nur den Erben den Tod ihrer reichen Verwandten, **sondern half auch ihrer Prophetengabe thatsächlich nach**, ... so daß ihr Ruf ein außerordentlicher wurde. Zwei **Priester, Lesage und d'Auvaur, standen ihr dabei zur Seite** und gaben die Arme des so räthselhaft und furchtbar im Geheimen waltenden Geschickes ab.

Das Ergebniß dieser schrecklichen Vereinigung war

nun ein solches Uebermaß von Verbrechen, daß ganz Frankreich . . . ja daß die Welt davor erbebte und Ludwig XIV. sich endlich genöthigt sah, einen eigenen Gerichtshof, die Chambre-ardente, für solche Verbrechen zu schaffen . . . einen eigenen hohen Gerichtshof . . . weil . . . vielleicht die höchsten Personen des Hofes bei den vorzunehmenden Untersuchungen betheiligt sein könnten!

Welch' ein, den Verfall jener Zeitepoche charakterisirendes Geständniß des Königs . . . dem Parlamente gegenüber!

Und in der That war es denn auch an dem.

Selbst Monsieur, der Bruder des Königs, besuchte die la Voisin mehr denn einmal und zwar — wenn auch verkleidet — doch in der Gesellschaft des Ritters von Lothringen, des Grafen von Beuvron und des Marquis von Effiat.

Das erstemal kam er, um zu erfahren, was aus einem Knaben geworden sei, von dem Madame Henriette — seine Gemahlin — im Jahre 1668 entbunden sein sollte und dessen Vater nicht zu sein er behauptete. Madame sollte, seiner Versicherung nach, in England entbunden sein, wo sich das Gerücht von dem Tode des Kindes verbreitet habe. Er wollte Gewißheit über diesen wichtigen Punkt.

Dies war ohne Zauberei zu erfahren. Die La Voisin schlug also vor, sich hierüber durch natürliche Mittel aufzuklären, und schickte, mit Beistimmung des Prinzen, ihren Vetter Beauvillard, einen in solchen Sachen sehr erfahrenen und gewandten Mann, nach London.

Nach Verlauf eines Monates kehrte Beauvillard zurück und erstattete folgenden wahren oder falschen Bericht:

Madame war wirklich im Jahre 1668 in England von einem Kinde entbunden worden, welches nicht todt, sondern seinem Oheim, dem König Carl II. unter Vormundschaft gegeben ward, der dasselbe mit Liebe und Zärtlichkeit überhäufte. Man glaubte, daß Ludwig XIV. selbst der Vater dieses Kindes sei.

Monsieur bezahlte die Entdeckung mit 4000 Pistolen und einem Diamanten an die La Voisin und mit 250 Louisd'or an Beauvillard.

Das zweitemal als Monsieur zur La Voisin kam, war es zu Meudon; er hatte den Einfall, den Teufel citiren zu wollen, von dem er den Ring des Turpin, oder ein ähnliches Mittel, den König zu beherrschen, verlangen wollte.

Die La Voisin ließ eine Gestalt erscheinen, die Monsieur, der übrigens sehr beherzt war, für die Satans anerkannte. Monsieur verlangte den erwähn=

ten Ring oder Talisman von ihm; aber das Phantom antwortete, der König besitze selbst einen Zauber, der ihn vor jeder Beherrschung beschütze.

Auch die Königin wollte die berühmte Wahrsagerin sehen. Die La Voisin legte ihr die Karten und bot ihr an, ihr einen Liebestrank zu bereiten, der ihr die ungetheilte Liebe des Königs verschaffen werde. Aber die Königin antwortete, ohne sich einen Augenblick zu besinnen: sie wolle lieber, wie bisher, die Treulosigkeiten ihres Gemahls beweinen, als demselben einen Trank beibringen, der möglicherweise seiner Gesundheit schaden könne.

Die Königin sah die Giftmischerin niemals wieder.

Nicht eben so verhielt es sich mit der Gräfin Soissons, Olympia Mancini. Sie besuchte die La Voisin mehr als dreißig Mal und sah dieselbe vielleicht noch öfter bei sich. Ihre Absicht war, sich der unermeßlichen Erbschaft des Cardinals Mazarin, ihres Oheims, mit Zurücksetzung der übrigen Verwandten, zu bemächtigen, und besonders, ihre frühere Gewalt über den König, die sie sich hatte entschlüpfen lassen, wieder zu gewinnen. Weniger gewissenhaft als die Königin, verlangte sie mit Ungestüm einen Liebestrank, der die alleinige Zärtlichkeit und Ergebenheit des Königs ihr zuwenden sollte, und hatte, um denselben zu bereiten, der Giftmischerin Haare, abgeschnittene Nägel, Hemden, mehrere Strümpfe und einen Kragen des Königs gegeben, woraus sie eine Liebes=Puppe machen sollte, gleich der, die vor ungefähr hundert Jahren bei Gelegenheit des Prozesses der La Môte so viel Aufsehen gemacht hatte. Auch hatte sie, wie man sagte, der La Voisin einige Tropfen von dem Blute des Königs in einem Crystallfläschchen verschafft.

Die Beschwörungen hatten stattgefunden, jedoch ohne den geringsten Erfolg.

Fouquet hatte auf der Höhe seines Glückes mit der Wahrsagerin in Verbindung gestanden und **ihr sogar einen Jahrgehalt gegeben**.

Bussy Rabutin war zu ihr gekommen, um ein Mittel von ihr zu erhalten, welches ihm die Liebe seiner Cousine, Frau von Sévigné, zuwenden sollte, und einen Talisman, der ihn zum alleinigen Günstling des Königs mache.

Der Herzog von Lauzun verlangte, immer von der Maitresse des Königs geliebt zu sein; wünschte Gewißheit über seine Heirath mit Mademoiselle zu erhalten und zu erfahren, ob er jemals Ordensritter werden würde.

In Bezug auf diesen letzten Punkt antwortete die La Voisin, er werde das blaue Band erhalten.

Die Prophezeihung traf ein; doch war es nicht der

Orden des heiligen Geistes, den er im Sinne hatte, sondern der Hosenbandorden, den er erhielt.

Der Herzog von Luxemburg hatte den Teufel zu sehen verlangt, an den er eine Reclamation machen wollte: er wünschte nämlich, daß Satan, durch seine Macht, seine Ernennung zum Herzoge von Pinez befördere.

So standen die Dinge um jene Zeit;... so sah es in geistiger, religiöser und sittlicher Beziehung am Hofe Ludwigs XIV. — den man den „Großen" nannte — aus, als selbst der Erbe des Marschalls Türenne, der hochwürdigste Abt von Auvergne, Emanuel Theodosius de la Tour, Prinz und Cardinal von Bouillon, Groß=Almosenier von Frankreich, in Begleitung seines Neffen, des Herzogs von Saint=Aignan, der La Voisin und ihrer Kammerfrau, der, als Soldaten verkleideten Priester Lesage und d'Auvaux und eines, den Zauber=Apparat tragenden Negers, sich nach Saint=Denis begeben hatten, um, unter Abhaltung einer „Teufelsmesse," den Geist Türenne's aus seiner Gruft heraufzubeschwören, damit er den habgierigen Seelen künde: wo Marschall Türenne sein Vermögen vergraben habe! — — —

Die Nacht lag bereits über der Erde. Es war

heute „Freitag"... und ... dieser „Freitag"
... fiel gerade auf „den dreizehnten des
Monats."

So mußte es, nach den Angaben der La Voisin zusammentreffen; ... auch konnte die Beschwörung nur in der Kirche von Saint=Denis ... und hier ... nur in der Mitternachtsstunde geschehen.

Jetzt ging es auf elf Uhr. Dank der Bestechlichkeit des alten Sacristan war man durch den unterirdischen Gang bis in die Abtei eingedrungen. Jetzt barg ein Gewölbe des Glockenthurmes die kleine frevelnde Schaar.

Und daß es ein Frevel war, was hier geschehen sollte, das fühlte mehr oder weniger Jeder der Anwesenden; nur waren solche Frevel dem einen Theile zum gewohnheitsmäßigen Erwerb geworden, während der andere Theil sich durch seine leidenschaftliche Begierde und den angeborenen Leichtsinn über jeden Vorwurf hinaussetzte.

Aber es war doch, als ob sie noch in der letzten Stunde die Stimme des Ewigen warnen wolle, so rollte draußen der Donner des immer näher heranziehenden Gewitters, so heulte der Wind um den Thurm, so leuchteten die Blitze durch die kleinen Fenster des Gewölbes, die Grabesnacht in ihm auf Momente erhellend. Und wie Geister zeigten sich dann die bleichen finsteren Gesichter sämmtlicher Theilnehmer.

Da schlug die Glocke elf Uhr... und mit dem letzten Schlage drehte sich — so war es von der Zauberin verordnet worden — ein Schlüssel in dem Schlosse der kleinen eisernen Thüre, die aus dem Gewölbe des Glockenthurmes in das Innere der Kirche führte.

Ein schmaler schwacher Lichtstreif fiel in den Thurm. Er kam von der Blendlaterne des Sacristans, auf dessen Antlitz sich in dem unsicheren Scheine der trüben Leuchte der Kampf wunderbar wiederspiegelte, den in seinem Innern die Leidenschaft des Geizes und der Habgierde mit der Furcht und den Vorwürfen eines bösen Gewissens durchkämpfte.

Todtenstille herrschte in dem weiten Raume. Schweigend — wie warnend nach dem Himmel ausgestreckte Riesenfinger — hoben sich die gewaltigen Säulen, ... die großen frommen versteinerten Gedanken längst erblaßter Jahrhunderte.

Leise schritt die Gesellschaft durch den öden Raum nach dem hinteren Theile der Kirche; denn hier nur — der Abtei abgewandt — war der Lichtschimmer jedem Auge, das vielleicht noch wachen konnte, genügend entzogen.

Und doch!... wie sie knisterten, die leisen

Schritte der Heiligthumsschänder! Wie die Steinbilder der Märtyrer und der alten Könige und Helden, deren Gebeine da unten ruhten, so ernst und finster auf sie herabblickten! Wie die Blitze da draußen leuchteten und die Donner rollten! Wie der Sturmwind heulte und der Regen so gespenstisch an die alten Fenster schlug!

Es war, als empöre sich die Natur gegen den Frevel, den man zu begehen bereit war. Es ächzte durch die Hallen, wie aus Geistermund … wie aus den Tiefen brechender Herzen.

Jetzt war man an Ort und Stelle, wo die „Teufels-Messe," d. h. die verkehrte Messe, gelesen werden sollte.

Rasch und lautlos errichteten Lesage und d'Auvaur eine Art Altar — wie ein, der Hölle entstiegener finsterer Dämon, diente ihnen dabei der Neger, — breiteten ein schwarzes Tuch über den Altar und zündeten fünf schwarze Wachskerzen an. Dann wurden die heiligen Bücher verkehrt aufgelegt, das Cruzifix mit dem Kopfe nach unten aufgestellt und die Priester zogen ihre Meßgewänder links an.

Selbst das Herz des hochwürdigsten Abtes von Auvergne, Emanuel Theodosius de la Tour, Prinz und Cardinal von Bouillon, Groß-Almosenier von Frankreich, erbebte in diesem Momente. Todtenbläſſe deckte ſein Geſicht … ſeine Glieder zitterten.

„Neffe!" — flüſterte er leiſe dem neben ihm ſtehenden Herzog von Saint=Aignan zu, der, wenn auch ſelbſt entfärbt, das ſtändige Lächeln, das ſeine Lippen umſchwebte, feſthielt — „Neffe! mir graut vor dem Satan!"

„Warum?" — frug der Herzog, die eigene innere Bewegung mit Mühe verbergend; denn ſo tief war in jenen Zeiten der Aberglaube jeder Seele eingegraben, daß ſelbſt der Leichtſinnigſte und Frivolſte an Zauberei und die Möglichkeit von Geiſterbeſchwörung glaubte.

„Warum?" — wiederholte der Groß=Almoſenier, deſſen Gewiſſen bei dieſen Vorkehrungen — trotz ſeiner unerſättlichen Habgierde — doch auch in ſeiner Seele aufzuſchreien begann. — „Weil uns ſein entſetzlicher Anblick am Ende tödten könnte!"

„Beſorgen Sie nichts, hochwürdigſter Oheim!" — entgegnete Saint=Aignan leiſe, indem er ſich mit Mühe den Anſchein leichtfertiger Unbefangenheit gab. — „Wiſſen Sie, wie der Teufel ausſieht?"

„Nein!" — verſetzte der Abt verwirrt.

„Sie kennen doch den Prozeß, den man der Brinvillier gemacht?"

„Ja!"

„Der Herzog von La Reynie war Vorsitzender des Gerichtes."

„So ist es."

„Nun, die Herzogin von Bouillion wurde damals wegen einer Teufelsbeschwörung vorgefordert."

„Ich weiß es!"

„Als sie nun La Reynie frug: „Frau Herzogin, haben Sie den Teufel gesehen? und wenn Sie ihn gesehen haben, sagen Sie mir, wie er aussah!" — antwortete die Herzogin ruhig: — „Nein, mein Herr, ich habe ihn nicht gesehen; ... aber ... ich sehe ihn in diesem Augenblick; er ist häßlich und wie ein Staatsrath gekleidet!"

„Spotte nicht!" — entgegnete der Abt streng. — „Wie kannst Du in dieser Stunde..."

Ein furchtbarer Donnerschlag erschütterte in diesem Augenblicke das alte Gebäude bis in seine Grundfesten. Ein Feuermeer flammte zu allen Fenstern der Kirche herein. Die Hölle schien in der That ihre Pforten geöffnet zu haben.

Alle standen erschrocken ... jedes Ohr lauschte, ob kein Feuerruf erschalle.

Aber alles blieb still ... nur das Wetter tobte fort und fort.

„Laßt uns beginnen!" — sagte die La Voisin endlich — „und Sie, meine Herren, seien Sie darauf gefaßt, daß, aller Wahrscheinlichkeit nach, der Geist während der Consecration erscheinen . . . und den Altar in zwei Hälften spalten wird!"

Die Messe begann.

Aber immer heftiger und heftiger wurde das Gewitter. Himmel und Erde standen fortwährend in Feuer und Flammen; . . . Schlag folgte auf Schlag . . . die Erde bebte und — vom Sturm bewegt — schlugen die Glocken der Thürme wie ängstlich Hülfe rufend an.

Da hob b'Auvaux, der Schand=Priester, die Hostie empor, statt Gottes den Teufel anrufend.

Aber in demselben Momente erschallte ein durchdringender Schrei . . . eine Platte des Chores hob sich und . . . eine Gestalt, in ein Leichentuch gehüllt, erschien.

Die La Voisin und die Priester sanken zur Erde . . . der Cardinal und selbst der Herzog wankten zurück.

Die Gestalt aber rief mit hohlem Grabeston:

„Elende! . . . mein Haus . . . berühmt durch vieler Helden Kraft . . . habt Ihr erniedrigt. Es wird untergehen! des Ruhmes verlustig erklär' ich, wer meinen Namen trägt . . . eh' ein Jahrhundert schwindet . . . ist er erloschen. Wisset! . . . **der Schatz, den ich hinterlassen habe . . . ist . . . mein**

Ruhm, . . . es sind meine Siege! . . . Unwürdige! . . . sucht keinen anderen!"*)

Und mit diesen Worten sank die Gestalt zurück.

Ein neuer, furchtbarer Donner rollte über die Kirche. Ein gewaltiger Windstoß zertrümmerte eines der morschen Fenster . . . und die Kerzen erloschen!

---

*) „Archives de la police," tome I. pag. 198 et suivantes.

Der Traum.

Ja! es ist in der That ein Garten, das reizende, liebliche Südfrankreich!

Hier, wo der Maulbeerbaum zu Hause ist, der — in allen Dimensionen bis zur Größe eines stattlichen Nußbaumes vorkommend, — zu ganzen Wäldern vereinigt, sein saftig=grünes Haupt in den tief=blauen wolkenlosen Himmel taucht; — hier, wo prächtige Ströme zwischen weinbepflanzten Bergen eingeengt, lustig dahinrauschen — dem vulkanischen Boden eine Menge heilender und segnender Quellen entspringen und der Feigenbaum mit reichen Oliven=pflanzungen wechselt, — hier könnte der Mensch sich im Paradiese träumen!

Ja! wie ein Eden liegt sie da, die reizende Li=magne! Umgeben uns doch Lorbeer und Myrthe, immergrüne Eichen, Orangen= und Limonenbäume, und über uns wölbt sich ein milder, fast ewig heiterer Himmel! Zahllose Bienen naschen an duftigen Blüthen und wunderlich schaut der knorrige Olivenbaum darein, dessen violette Früchte sich jetzt schon der Reife nähern, während sein Silberlaub, von sanften Lüften bewegt, uns freundlich entgegenschillert.

Und glühen dort nicht hochstämmige, rothblühende Granatbäume? flüstert uns die Myrthe, im Schmucke „ihrer blutigen Früchte" nicht leise, leise zu: von der schaumgeborenen Göttin der Schönheit und Liebe, der sie geweiht war?

Griechenland! Italien! . . . eure Bilder erwachen in uns, und mit dem Zauber der Poesie — dem alten und doch ewig neuen — belebt sich der Hain!

Nun wird der Oelbaum — so hör' ich sie rufen, die Stimme des begeisterten Touristen — nun wird der Oelbaum, der uns seine Aeste entgenstreckt, plötzlich beredt: aus seinem Holze schnitzte ja Apollo seinen Stab. Phaëtons verwandelte Schwestern erblicken wir in jeder Pappel; in jedem Eichbaum grollt uns der entthronte Zeus; aus jeder Cypresse klagt die unterweltliche Gattin des finsterblickenden Pluto!

Dazwischen freilich beginnen dem deutschen Gemüthe die Gebräuche der Heimath zu rauschen. Die Aehre will, als altdeutsches Symbol von Erb und Eigen nicht vergessen sein. Der Halm, der gemäht am Wege liegen blieb, erzählt von umgestoßenen Königswahlen, von Karl dem Einfältigen und anderen guten Leuten, welche das Volk durch Halmwerfen abschüttelte. Die Lilie behauptet: als Friedenszeichen gegolten, die Esche als heiliger Gerichtsbaum gedient zu haben. Vor den heiligen Hainen und später vor den christlichen Kirchen will die Linde gegen alle andere Bäume im Vorzug gewesen sein, wie sie auch in Italien heute noch vor Landkirchen ihren Platz behauptet. Und die Eiche nun gar ... hält sie sich nicht noch mehr, als durch die ihr geltende Zuneigung des alten Donnerers, durch die Schutzstrafen der westphälischen Weisthümer geehrt? Wer ihre Rinde abschälte, büßte den Frevel mit seinen Gedärmen; wer ihren Wipfel köpfte, der verlor selbst sein Haupt. „Geschah's um der eitelen Mast willen?" — fragt spöttisch das niedrige Gesträuch, dem — wie den niedrigen Menschen — weder Gesetz noch Sage von seiner Vergangenheit erzählt. Aber die Eiche rauscht, als habe sie nichts vernommen, und kehrt ihr ewig grünes Haupt dem heiteren Himmel zu!

Ja! wie ein Eden liegt sie da, die reizende Limagne! und über die Weingelände und über die Olivenpflanzungen und über die goldenen Fruchtfelder hinausragen die Gipfel des Puy=de=Dôme und des gewaltigen Mont d'or!

Und noch etwas erinnerte um jene Zeit in der Limagne an das Eden der Menschen: die Einfachheit und Unverdorbenheit der Sitten, die damals noch — Paris und dem Hofe gegenüber — in jenen Gegenden herrschten.

Und hier war es, wo still und vor der Welt verborgen Marie Angeline Scoraille de Rousille, die reizende sechszehnjährige Tochter aus dem Hause der Fontanges, wie eine liebliche Blume an den Ufern des Allier, heranwuchs.

Der Pflege einer kränklichen Mutter überlassen auf deren Schultern auch noch schwere Sorgen ruhten, da die Familie der Fontanges — gleich einem großen Theil des Provinzialadels — längst herabgekommen und verarmt war, hatte Angeline sich keiner besonderen Erziehung zu erfreuen gehabt; auch war ihr Geist nicht der Art, daß er das Bedürfniß nach einer besonderen Ausbildung gefühlt oder gar sie selbständig angestrebt hätte.

Kindlich fromm und herzlich gut von Natur, begnügte sie sich gern mit dem Wenigen, was ihr ihr Beichtvater Wissenswerthes beibrachte und dies beschränkte sich lediglich auf den Unterricht in der Religion, ein wenig Lesen und Schreiben, einen flüchtigen Ueberblick der Geschichte ihres Vaterlandes und der genaueren Kenntniß der verschwundenen

Größe des Hauses Derer von Fontanges und der verwandten Familie der Grafen von Montferrand.

Mehr aber lernten ja um jene Zeit die Töchter der abligen Familien der Provinzen ohnehin selten — die Kunst weiblicher Handarbeiten ausgenommen — und so würde diese einfache Erziehung der reizenden Erscheinung Angelinens keinen besonderen Abbruch gethan haben, wenn nicht gerade das einzige, was ihr gründlich gelehrt wurde — die Geschichte ihres Hauses und seines ehemaligen Glanzes — diejenige Schwäche ihres Charakters noch bestärkt und gefördert hätte, die als die hervorstechendste bezeichnet werden mußte.

Und diese Schwäche war . . . Eitelkeit. Aber wie hätte denn auch Angeline Scoraille de Rousille nicht eitel werden sollen? Schon das zarte Kind war schön, wie ein kleiner Engel, . . . und Jedermann bemühte sich, dies ihm und der Mutter in auffallendster Weise zu sagen. Sollte denn aber das Kind diese Anpreisungen, diese ewigen Lobeserhebungen und Schmeicheleien nicht endlich selbst glauben? . . . war denn das heranwachsende Mädchen blind, um seine thatsächliche Schönheit nicht zu sehen?

O nein! sie sah' sie wohl, und in ihrer vereinsamten Erziehung fehlte ja der überwachende und klug leitende, ruhige Verstand, der die natürliche

Eitelkeit des Mädchens in die gebührenden Gränzen hätte zurückweisen können.

Goethe sagt einmal: die Weiber sind eitel von Haus aus; doch es kleidet sie und sie gefallen uns um so mehr.

Und er hat recht: die den Frauen so häufig vorgeworfene Eitelkeit ist ein Antrieb, Annehmlichkeiten und guten Anstand zu zeigen, ihren munteren Witz spielen zu lassen, durch die veränderlichen Erfindungen des Putzes zu schimmern und ihre Schönheit zu erhöhen. Hierin liegt nun sogar nichts Schlimmes, sondern vielmehr — insofern es mit Geschmack geschieht — so viel Schönes und Gutes, daß es häßlich und taktlos wäre, dagegen mit mürrischem Tadel anzukämpfen.

Auch unter den wildesten Völkern unterscheidet sich das Weib vom Manne durch eine zartere Gefälligkeit, durch Liebe zum Schmuck und zur Schönheit. Auch da noch sind diese Eigenschaften kennbar, wo die Nation mit dem Klima und dem schnödesten Mangel kämpft. Ueberall schmückt sich das Weib: wie wenig Schmuck ihm auch hie und da zu Gebote stehen mag, so bringt doch gewiß im Frühling die lebensreiche Erde wenigstens einige bunte Blümchen hervor, . . . Vorboten, von dem was sie in andern

Jahreszeiten zu thun bereit ist. Und bietet damit die Natur nicht selbst dem Weibe den schönsten Schmuck?

Und dieser Wunsch: mit einem Werthe zu gefallen, der blos im sichtbaren oder äußerlichen Reiche herrscht, ist so unschuldig und naturgemäß, daß der entgegengesetzte — dem Auge bedeutungslos zu erscheinen — trostlos wäre.

Aber wohlgemerkt: das Streben nach äußerer Schönheit darf nicht zur Hauptsache und vorherrschenden Leidenschaft werden. Sonst verkehrt sich das Wohlgefallen am Anmuthigen in prahlende Pracht- und Prunksucht,... der Sinn der Jungfrau, durch einfachen Schmuck den Reiz zu erhöhen, mit dem die Natur sie begabte, in Eitelkeit, in fade Putz- und Modesucht.

Immerhin hätte dies aber — auch bei Fräulein von Fontages, wie bei so vielen jungen Damen, — noch hingehen können, wenn diese Eitelkeit nicht in der erloschenen Größe ihres Hauses neue Nahrung gefunden, und somit eine stille Sehnsucht nach Wiedererlangung solchen Glanzes in der Brust des Mädchens erweckt hätte. Die Folge davon war, daß sie — bei all ihrer Unschuld und Kindlichkeit — ein geheimer, ihr selbst noch nicht einmal zum klaren Bewußtsein gekommener Ehrgeiz verzehrte.

Aber die reizende Angeline war auch in der That

noch zu kindlich, um diesem kleinen Ehrgeiz einen anderen, als einen kindlichen Ausdruck zu geben. Sie fand ihn in lieblichen Träumereien, zu welchen ihr die Einsamkeit ihres Stilllebens in der poetischen Limagne Zeit genug ließ. Dann träumte sie sich wohl in frühere Jahrhunderte zurück, als die Tochter des einst so berühmten und mächtigen Rueil Charles von Fontanges, der sich zu einem hohen Range und zum Freunde Philipps VI. von Valois emporgeschwungen, oder als die Nichte Laurent von Fontanges, des Abtes von Notre=Dame=de=Bon=Port, die unter König Carl VII., neben Agnes Sorel, den Glanzpunkt des Hofes bildete.

So war Angeline herangewachsen und mit ihr — als ein naher Verwandter — der kleine Gauthier von Montferrand. Beide Kinder waren ein Herz und eine Seele; ja ihr Wesen und Sein verwuchs sich mit der Zeit fast zu einem. Bei den gemeinschaftlichen kindlichen Spielen gab dann Gauthier zumeist den Ritter der Dame von Fontanges ab... oder gar König Karl VII. selbst, der der Nichte des Abtes von Notre=Dame=de=Bon=Port nicht nur auf alle Weise huldigte, sondern sie auch zu seiner Königin machte.

So keimte, wuchs und zeigte sich bald eine kindliche Neigung zwischen Gauthier und Angelinen die

sich aber selbst kaum anders als Geschwisterliebe
kund ward und kund gab.

Erst als beide herangewachsen und Gauthier —
der Mutter Sorgen zu mindern und sich eine Car=
riere anzubahnen — von seinem Oheim, dem Haupt=
mann von Torcy, nach Paris und an den Hof be=
rufen wurde; ... erst dann und aufgerüttelt durch
den Gedanken an die Trennung, gewahrten beide,
daß in ihren Herzen eine Neigung mit ihnen groß
geworden sei, die ... mehr als Geschwisterliebe.

Aber es war zu spät, um aus dieser schmerz=
lichsüßen Erkenntniß jetzt noch das Glück zu ziehen,
das in dem Bewußtsein wahrer Liebe und Gegen=
liebe liegt. Der Blick in das eigene Herz hatte jedes
von ihnen so sehr überrascht und betäubt, ... der
Ruf Gauthier's nach Paris kam so unerwartet und
war so bringend, ... der Schmerz der Trennung
so groß, daß es zwischen beiden zu keiner Erklärung
mehr kam, obgleich ihnen diese Trennung bestimmt
genug sagte, daß sie sich gegenseitig liebten.

So kam es denn, daß von jenem Augenblicke an,
Angelinens Gedanken sich nach Versailles richteten.
Dort befand sich jetzt ja Derjenige, für den ihr
Herz schlug — und dies jugendliche Herz war lei=
denschaftlich genug, so kalt auch das Aeußere An=
gelinens schien. Nach dorten wandten sich jetzt auch

ihre stillen Träumereien. Die längst verblichenen Jahrhunderte mit ihrem Rueil Charles von Fontanges, mit ihren Aebten von Notre-Dame-de-Bon-Port, mit ihrem Valois und Karl VII. sanken in Vergessenheit und wenn Angeline den süßen, ihrer Eitelkeit und geheimen Ehrsucht schmeichelnden Träumereien von Wiedererlangung der Größe ihres Hauses, von glänzenden Huldigungen, ihrer anerkannten Schönheit gebracht, nachhängen wollte, so richtete sich jetzt ihr geistiger Blick nach dem Hofe Ludwigs XIV., des Königs, den die Welt den größten, den edelsten, den mächtigsten und ritterlichsten Monarchen nannte; — nach dem Hofe Ludwigs XIV., an dem sie ja auch den eigenen Ritter, den theueren Jugendfreund, den still Geliebten wußte!

Und wie einigten sich mit diesen Gefühlen, mit diesen Gedanken diejenigen Gauthiers. Wie wehte sie aus seinen Briefen ein Echo ihrer Sehnsucht an.

Das erste Schreiben des Jünglings — an seine Mutter und dabei auch an Angelinen gerichtet — war gerade nicht sehr enthusiastisch für den Hof von Versailles gewesen. Das Herz des jungen Mannes schien nach demselben schwer und gedrückt zu sein. In wie vielen Erwartungen hatte er sich getäuscht! Wie entsetzte sich seine reine kindliche Seele vor der gränzenlosen Leichtfertigkeit und Sittenlosigkeit, die ihm hier entgegentrat. Wie sehnte er sich zurück in seine stille Limagne. Nur eines tröstete ihn, diesem ersten Schreiben nach: die Herzlichkeit, mit der ihn der Oheim aufgenommen; und dann ... die überraschende Zuvorkommenheit, mit welcher ihm der edle geistreiche Herzog von Saint=Aignan, der erste Günstling des Königs, seine Freundschaft entgegengebracht. Welche Aussichten für die Zukunft konnte er daran knüpfen, ... welche Hoffnungen für Mutter und Angelinen ließ Gauthier hier durchblicken.

Und diesem ersten Schreiben folgten gar bald weitere. Angeline erschrack freudig, denn sie waren an sie gerichtet und ... wie anders sah' jetzt der Vetter den Hof an ... wie eigenthümlich gedachte er ihrer. O! aus diesen Worten war ja eine glühende, sehnsüchtige Liebe zu ihr zu lesen, — eine Liebe, die sie wie mit Zaubergewalt in die Ferne, nach dem Hofe hinzog. Und wie schön, wie ergreifend, wie anziehend waren diese Worte gesetzt. Es lag ein ganz eigenthümlicher Zauber in ihnen.

Gewiß! Gauthier hatte in der kurzen Zeit, während er sich am Hofe befand, schon viel gelernt.

O, welch' ein Leben mußte das dorten sein! Wie man da in Kleidern erschien, so kostbar und prächtig, daß man sich in der armen Limagne gar keine Vorstellungen davon machen konnte.

Und die Feste, die der König gab! . . . und wie er, der größte König, der schönste und chevaleresqueste Mann Frankreichs, den Frauen huldigte.

Hier war der Sammelplatz der Schönsten der Schönen, die der großmüthige Monarch mit Gunstbezeugungen überhäufte.

Und wie schön von Gauthier! . . . setzte er hier nicht das schmeichelnde Wort hinzu: daß es schade sei, daß sich Angelique nicht zu Versailles befinde, — ihre Schönheit werde alsdann doch alle Uebrigen überstrahlen.

Wie ein süßes berauschendes Gift sog die liebliche Fontanges diese lockenden Worte, diese verführerischen Phrasen in sich. Sie schmeichelten zu sehr ihrer Eitelkeit, als daß sie deren Inhalt mit Ruhe hätte prüfen, einen Vergleich zwischen dieser und der ihr doch so bekannten früheren Denkungsweise Gauthiers hätte ziehen sollen. Sah' sie sich doch schon in Gedanken unter all' diesen hohen herrlichen Damen, — sie überstrahlend, — von ihnen beneidet — von Ludwig XIV. dem Großen, geehrt und erhoben.

Ihr unerfahrenes kindliches Herz fand in diesen Gedanken nichts Böses. Aber sie fühlte doch, daß es nicht gut sei, die jetzt immer häufiger eintreffenden, immer glühender werdenden Schreiben, — die eine Verwandte in Clermont ihr stets heimlich überbrachte — einer anderen Seele zu zeigen. Auch der Mutter und ihrem Beichtvater und Lehrer nicht. Und sie folgte darin ja nur einem, von dem Geliebten selbst ausgesprochenen, Wunsche.

Desto mehr verarbeitete sie dieselben innerlich. Ihre stillen einsamen Träumereien nahmen zu; — sie ward noch abgeschlossener und kälter nach Außen, während in ihrem Inneren — einem Vulkane gleich, dessen Gipfel Schnee und Eis deckt, — die Leidenschaften immer mehr erwachten und immer heftiger zu glühen begannen.

Eine gewaltige neue An- und Aufregung warf in dieser Zeit die Nachricht in ihr Herz und Blut: daß sich die Marquise von Montespan, die allmächtige Geliebte des Königs, an eine in Clermont lebende weitläufige Verwandte mit der Bitte gerichtet habe: ihr ein Edelfräulein aus der Limagne zuzusenden, da eine Stelle am Hofe unter den Ehrenfräuleins der Königin zu besetzen sei. Die Marquise rieth, mehrere dortige junge adelige Damen zum Vorschlage zu bringen.

Und unter den Vorgeschlagenen — so viel hatte Angeline durch die Freundin erfahren, durch deren

Vermittlung ihr in der letzten Zeit die Briefe Gau=
thiers zugingen — unter den Vorgeschlagenen be=
fand sich auch i h r Name, so sehr sich auch anfäng=
lich ihre Mutter, so wie ihr Lehrer und Beichtvater,
dagegen gesträubt hatten.

Das Anstürmen der Familie, ein Brief Gau=
thiers und die Bitten Angelinens hatten den Sieg
davon getragen.

Wie klopfte da das Herz aller der jungen Mäd=
chen, deren Namen nach Versailles gegangen, — wie
pochte und hämmerte es in dem Busen der reizenden
Marie Angeline Scoraille de Rousille.

Aber noch war keine Antwort eingetroffen.

Die Ungewißheit und die Erwartung sprengten
fast die Brust der kleinen Fontanges, und mehr denn
sonst suchte sie die Einsamkeit.

Auch heute war sie von ihrem kleinen alten
Stammschlößchen aus, das — dicht neben jenem,
welches Gauthiers Mutter bewohnte, — kaum eine
halbe Stunde von Clermont lag, in eines der lieb=
lichen Thäler der Umgegend eingebogen. Sie befand
sich allein, wie immer . . . seitdem Sie der Jugend=
gespiele verlassen; aber was that dies auch hier, wo
ländliche Sitte und schlichtes natürliches Wesen noch
herrschten und weder die engenden Fesseln der Eti=

quette, noch die Uebergriffe und Auswüchse groß=
weltlicher Verdorbenheit bekannt waren.

Ein herrliches, von ihr schon oft betretenes Wie=
senthal nahm die Träumerin auf. War hier doch die
schönste poetische Einsamkeit zu Hause, — eine Ein=
samkeit, die sich so recht für ein Mädchenherz eig=
nete, in dessen Tiefe . . . still und ihm selbst un=
bewußt . . . jene wunderbare Entwicklung vorgeht,
die das Kind zur Jungfrau hinüberführt und die
unschuldigen Neigungen der zarten Jugend zu glü=
henden Leidenschaften reift.

Ein schöner mächtiger Wald, zum Theil von
uralten Kastanienbäumen gebildet, umsäumte das Thal.

Angeline ließ sich hier nieder.

Friedlich . . . unendlich friedlich lagen die Wie=
sen, in der Runde von Bergen umstanden, zwischen
deren Schlagschatten zauberische Lichter tanzten. Um
den oberen Rand einer steilen ansteigenden, durch
Olivenbäume belebten und oben überbrückten Schlucht
lagen im Halbkreise die kleinen Häuschen armer
Landleute, und auf sie herniederschaute ernst und
verdrießlich das alte halbzerfallene Stammschloß der
Fontanges.

Aber Angeline blickte nicht dort hinauf . . .
ihre Augen ruhten auf Wiese und Wald.

Wie das alles duftet . . . unten grünt und oben blaut!

Horch doch nur! . . . es singt und klingt, es pfeift und zwitschert ja an allen Ecken und Enden!

Die Amsel lockt . . . girrend kosen die Wald=
tauben . . . und das eitele „Kukuk! kukuk!" ver=
höhnen schreiend und lärmend die Häher!

Und immer tiefer versinkt Angeline in ihre Träu=
mereien — hier, am lieben, altbekannten Orte, wo sie so manchmal mit Vetter Gauthier geruht — in die holden Träumereien der Kindheit.

Und sie hört von dem Adlernest einer fernen Burg den Thorwart in das Horn blasen; . . . sieht, den Falken auf der Hand, sich auf weißem Zelter hervorreiten — das prächtiggrüne Sammtkleid weit hinwallend — von Windspielen und von lockigen Pagen gefolgt, auf deren blausammten Baretten die lichten Federn wallen. Und von der anderen Seite kommt der gewaltige Rueil Charles, an der Spitze von Rittern und Reisigen, heimkehrend von wildem Raubzug. Stark angetrunken, toben und schwadroni=
ren sie und schmieden neue Gewaltpläne . . . und der Hufschlag klingt und die Schwerter rasseln!

Nur Einer ist nicht angetrunken . . . nur Einer will nicht rauben und morden, so stark sein Arm, so kühn sein Muth . . . nur freien will er . . .

freien um sie, . . . das liebliche, reizende, durch seine Schönheit berühmte Edelfräulein.

O! . . . der Eine! der Eine! . . . er ist ja nicht mehr da! . . . er ist jetzt in Saint Germain . . . in Paris . . . in Versailles vielleicht . . . wer kann es wissen? . . . jedenfalls . . . am Hofe Ludwigs XIV. des großen ritterlichen Königs!

Und mit dieser Erinnerung wechseln . . . die wachen Träume . . . und . . . Angelinens Gedanken. — — —

Es mochte wohl eine gute Stunde vergangen sein, als Pater Hilaire, der Beichtvater der lieblichen Fontanges, des Weges daherkam. Er war ein schlichter, beschränkter aber rechtlicher Mann, der da unterwürfig und ohne zu mäkeln glaubte, was die Kirche befahl, es aber dabei ehrlich mit den Menschen, vorab mit den ihm anvertrauten Seelen meinte.

So hing auch sein Herz mit väterlicher Liebe an Angelinen, die ihm seit Kindesbeinen ein Bild war, nachdem er sich die Englein im Himmel dachte. Er hatte sie gelehrt, was er wußte, und war dies auch blutwenig, so hielt er es doch genügend für ein Mädchen ihres Standes, und war stolz genug darauf. In stiller Beschränkung hatte er sein Stückchen Lebensglück gefunden, und so, dachte er, müsse es jeder Mensch machen.

aber auch wunderbar räthselhaft. Aber wie?" — fuhr sie jetzt lebhaft auf — "Ihr, hochwürdigster Pater Hilaire, wißt ja Träume zu deuten!"

"Träume"—entgegnete der Pater ernst—"Träume kommen von Gott, und oft warnt er seine armen schwachen Menschenkinder auf diesem Wege vor Unheil und Verderben!"

"Seltsam!" — sagte das Mädchen, das schöne Haupt gedankenvoll wiegend, — "aber Ihr seid ja mein Beichtvater und Lehrer, so will ich Euch denn den Traum erzählen, und . . . Ihr mögt mir ihn deuten."

Der Pater setzte sich neben Angeline und diese hub an:

"Mir träumte eben, ich sei auf den Gipfel eines sehr hohen Berges gestiegen; rings um mich her, weit ausgebreitet, lag die Welt, als ich aber ganz oben angekommen, ward ich durch eine in Purpur und Gold glänzende Wolke so sehr geblendet, daß ich mich nicht mehr finden konnte. Wohl schien mich die Wolke zu heben, . . . wohl war es mir selig zu Muthe . . . als ich plötzlich zu sinken anfing, tiefe Dunkelheit mich umhüllte und Angst und Schrecken meine Seele so gewaltig zerrissen, daß ich davon erwachte."

Angeline schwieg . . . des Paters Züge waren ernst und traurig geworden.

„Und die Deutung?" — frug jetzt Fräulein von Fontanges mit Spannung.

„Die Deutung!" — wiederholte der Pater — „die Deutung sei Dir eine Warnung auf Deinem Lebensweg. Nimm Dich in Acht, meine Tochter: dieser Berg . . . ist der Hof, wo Du — wenn Du hinkommst, was ich übrigens nicht hoffe — zu großem Ansehen gelangen wirst. Aber . . . dies Ansehen wird nicht von langer Dauer sein, wenn Du Gott verlassen solltest; denn alsdann wird Gott auch Dich verlassen und Du wirst untergehen in ewiger Nacht."

Angeline erschrack. In sich gekehrt und einsilbig legte sie den Weg nach Hause an der Seite des frommen Vaters zurück.

Dort angelangt fand sie alles in Aufregung: die Marquise von Montespan hatte unter den vorgeschlagenen jungen Damen der Limagne gewählt, ihre Wahl war . . . auf Marie Angeline Scoraille de Rousille, Fräulein von Fontanges gefallen.

Ein edler Freund.

Gauthier saß allein in seinem Zimmer. Es war ein kleines, für unsere Tage und unsere Begriffe von Wohnlich- und Behaglichkeit sehr ärmlich ausgestattetes Gemach neben der Wohnung seines Oheims, der sich, als unverheiratheter Mann und Krieger, wenig aus den Bequemlichkeiten des Lebens machte. Ihm war, nach strengster Pflichterfüllung, ein guter Trunk und ein keckes Spiel das Höchste, was die Erde bot. Um Anderes kümmerte er sich nicht viel.

Jetzt war er im Dienste und Gauthier allein, und so konnte der junge Mann recht gut seinen trüben Gedanken nachhängen.

Und trübe waren diese Gedanken in der That, so lebensfroh und lebensmuthig der Jüngling auch vor kurzer Zeit am Hofe zu Versailles eingetroffen war.

Gauthier war keineswegs Kopfhänger; aber seine reine Seele mußte das Leben am Hofe zu Versailles doch mit Unbehagen, ja mit Schreck und Widerwillen erfüllen.

Welch' einen entsetzlichen Contrast bildete dies Uebermaß von Sittenlosigkeit und Verdorbenheit, von äußerem Glanz und innerer Armuth, von Heiligenschein und Lasterhaftigkeit, von Frivolität und Aberglauben, von unersättlichem Haschen nach allen raffinirten Genüssen des Lebens und der dennoch herrschenden Leere der Seele . . . gegen die Einfachheit und das schlichte bürgerlich ehrenhafte Leben in seiner Heimath.

Himmel! wenn er an seine gute Mutter, an seine übrigen Verwandten, an Pater Hilaire, an Angeline dachte und an das stille, reine Glück, das er im Umgange mit diesen genossen . . . dann! . . . schwindelte es ihm vor den Augen, dann zog es ihn aus diesem wildschäumenden Strudel des Lebens nach seiner Limagne und all' den Lieben, die er dort zurückgelassen.

Und zog ihn denn nicht auch die reinste innigste Liebe zu ihr, der theueren Jugendgespielin? Ach! er hatte noch nicht an sie geschrieben — auch ward ihm ja das Schreiben, diese damals bei dem jungen Abel noch seltene Kunst, schwer; — aber er hatte sie doch in den zwei Sendschreiben an die Mutter, die er Freunden Saint-Aignans mitgegeben, herzlich grüßen lassen . . . und dennoch war, weder von der Mutter noch von Angelinen eine Antwort an ihn zurückgelangt.

Freilich wußte jene Zeit nichts von einem Briefwechsel, wie wir ihn gewöhnt sind. Briefe gingen meistens durch Boten, oder durch hin und herreisende Freunde; nur Könige und Fürsten konnten ja einen bestimmten Cours durch Läufer oder unterlegte Reiter unterhalten, der dann aber auch ledig zur Beförderung der Staatsdepeschen diente.

Wie vereinsamt fühlte sich Gauthier daher mitten in dem Getriebe des Hofes, zumal seine militärische Anstellung in der Leibwache des Königs auch nicht viel mehr als ein Hofamt war. Er . . . der junge kräftige thatdurstige Mann würde den Dienst im Heere, die Wechselspiele des Geschickes im Felde — dem Feinde gegenüber — dem einförmigen Dienste in Versailles gewiß vorgezogen haben.

Gauthier äußerte dies auch bald gegen den Oheim und den Herzog von Saint-Aignan; . . . aber nur der Letztere fand dies Verlangen natürlich, des jungen Mannes würdig und versprach, an geeignetem Orte seiner Wünsche zu gedenken. Hauptmann Torcy dagegen mahnte, mit der ruhigen Ueberlegung gereisteren Alters, zur Geduld. Erst möge Gauthier sich am Hofe und Hofleben etwas abschleifen, — sich unter den Augen des Königs und der Minister durch Treue und Pünktlichkeit hervorthun und auf diese Weise die Gunst derselben erwerben. Besitze er diese einmal, so werde es ihm dann auch von vorn herein an einer guten, seinem und der Montferrand Namen würdigen Posten im Heere nicht fehlen.

Gauthier dankte dem Himmel, daß er wenigstens einen warmen und wahren Freund am Hofe gefunden habe . . . und ein solcher war ihm ja in wenigen Wochen der Herzog von Saint-Aignan geworden. Und stand denn dem Jünglinge nicht in dem Herzoge das Musterbild eines feinen Hofmannes, eines Weltmannes der seines Gleichen suchte, vor den Augen?

Saint-Aignan war die Liebenswürdigkeit selbst. Stets heiter, sprudelte er von Witzen und Anecdoten, während seine Aufmerksamkeit und Dienstfertigkeit gegen den armen unbedeutenden Neuling am Hofe, diesen mit wahrhafter Rührung und dem innigsten Danke erfüllte.

Gauthier begrüßte daher auch jetzt den Besuch seines hohen Gönners und Freundes mit Freuden, zumal es gerade eben wieder sehr trübe in seiner Seele war.

Und wahrlich! wer Saint=Aignan eintreten sah, mit seinem hübschen, von Heiterkeit strahlenden Gesichte, auf dem ein ewiges Lächeln wie ewiger Sonnenschein lag, — das Bewußtsein seiner hohen glücklichen Stellung, seines Einflusses, seines Ueberragens aller kleinlichen Lebensverhältnisse in allen Mienen, Gebärden und Bewegungen... der mußte von dem Zauber berührt werden, der ihn umgab, und allen Trübsinn nnd alle schwermüthigen Gedanken schwinden lassen. Und wenn auch der Herzog — was bei seiner rasenden Verschwendung oft genug vorkam — kein Geld hatte... er war doch heiter! Bald mußte alsdann der Groß=Allmosenier, bald eine Geliebte, jetzt — zumal die Teufelsbeschwörung verunglückt war — die Marquise von Montespan zu Hülfe kommen. Auch das Spiel that es oft. Aber heiter, lächelnd, aufgeräumt... war Saint=Aignan immer. Auch jetzt waren schon wieder die Donner und Schrecken von St.=Denis längst vergessen, und Sonnenschein und Heiterkeit thronten in dieser leichtsinnigen Seele.

„Ventre-saint-gris!" — rief denn auch jetzt der Herzog im Eintreten mit strahlender Miene, indem er dabei den alten Hauptmann Torcy trefflich nachahmte — „Ventre-saint-gris!" wir kommen, wie es scheint, wieder einmal zur rechten Zeit, um un=

serem jungen Freunde Grillen fangen zu helfen; oder denkt Gauthier von Montferrand jetzt schon an seinen Nachruhm?"

„Was würde es mir helfen, Herr Herzog. . ." entgegnete Gauthier; aber Saint=Aignan unterbrach ihn lachend.

„Herr Herzog!" — rief er dabei spöttelnd — „wie oft, mein junger Freund, habe ich mir den „Herzog" schon verbeten, wenn wir unter uns sind: Freund! . . . Saint=Aignan! . . . mögt ihr immer sagen, das klingt für meine Freundschaft zu euch viel harmonischer. Mort de ma vie! Ich denke, man kann froh sein, wenn man an diesem Hofe hie und da aus der Zwangsjacke der Etiquette heraus= schlüpfen kann! . . . Aber junger Freund, habt ihr wirklich an euren Nachruhm gedacht, so will ich euch sagen, wie man sich diesen hier am besten erwirbt!"

„Für mich würde er wohl am ehesten auf dem Schlachtfelde blühen!" — meinte der Jüngling mit trübem Lächeln.

„Was Schlachtfeld!" — rief Saint=Aignan lachend. — „Man muß es machen, wie Mazarin. Um seine Ehrsucht zu befriedigen, verrieth er Frank= reich, — um seinen Geiz zu befriedigen, richtete er es zu Grunde, und dennoch hat er sich an diesem

Hofe Dankbarkeit und Unsterblichkeit errungen und zwar. . . ."

„Nun?"

„Durch die Pasteten à la Mazarin, die er erfunden, und die noch heute eine Lieblingsspeise des Königs und aller seinen Hofzungen sind."

„Sie sind und bleiben ein Spötter! — entgegnete Gauthier lächelnd. — „Indeß hat Cardinal Mazarin auch viel für das Wohl des Vaterlandes seiner Wahl gewirkt."

„Wobei er jedoch das eigene Wohl so wenig vergessen, wie die Abstammung verleugnet hat!" — rief der Herzog, indem er sich auf einem der einfachen Ledersessel niederließ, die den Haupt=Theil des Ameublements hier ausmachten. Dann sagte er: — „Junger Freund, kennt ihr die Geschichte von dem Cardinal und der Pamphlet=Speculation?"

Gauthier verneinte.

So hört und lernt auch hier etwas von dem alten Herrn: Einst wurde der Cardinal Mazarin benachrichtigt, daß ein schreckliches Pamphlet gegen ihn im Buchhandel erschienen sei. Sofort wurde Beschlag darauf gelegt. Da nun aber die Beschlagnahme natürlich den Werth des Pamphletes verdoppelte, ließ es der spekulative Herr Cardinal im Geheimen auf eigene Rechnung zu einem unerhörten Preise wieder verkaufen. Bei diesem merkantilischen Kniffe, den er oft lachend selbst erzählte, gewann er tausend Pistolen!"

"Klug!" — sagte hier Gauthier, und seine Stirne trübte sich wieder, — "aber gewiß eines Mannes, wie Cardinal Mazarin, nicht würdig! Mußte er an seiner Stelle dem Hofe und dem Lande nicht in Tugend vorausgehen?"

Der Herzog lachte laut auf.

"Tugend!" — rief er dann, sein hübsches Bärtchen à la Henri IV. wohlgefällig streichelnd — "Tugend! und . . . hier am Hofe? Junger Freund, wollt ihr an Höfen euer Glück machen, müßt ihr euch gewaltig emancipiren! Kennt ihr die nette Geschichte mit Mademoiselle "la séductrice plénipotentiaire?" Doch nein! . . . wie solltet ihr sie kennen und doch noch daran zu glauben vermögen, daß in den Regionen der Höfe der Hauch der Tugend wehe!

"Leider . . ." hub' Gauthier an; aber der Herzog unterbrach ihn, indem er mit ironischem Lächeln rief: — "Ruhig, Freundchen! da ich mich nun einmal, fast wie durch einen Zauber, zu euch hingezogen fühle und wir Freundschaft geschlossen haben, so halte ich es auch für Freundschaftspflicht die Lungen eures Gewissens so lange zu weiten, bis sie Hofluft zu athmen und zu ertragen im Stande sind. Hört also, und zieht dann selbst das Facit. Als der letzte Krieg mit den Niederlanden in des Herrn Kriegs= minister Louvois edlem Haupte bereits im Voraus beschlossen war, wurde er auch im Conseil beliebt. Aber Kriege sind keine Kinderspiele. England und Spanien waren zu fürchten . . . es galt also Vor= sichtsmaßregeln zu treffen."

Der Herzog schlug hier mit ungemeiner Eleganz und Feinheit den rechten Fuß über den linken, um= faßte das rechte Knie und fuhr, sich leise hin und herwiegend, das stereotype ironische Lächeln um die Mundwinkel, in gefälligem Ausdrucke fort:

„Eine dieser ersten Vorsichtsmaßregeln war nun, sich die Neutralität Spaniens und die Allianz Eng= lands zu sichern. So wurde denn der Marquis von Villars nach Madrid geschickt, um dem spanischen Cabinet begreiflich zu machen, welches Interesse es an der Schwächung der Vereinigten Niederlande, sei= nem natürlichen Feinde, habe. An König Carl II. von England aber sollte . . . ein Abgesandter von ganz anderer Art geschickt werden."

„Und welcher?" — frug Gauthier.

Der Herzog kniff die Lippen fest zusammen, lächelte und zog die Augenbrauen so hoch und wun= derlich empor, daß sein, sonst doch so schönes Gesicht für einen Augenblick dem eines Faun auf ein Haar glich. Sein Blick war dabei so diabolisch lascive, daß Gauthier zum erstenmale in der That vor seinem hohen Freunde erschrack.

In der Verwirrung und von einem verlegenen Rothe überstrahlt, frug der Jüngling noch einmal: wer denn der Abgesandte für England gewesen sei?

Saint-Aignan lächelte und fuhr fort:

„Seine Majestät, Ludwig XIV., kündigte eine Reise nach Dünkirchen an und die Höflinge wurden zu derselben eingeladen."

„Alles, was der König an Pracht und Großartigkeit entfalten konnte, ward bei dieser Gelegenheit aufgeboten: dreißigtausend Mann bahnten ihm theils den Weg oder folgten ihm nach. Sein ganzer Hof, das heißt: der reichste und höchste Adel Europas, die anmuthigsten und geistreichsten Frauen der Welt begleiteten ihn."

„Frauen?" — frug hier Gauthier staunend.

„Ludwig XIV. ist nie ohne Frauen!" — entgegnete der Herzog lächelnd — „weder im Felde noch auf der Spazierfahrt. Sein Motto in dieser Beziehung war ja und ist: Ein Hof ohne Frauen ist ein Jahr ohne Frühling und ein Frühling ohne Rosen! — Doch zur Sache! . . . Die Königin und Madame — die damals noch lebte — hatten ziemlich gleichen Rang . . . aber . . ." und hier kam bei dem Herzog das Faunen-Gesicht wieder zum Vorscheine — „aber . . . unerhörtes Schauspiel! . . . es folgten denselben in einem Wagen die beiden damaligen Geliebten des Königs: Frau de la Vallière und . . . nun . . . ihr wißt es, Gauthier!"

„Frau von Montespan!"

„Richtig! . . . die sogar zuweilen mit dem König und der Königin in einer und derselben großen englischen Kutsche saßen."

„Herzog!" . . . rief Gauthier.

Aber Saint-Aignan winkte Schweigen, indem er lächelnd sagte:

„Stille, das Beste kommt noch! . . . Madame war noch außerdem von einer reizenden Person begleitet, die auch ihre geheimen Instructionen hatte; nämlich von Louise Renée von Penankoët, Fräulein von Keroualle. Es war . . . die Séductrice plénipotentiaire!" . . .

„Aber . . . es ist nicht möglich! . . ."

„Der Auftrag war wichtig" — fuhr der Herzog ruhig und wohlgefällig lächelnd fort — „und die Rolle schwierig."

„Wie denn . . . ich verstehe nicht . . ."

„Sie mußte sieben bekannten Geliebten König Carls II. den Rang streitig machen, die in jenen Tagen — alle zu gleicher Zeit — das in England damals so gesuchte Privilegium genossen, Majestät den Verdruß zu vertreiben, welche seine finanziellen Verlegenheiten, das Murren seines Volkes und die Opposition des Parlamentes ihm verursachten."

„Herzog!" — rief hier Gauthier, roth und blaß werdend, — „ich kann nicht glauben, was Sie sagen. Man müßte ja an aller Tugend, an aller Sittlichkeit verzweifeln . . ."

Saint=Aignan lachte wieder mit der Fauns=Miene; dann sagte er so ruhig, daß es Gauthier graute:

„Diese sieben Maitressen waren: die Gräfin Castelmaine, — Miß Stewart, — Miß Welles, Ehrendame der Herzogin von York, — Nelly Gwyn, eine der tollsten Courtisanen jener Zeit, — Miß d'Avis, eine berühmte Schauspielerin, — die Tänzerin Bell Orkay und endlich . . . eine Mohrin, Namens Zinga."

Der junge Mann starrte den Herzog an; in diesem aber leuchtete bei der sich immer steigernden Wirkung seiner Erzählung etwas aus den Augen, was wie ein dämonischer Triumph aussah.

Dennoch blieb sein Lächeln stereotyp, während er so ruhig fortfuhr, als trage er eine Stelle aus der Bibel vor:

„Die Unterhandlung gelang weit über Erwarten. König Carl II. fand Fräulein von Keroualle bezaubernd, und auf das Versprechen einiger Millionen und da Madame zusagte, die Keroualle in England zu lassen . . ."

„Nun?"

„Bewilligte König Carl II. von England Alles . . . was von französischer Seite von ihm verlangt wurde."

„Mir schwindelt!" — rief hier der junge Mann, seine Hand gegen die Stirne drückend.

„Mir nicht!" — entgegnete der Herzog von Saint-Aignan heiter. — „Aber ich habe noch den Schluß zu berichten."

„Wurde das Laster nicht auch noch gekrönt?" — rief Gauthier, mit der edlen Entrüstung eines jugendlichen Herzens, das noch an Gott und Tugend glaubt.

„Warum nicht!" — versetzte der Herzog mit liebenswürdig-diabolischer Ironie. — „Fräulein von Keroualle blieb in England, wo König Carl sie zur Herzogin von Portsmuth machte. Unser allergnädigster Herr und König aber, der große Ludwig XIV., schenkte ihr in demselben Jahre die Herrschaft d'Aubigny; — jenes Gut, welches Carl VII. 1422 an Johann Stuart schenkte, und zwar damals . . . als eine Belohnung für die großen und wichtigen Dienste, die derselbe der Krone Frankreichs im Kriege g e g e n die Engländer geleistet hatte."

Der Herzog schwieg. Eine längere Pause trat ein, in welcher Saint=Aignan den Jüngling, der den Kopf, in finsteres Brüten versunken, auf seine beiden Arme und den neben ihm stehenden Tisch gestützt hatte, scharf beobachtete.

„Herr Herzog!" — hub Gauthier endlich mit ernstem Tone an — „Sie hatten die Güte, mir unverdienterweise ihre hohe Freundschaft zuzuwenden. Wohl weiß ich nicht, wie ich ihnen dies jemals danken soll; aber ihre treue Liebe steht tief in meinem Herzen eingegraben. Wer hätte mich sonst am Hofe so freundlich zurechtgewiesen; — wer hätte mich, den Neuling, den Unbedeutenden, aus der Masse emporgehoben und mit wahrhaft fürstlicher Güte selbst den glänzendsten Festen zugeführt? — Sie waren es, — ihnen allein danke ich diesen Vorzug, — — — und — — — habe ihnen noch so viel zu danken!"

„Freund!" — rief der Herzog lachend — „ich bitte euch schweigt! . . ."

„Lassen Sie mich reden, mein hoher Freund!" — fuhr der Jüngling eifrig fort — „denn es ist Zeit, . . . ich muß reden."

„Nun denn, so rückt los, Gauthier, was drückt euch."

„Ich kann nicht hier bleiben!"

„O ho!"

„Verschaffen Sie mir eine Stelle beim Heere — welche es auch sei — oder lassen Sie mich heimkehren in meine Limagne."

„Gauthier!" — rief der Herzog mit der Miene des Erstaunens, der aber ein lauernder triumphirender Blick widersprach.

„Nennen Sie mein Betragen weder Anmaßung noch kindisches Heimweh . . . es ist keines von beiden. Aber bei Gott! es schnürt mir hier die Brust zusammen. Ich kann diese Luft nicht athmen. Ich bin vielleicht ein Thor in Ihren Augen — wie auch der Oheim sagt — aber es treibt mich hinaus . . . in andere Sphären . . . in die freie Welt . . . wo möglich auf das Feld der Ehre! — Sie, Herr Herzog, Sie können alles bei Seiner Majestät! verschaffen Sie mir eine Stelle beim Heere — und wenn es die eines Lieutenants wäre — ich werde Ihnen, ich werde dem Vaterlande, ich werde Seiner Majestät Ehre machen!"

Der Jüngling schwieg, aber seine Augen flammten, sein Herz schlug fast vernehmbar.

Der Herzog war sich vollständig gleich geblieben. Immer noch umschwebte das ihm eigene Lächeln seine Lippen; aber er gab sich Mühe, den ironischen Ausdruck zu verbergen, der gewöhnlich in demselben lag.

„Und wenn ich euch, junger Freund, nun hier in der That einen Beweis zu geben bereit wäre, daß meine Freundschaft für euch die wahrste und innigste ist?"

„Herzog!" — rief Gauthier freudig überrascht.

„Freundschaft muß jedes Opfers fähig sein!" — fuhr Saint-Aignan fort. — „Mich von euch zu trennen, Gauthier, wird mir schwer; ... indeß ... ich achte euer reines edles Herz, den Trieb der euch beseelt, dies Sodom und Gomorrah zu fliehen ... und auf dem Schlachtfelde eine glorreiche Zukunft zu suchen. Ich habe ..."

„O was? was?" — rief Gauthier, der längst aufgesprungen war, stürmisch.

„Eine Stelle für euch im Heere!" — versetzte der Herzog, ein Patent aus seiner Brusttasche ziehend."

„Mein Freund ...!"

„Aber ..."

„Was aber?"

„Sie verlangt, daß ihr schon morgen Versailles verlaßt und euch nach der Gränze begebt."

„Wohin es sei, nur fort von hier!" —rief Gauthier.

„Gut!" — sagte der Herzog — „so wollen wir heute noch eine tolle lustige Nacht feiern."

„Aber meine Mutter? Angeline?"

„Schreibt an beide und gebt mir die Briefe; ich

werde sie mit demnächst abgehenden königlichen Boten besorgen lassen."

„O Dank! tausend, tausend Dank!" — rief Gauthier entzückt, dem Herzoge im Uebermaße seiner Freude die beiden Hände schüttelnd — „wie soll ich sie lohnen, all' diese Liebe und Güte!"

„Erhaltet mir eure Freundschaft, Gauthier und kehrt bald als ein Held aus den Schlachten zurück, die in der nächsten Zukunft auf euch warten. Jetzt aber schreibt eure Briefe und trefft die nöthigen Vorkehrungen."

„Aber der Oheim!" — rief der Jüngling jetzt plötzlich und erblich.

„Es ist ein Befehl von Monseigneur Louvois, der euch nach Arras ruft. Ihr habt eurem Kriegsherrn zu gehorchen."

„Und ich thue es mit Freuden!" — rief Gauthier strahlend.

„Dann also . . . auf Wiedersehen heute Abend beim Abschiedsbanquet in meinem Hôtel!" — sagte der Herzog und reichte dem Ueberglücklichen die Hand.

Als sich aber die Thüre hinter ihm geschlossen hatte, lachte Saint-Aignan dämonisch auf:

„Gewonnen!" — murmelte er dabei — „er wird Paris an dem Tage auf immer verlassen, . . . an welchem Angeline von Fontanges hier eintrifft!"

Jagd und Edelwild.

Heute war große Jagd in den Wäldern von Marly angesagt. Der ganze Hof war eingeladen und der Ober=Hof=Jägermeister, der Herzog von Saint=Aignan, so wie Frau von Montespan hatten sich in Vorkehrungen für dieses Fest erschöpft. Ersterer in seiner amtlichen Stellung, Letztere als Bewirtherin des Königs und des Hofes. Es galt ihr ja, jede Gelegenheit zu erhaschen, um durch Zuvorkommenheiten, Liebenswürdigkeiten und Festlichkeiten den immer mehr erkaltenden königlichen Liebhaber wieder zu erwärmen und an sich zu fesseln. Heute zumal sollte ein Hauptcoup ausgeführt werden, auf dessen Gelingen oder Nichtgelingen die ganze Zukunft der Marquise beruhte.

Die Intrigue mit Gauthier von Montferrand und dem Fräulein von Fontanges war nämlich bis dahin den beiden durchtriebenen und in derlei Dingen geübten Unternehmern vollständig gelungen. Marie Angeline Scoraille de Rousille, Fräulein von Fontanges, war in der That an demselben Tage in Versailles angelangt, an welchem Gauthier Paris verlassen.

Mit Indignation hatte der Jüngling vorher noch in einem Schreiben an Mutter und Jugendgespielin über die Zustände des Hofes geschrieben, den Wechsel seiner Stellung mit der Unmöglichkeit für ihn, in einer solchen Sphäre zu leben, entschuldigt und endlich Beide um die Erhaltung ihres Wohlwollens und ihrer Liebe für ihn aufs Wärmste gebeten. Angelinen besonders flehte er noch mit Innigkeit an, ihm die Gefühle zu bewahren, die ihre Herzen in der Jugend aneinandergekettet. Ihr Bild werde ewig als ein lieber Schutzgeist vor seiner Seele stehen und bald, bald! hoffe er als Mann und tapferer Krieger sie und ihre schöne Limagne wieder zu begrüßen.

Freilich waren diese Briefe so wenig angekommen, als diejenigen, die die liebliche Fontanges erhalten, von Gauthier geschrieben waren. Beide Theile aber sahen in ihrer Unerfahrenheit und Unschuld die Fäden des Netzes nicht, welches man ihnen gestellt und in dem sie sich auch bereits gefangen hatten.

Gauthier — glücklich, dem Hofe von Versailles entgangen zu sein, — eilte Arras und seiner neuen Laufbahn um so freudiger entgegen, als Jugendkraft und Jugendmuth dem einfachen Jünglinge auf dem Felde der Ehre in der That die einzig richtige Stellung anwiesen. Sein Geist träumte dabei im Voraus von Heldenthaten; sein Herz aber schlug voll Sehnsucht der Zeit entgegen, in der er, mit Ruhm bedeckt, um Angelinens Hand anhalten dürfe.

Fräulein von Fontanges freilich war sehr über=raschst, als sie bei ihrer Ankunft zu Versailles den Vetter nicht fand. Aber er war ja nur — wie sie sofort erfuhr —, mit einem hohen Auftrage beehrt, auf kurze Zeit zu der Armee geeilt. In zwei bis drei Wochen mußte er zurückgekehrt sein.

Uebrigens fühlte Angeline alsbald recht gut, daß sie sich unter den fremden vornehmen Leuten lächerlich machen würde, wenn sie einen besonderen Werth auf diese kurze Abwesenheit des Jugendge=spielen lege. Wohl grämte sie sich im Stillen; aber die Pracht und die Herrlichkeit, welchen sie entgegen ging, verblüfften sie doch auch, und erfüllten sie mit einer Art berauschender Lust. Bei der Jugend er=wächst ja gar oft große Lust und großes Leid aus den kleinsten Dingen; sie zieht selbst häufig ein wirkliches Unglück einer kleinen Lächerlichkeit vor.

Wo diese Fehler ihre Wurzel nicht im Herzen haben, sind sie Ueberfülle der Triebkraft oder Luxus der Einbildungskraft. Hier freilich wurzelten sie in Angelinens Eitelkeit.

Und — o Himmel! — wie fand sich diese, gleich von Anfang an, geschmeichelt.

Nahm sie denn nicht — da sie nicht sofort in ihre Stellung am Hofe der Königin eintreten konnte — die sonst so stolze und als allmächtig bekannte Marquise von Montespan geradezu wie eine liebende Mutter auf? Bildete sich nicht sofort ein kleiner Hofstaat von jungen reizenden Männern um sie, an deren Spitze Gauthiers hoher und von ihm selbst in seinen Briefen so hochgepriesener Freund, der Herzog von Saint-Aignan, der erste Günstling des Königs, stand?

Ihm hatte sie der Vetter — der Herzog sagte es ja selbst — besonders anempfohlen.

Und welche Schmeicheleien, welche Bewunderung ihrer Schönheit strömten hier ihren Ohren zu und fanden in dem kleinen eitelen Herzen einen freudigen Nachhall. Wie überschüttete sie die Marquise mit Geschenken aller Art; — wie war die hohe Dame beeilt, ihr auf der Stelle ganz neue und prächtige modische Kleider machen zu lassen, da sie sich in ihrer Provinzialtracht am Hofe nicht sehen lassen könne.

Angeline schwamm in Entzücken; und als die Verwandte aus Clermont, welche sie nach Versailles gebracht, — es war dieselbe, die ihr schon früher Gauthiers Briefe im Geheimen zugetragen — zurückreiste, konnte Angeline in dem Briefe, den sie an die Mutter mitgab, ihre herzliche Aufnahme und ihr Glück gar nicht genug rühmen.

Und dennoch stand ihr ja das Größte noch bevor! . . . sie hatte den König . . . sie hatte Ludwig XIV., den größten Monarch der Erde, noch nicht gesehen! . . . und was hatte ihr alles die Verwandte auf der ganzen weiten Reise von dessen Liebenswürdigkeit und Güte, von seiner Verehrung schöner Mädchen und Frauen, von seiner unbegränzten Freigiebigkeit gegen solche, die er auszeichne, erzählt, und wie sich selbst Fürstinnen, Prinzessinnen und Herzoginnen um das Glück stritten, von ihm . . . dem ersten, dem schönsten, dem mächtigsten Manne Frankreichs geliebt zu werden.

Wie manchmal war es da — bei dem Gedanken an das Glück, von einem solchen Könige bevorzugt zu werden, — dem einfachen Kinde aus der Limagne wundersam selig zu Muthe geworden. Entzücken, gemischt mit einem eigenthümlichen süßen Schauer, durchrieselte in solchen Momenten ihren ganzen Körper; und solche Momente traten jetzt immer öfter auf, benn was Fräulein von Fontanges jetzt in ihrer Nähe und Umgebung von begeisterter Verehrung des König's hörte und sah, übertraf noch bei Weitem alles dasjenige, was sie von der Verwandten auf der Reise vernommen.

Es kam von allem dem, so wie von den zahllosen großartigen neuen Eindrücken, die hier auf sie losstürmten und ihr ganzes Nervenleben auf das Höchste spannten, wie ein Rausch über sie. Die alten Träume erwachten und setzten das verblendete betäubte Kind in eine Art Feenwelt, deren strahlender Mittelpunkt der große König war. Natürlich zog auch **ihr** Bild durch diese Träume; und da sie am Tage gar oft laut oder bei dem Geflüster der Marquise und des Herzogs die Phrase hörte: was Ludwig XIV. erst sagen werde, wenn er Fräulein von Fontanges sehe? so zogen die Träume, im wachenden und schlafenden Zustande, den Fürsten gar manchmal auch zu ihren Füßen.

Böses dachte Angeline nichts hierbei; ... aber, du mein Gott! von einem solchen Fürsten und Ritter ausgezeichnet oder gar geliebt zu werden! ... ihn zu seinen Füßen zu sehen! ... alle Andere zu überstrahlen! ... ein solches Glück war ja kaum zu denken und zu fassen.

Und ... hatte sie denn nicht, kurz vor ihrer

Berufung an den Hof, jenen wunderbaren Traum gehabt?! jenen von dem Berge und der purpurgoldenen Wolke, die sie so selig hob? Und hatte ihr nicht Pater Hilaire — der im Deuten der Träume ja so berühmt war — gesagt: sie werde am Hofe ein großes Ansehen erlangen? . . . Wer aber konnte denn am Hofe die in Purpur und Gold strahlende Wolke, die sie hob, anderes sein, als die Majestät selbst?!

Und — „Träume kommen von Gott!" — meinte ja auch der fromme Vater.

Wenn es ihr also von Gott und dem Schicksale bestimmt wäre, . . . wohl schon von Geburt aus durch ihre Schönheit, . . . dem Könige zu gefallen?!

Mußte sie darum Gott verlassen? . . . o! gewiß nicht! . . . Ludwig sollte ja so gut, so edel, so nobel sein! Was konnte ihr da alles selbst möglich werden Gutes zu thun.

Angeline merkte dabei nur eines nicht . . . daß sie schon einen verlassen hatte . . . verlassen und fast vergessen . . . ihren Vetter und Jugendgespielen, den armen Gauthier.

Aber ließ man ihr denn auch Zeit, an ihn zu denken?

Die Marquise hatte immer neue Freuden, neue Genüsse, neue Ueberraschungen für sie, so daß Angeline kaum zur Besinnung kam. Auch mußte sie gar mancherlei lernen: wie es bei Hofe zugehe, wie man sich zu benehmen habe und derlei Dinge mehr; — wobei sich indeß Frau von Montespan sehr hütete, die Züge kindlicher Unschuld und ländlicher Naivetät zu verwischen, die sie bei dem guten Kinde vorfand; denn gerade auf diesen Reiz der Neuheit, dem Könige gegenüber, rechnete sie viel.

Uebrigens wußte Marie Angeline Scoraille de Rousille gar nicht, wie sie der hohen Frau die Dankbarkeit ihres Herzens beweisen sollte. Ewig — so schwur sie tausendmale — ewig werde sie ihrer mit kindlicher Liebe gedenken . . . und . . . die Marquise schien diesen Schwur gerne zu vernehmen!

So kam endlich der Tag heran, an welchem Fräulein von Fontanges Ludwig XIV. zum erstenmale sehen sollte . . . es war der Tag der großen Jagd in den Wäldern von Marly.

Die Marquise hatte Angeline zu dem Ende mit einem äußerst geschmackvollen Anzuge beschenkt, den das Mädchen denn auch jetzt bereits angelegt hatte . . . und in der That! . . . sie sah in demselben zauberhaft schön aus!

Ein Jagdgewand von königblauem Sammt, an den Aermeln und dem Busen mit kostbaren weißen Spitzen besetzt, umschloß die schöne hohe Gestalt, während es — nach vornen offen — sich im oberen Theile in ein straff und knapp anliegendes Westchen von weißem Atlas, nach unten in ein Kleid von demselben Stoffe verlief. Ein königblausammtnes Hütchen, von dem herab eine blaue und eine weiße Feder nickten, saß neckisch auf dem vollen üppigen Haare. Ein Schmuck kostbarer Perlen — das einzige derartige Erbstück der Fontanges — hob und senkte sich dabei auf dem vollen unübertrefflich schön gebildeten Busen, der allerdings den ganzen Reiz seiner zarten Formen in vollstem Maße sehen ließ. Aber ein solcher Schnitt der Frauenkleider — man würde ihn jetzt mit empörtem Schicklichkeitsgefühle selbst auf Bällen und an Höfen zurückweisen — lag damals so sehr in der Mode, daß er auch eine Tochter der Provinz nicht zurückschreckte, zumal sich ihr Auge und ihr Gefühl schon in den wenigen Wochen, die Angeline bereits in Versailles zugebracht, auch an das Uebermaß des Uebermaßes gewöhnt hatte. Es war eben Mode... und... der König sah es gern! Derselbe König, der später unter der Herrschaft der Frau von Maintenon ein Bild der heuchlerischsten Frömmigkeit wurde.

Die Marquise von Montespan war selbst überrascht, als Fräulein von Fontanges, so geschmückt, eintrat. Das Mädchen war in der That eine blen=

bende Schönheit und noch dazu — durch ihr üppiges rothes Haar und ihren so ungemein weißen Teint, der durch das königblau-sammtne Gewand auf das herrlichste gehoben wurde — eine Schönheit ganz eigenthümlicher Art. Einen einzigen Blick in dies Antlitz, auf diese Schultern, diesen Hals, diese Büste und Arme und man mußte unwillkürlich einer jener unübertrefflichen Statuen aus blendend weißem Marmor gedenken, die uns die Meisterschaft des Alterthums hinterlassen hat. Dann fielen bei einer nur irgend reichen und glühenden Phantasie die Gewänder wie durch Zauber zurück, und eine Venus stand vor den staunenden Blicken.

War es da ein Wunder, daß selbst bei Frau von Montespan im Momente des ersten Anstaunens eine Regung von Neid und Eifersucht aufstieg? — ein Zweifel sogar an der Klugheit ihres Vorhabens?

Aber diese Regungen wichen doch rasch dem stolzen Bewußtsein: die selbstgewählte Nebenbuhlerin an Geist, an Witz, an Leben und der Kunst zu lenken und zu leiten tausendmal zu überragen. Angeline war schön . . . aber . . . sie durfte doch wohl nur als eine, zwar reizende aber geistlose Puppe für ein großes königliches Kind angesehen werden. Und das eine, was nöthig war, hatte sich die kluge Frau ja im Voraus gesichert: die unbedingteste Dank-

barkeit und Abhängigkeit ihres Schütz=
linges.

Angeline — überselig von dem Lobe, das ihr auch jetzt wieder aus dem Munde der hohen Frau in so reichem Maße gezollt wurde und von dem Gedanken, dem Könige heute vorgestellt zu werden, — beschwor auch jetzt wieder ihre innige kindliche Liebe und Dankbarkeit für Frau von Montespan.

„Sei nur glücklich, liebes Kind!" — sagte diese, die schöne Limagneserin freundlich anschauend und sanft an sich heranziehend — „und versprich mir dabei Eines!

„Alles, alles!" — sagte das Mädchen, die kleinen Hände der Montespan mit Küssen bedeckend, — „wie könnte ich denn Ihrer Güte je genug danken."

„Versprich mir nur," — fuhr die ältere Dame fort — „in allen Lagen Deines Lebens nichts zu thun, ohne den liebevollen und treuen Rath Deiner müt= terlichen Freundin einzuholen."

„Ich schwöre es Ihnen!" — rief das Mädchen im Vollgefühle seiner Dankbarkeit.

„Du bist noch jung, noch unerfahren!" — fuhr jene fort — „wie solltest Du dich, dem Hofe, dem Könige, den Intriguen der Bösen gegenüber, zu fin= den und zu benehmen wissen. Gelobe mir also, — wie sich auch Dein Schicksal gestalten möge — mir alle

Geheimnisse Deines Herzens als Deiner wahrhaft mütterlichen Freundin anzuvertrauen und stets und immer nach meinem Rathe zu handeln!"

„O wie gerne gelobe ich dies!" — sagte hier Marie Angeline Scoraille de Rousille — „ich fühle ja recht gut, was mir, dem armen unbeholfenen Mädchen aus der Provinz, noch alles abgeht und wie unendlich hoch an Geist und Liebenswürdigkeit Sie über mir stehen. Was ich bin, bin ich ja nur durch Sie, die ich mit Stolz meine zweite Mutter nenne. Wie meiner Mutter, soll daher auch Ihnen für alle Zukunft mein vollstes Vertrauen, mein ganzes Herz gehören!"

Und Angeline legte gelobend ihre Hand in die der Marquise.

In diesem Augenblicke ertönte das Signal, daß sich seine Majestät nebst dem Hofe Marly nähere, denn auf Marly erwartete ihn, als ihren Gast, Françoise Athenais, Marquise von Montespan.

Angeline von Fontanges zuckte zusammen. Purpurröthe und Todtenblässe wechselten einen Moment in ihren Zügen; . . . bald aber hatte sie ihre Ruhe und anscheinende Kälte wieder gefunden.

„Kommen Sie, mein Kind!" — sagte die Marquise — „empfangen wir Seine Majestät, wie es einem so liebenswürdigen Manne und großen Könige zukommt, auf das Freundlichste!"

Und den übrigen Damen ihres Gefolges — die sich in einem der Vorzimmer befanden — einen Wink gebend, trat Frau von Montespan mit den Ihren dem daher brausenden, aus zahllosen Reitern und Equipagen bestehenden Jagdzuge entgegen. In Marly sollte ein kleines Frühstück genommen und dann die Jagd von hieraus begonnen werden.

Wie ein Unwetter brauste jetzt der Zug unter Hörnerruf, Hundegebell, Peitschengeklatsche und Pferdegestampfe heran.

Die Weherufe einer ganzen Nation wären mit einem solchen Höllenlärm zu übertäuben gewesen. Er übertäubte wenigstens die Stimme manchen Gewissens, während er den fernabstehenden Nichtbetheiligten die Sage von der wilden Jagd in das Gedächtniß rief.

Jetzt fuhr die königliche Carosse vor. Der nebenher sprengende Ober=Hof=Jägermeister, Herzog von Saint=Aignan, schwang sich mit Blitzesschnelle von seinem mit Schweiß bedeckten Pferde und öffnete der Majestät den Schlag. Ludwig XIV. stieg aus und trat unter die aus Blumen und Laubwerk reizend aufgeführte Ehrenpforte, die ihn mit ihren schmeichelnden Aufschriften, eben so freundlich willkommen hieß, als es wörtlich Diejenige that, die so lange die Dame seines Herzens gewesen.

Aber der Marquise genügte nur ein einziger Blick, um zu gewahren, daß seine Majestät heute nicht in der gewünschten Laune sei. Ludwig XIV., der in der Liebe so veränderliche Monarch, war nun einmal der Montespan überdrüssig geworden und so quälten ihn jetzt deren Zuvorkommenheiten und anschmeichelnde Bemühungen noch mehr, als ihre bisherigen Launen, ihr Eigensinn und ihre, so manchmal zu Tage kommende Herrschsucht. Dennoch hatte er noch nicht gewagt, öffentlich mit derjenigen zu brechen, die ihm sechs Kinder — legitimirte Prinzen und Prinzessinnen — geboren. So folgte er denn auch heute einer Einladung, die ihn marterte und verstimmte.

Alles dies übersah der Scharfblick der Marquise sofort; während das Betragen ihres königlichen Geliebten sie mit tausend Dolchstichen traf, die sich noch durch die Bemerkung verhundertfachten: daß auch die feige speichelleckende Welt des Hofes bereits anfange kühler gegen sie zu werden.

O Himmel! wer kennt denn überhaupt die zahllosen Martern und Qualen eines solchen, in goldene Fesseln geschlagenen Lebens! . . . Die Martern und Qualen in moralischer und physischer Beziehung, die ein, um Ehrgeiz und Herrschsucht hingeworfenes edleres menschliches Dasein gegen den Flitterglanz eines kurzen Scheinkönigthums eintauscht! Wie würden die Menschen aufhören, Jene zu beneiden, die an der Seite eigenwilliger Monarchen die traurige Rolle vorübergehender Herrscherinnen spielen, wenn sie wüßten, welch' Sklavenjoch diese Unglücklichen im Geheimen oft niederdrückt; ... wenn sie auch nur eine Ahnung des Fluches hätten, der das Herz zerreißt, in dem ein Mißklang ewig durch alle scheinbaren Harmonien und Jubelhymnen des Lebens durchtönt, der sich nie ... nie ... versöhnen läßt!

Und dieser Mißklang schrie auch jetzt wieder so recht schmerzlich in der Seele der Montespan auf! ... sie hätte den Vater ihrer Kinder in diesem Momente wie eine gereizte Löwin zerreißen können ... und sie liebte ihn doch noch ... und konnte ihn nicht lassen! ... ihn ... und den Gedanken: die Mitherrscherin Frankreich's zu sein.

Darum eben spielte sie auch jetzt va banque! und der letzte Trumpf entglitt eben ihrer Hand. Der König mußte ihr bleiben ... und half die eigene Macht nicht mehr, ... dann ... mit der Hölle Gewalt ... durch eine fremde!

O Himmel! wie götterschön sie dastand unter den anderen Frauen der Marquise, die liebliche Fon=

tanges, — lieblicher jetzt noch, denn je, in der süßen Verwirrung, in welche sie — das noch so unbefangene Kind der Limagne — die jetzt herannahende Vorstellung bei dem Könige brachte. Aber... armes Kind!... der König sieht dich ja fast gar nicht an, in seiner übelen Laune. Nur die rothen Haare locken einen Zug des Spottes um seine Lippen und gleichgültig von dir hinweggehend, sagt er mit höhnischem Lachen zu Saint-Aignan:

„Das ist ein Wolf, der Uns nicht fressen wird!" *)

Die Montespan steht vernichtet. „Zur Jagd!" — befiehlt der König, und ohne das reiche üppige Frühstück, das in den verschiedenen Pavillons aufgestellt war, auch nur zu berühren... geht es fort, den tiefschattigen Wäldern von Marly zu.

Thränen in den Augen, Verzweiflung in dem Herzen, hatte die Montespan — wie gewöhnlich bei solchen Gelegenheiten — die Jagdcarosse des Königs bestiegen und sich neben der Majestät niedergelassen. Aber Ludwig sah weder die Thränen noch hörte er die leisen Vorwürfe seiner Dame. Er dachte heute an ganz andere Dinge... an Louvois und seine Kriegspläne... und an die neuesten unangenehmen Nachrichten aus den Niederlanden, aus Spanien

---

*) Des Königs eigene Worte.

und namentlich aus dem Elsaß, die ihm kündeten: daß die freie deutsche Reichsstadt Straßburg — sich gar nicht zu französischen Gesinnungen herbeilassen und des Königs heißem Gelüste entsprechen wolle.

Jeder Widerspruch aber war Ludwig XIV. ein Gräuel . . . und nun gar der einer elenden Stadt, für die er doch die besten Gesinnungen im Herzen trug.

Die Jagd sollte ihn zerstreuen — — aber auch nichts anderes. An Ort und Stelle angekommen, schoß er mit wilder Lust unter das herbeigetriebene Wild.

Aber auch dies Morden ward ihm bald widerwärtig. Immer tiefer drang er in den Forst, die Carossen, die Damen und seine Begleiter zurücklassend . . . bis er plötzlich ganz verschwunden war. Der Ober=Hof=Jägermeister, der bei der Jagd nie von seiner Seite kam, mußte aber dennoch, auf der Majestät ausdrücklichen Befehl, die Jagd fortsetzen und den Hof glauben machen, der König befinde sich noch an der Spitze der lustigen blutdürstigen Horde des heiligen Hubertus.

Die Raffeln der Hunderte von Treibern schwirrten und lärmten aus der Ferne; . . . das Roth=, Damm= und Schwarzwild brach in Rudeln durch die Büsche und Hecken, . . . die Hörner klangen lustig

durch die dunkelen Hallen der laubigen Dome; . . .
die Fanfaren „à la meute!" und „à la vue!"
wechselten rasch; . . . die Rüden klefften wie toll
und besessen; . . . ein prächtiger Spießer flog dort
vorüber . . . aber dies alles ließ heute den Kö=
nig kalt.

Mochte auch sein treuer Büchsenspanner — der
alte Moustache, der dem kleinen Dauphin schon die
Kinderbüchse hatte spannen gelehrt, — immer dicht
hinter ihm her mit geladener Waffe schreiten, sie be=
reit für den hohen Jäger haltend. . . Ludwig griff heute
nicht mehr danach. Tiefe düstere Falten auf der Stirne,
dachte er über all' die politischen Verwickelungen nach,
in die ihn Louvois gezogen; auch über jene, in die
ihn sein Verhältniß mit der Montespan gebracht,
und wie er sich den letzten Fäden entwinden könne,
mit welchen ihn die ihm langweilig und lästig ge=
wordene Marquise noch umspann.

„Ich habe die Weiber satt!" — sagte er dabei
in sich hinein — „und werde nie wieder die Fesseln
der Liebe tragen. Es sind doch nur Hochmuth, Ehr=
geiz und Herrschsucht, die sie uns Fürsten ergeben
machen. Ich will frei . . . ganz frei sein!"

In diesem Augenblick traf ein lauter Schrei sein
Ohr und eine wunderbare Erscheinung zeigte sich in
kleiner Entfernung.

Ein Pferd, weiß wie frisch gefallener Schnee, aber wie es schien scheu und wild geworden, brauste in rasender Schnelle einen der Waldwege daher. Es trug — sie vermochte sich freilich kaum mehr im Sattel zu halten — eine schöne schlanke weibliche Gestalt im weißen Atlaskleide; das königblausammtne Jagdgewand flog weit über den Rücken des Thieres zurück. Die Federn des kleinen Hutes wogten stolz und schön in der Luft, als wollten sie dem grünen Walde ein lustiges „Hurrah!" zuwinken.

Ein Lächeln des bittersten Hohnes umspielte in diesem Momente die Winkel des schön geschnittenen Mundes Ludwigs XIV. Erkannte er doch auf den ersten Blick die rothhaarige Schöne aus der Provinz, die ihm vor einer Stunde war vorgestellt worden. Sie war wohl noch schwach im Reiten und Jagen ... denn das Pferd war augenscheinlich mit ihr durchgegangen. Der König freute sich sogar mit einer gewissen Bosheit auf den Moment, in dem sie das Pferd abwerfen werde.

Da ertönte ein noch grellerer Schrei!

Dem Pferde gegenüber war ein gewaltiger Keiler*) durchgebrochen; das Pferd hatte sich — entsetzt — senkrecht aufgestellt und die Reiterin war herabgeglitten. Jetzt stürzte das borstige Unthier auf sie zu.

---

*) Männliches Wildschwein.

Alles dies war das Ergebniß eines einzigen Momentes; aber im gleichen Augenblicke war auch Ludwig XIV. der ritterliche Fürst wieder, für den er — außerhalb seines politischen Wirkens — auch mit Recht galt. Mit der Schnelligkeit des Gedankens hatte er Moustache die hingehaltene Büchse aus den Händen gerissen . . . ein Schuß . . . und der Keiler sank getroffen nieder!

Ludwig XIV. war der beste Schütze Frankreichs.

Das Thier zuckte und bedeckte das umstehende Gras mit Schweiß*). Das Roß war verschwunden . . . aber die unglückliche Reiterin lag noch immer bewegungslos am Boden.

„Laß uns ihr zu Hülfe kommen!" — sagte der König jetzt zu Moustache, als sich der Dampf verzogen und sein schneller Blick die Lage der Dinge überschaute. — „Es ist zwar nur ein **Fuchs**, den wir aufgebracht, aber er dauert mich doch!"

Und Ludwig XIV. schritt, gefolgt von seinem Büchsenspanner, der Stelle zu, an welcher Fräulein von Fontanges ohnmächtig hingesunken war.

Aber welche neue Ueberraschung sollte dem Könige hier werden!

Unmöglich! . . . das konnte ja jenes Mädchen nicht sein, die er, vor kaum einer Stunde und selbst

---

*) Blut.

noch in diesem Momente so hart verspottet? . . .
die kleine Provinzialin, die er in seiner mürrischen
Laune so häßlich gefunden?

Bei allen Heiligen und der Mutter Gottes von
Saint=Germain en Laye! . . . das war sie nicht! . . .
das war ja ein zauberhaftes Wesen, das hier —
wunderbar schön hingegossen vor ihm lag!

Welche reizenden noch so ganz kindlichen Züge!
welche blendende Weiße der Haut! . . . welche herr=
lichen Formen!

O glücklich, glücklich! daß die Zweige eines dich=
ten Busches den Sturz vom Pferde gemildert und
die Wucht des Falles gebrochen. Vom Schrecken ohn=
mächtig, war das holde Kind durch diesen glücklichen
Zufall nur sanft zur Erde geglitten, an einem nie=
deren, mit Gras und Moos dicht bewachsenen Raine
hin, auf dessen oberem Rande nun das bleiche Köpf=
chen wie schlafend ruhte, während die zierlichen Beine
und Füße den unteren Theil kaum berührten.

Der König stand entzückt! . . . hingerissen! . . .
und welch' einen eigenthümlichen, wunderbaren, ihm
ganz neuen Reiz übten jetzt mit einemmale die bis=
dahin verspotteten rothen Haare auf ihn. Diese üppige
Fülle . . . und diese Harmonie der ungewöhnlichen
Färbung mit dem durchsichtigen Weiß und der Zärte

der Haut, durch welche die kleinsten Adern sanft bläulich durchschimmerten!

In der That! Ludwig XIV. stand entzückt! . . . hingerissen! Er, dessen ganze Natur so durch und durch sinnlich war, glühte in Sinnlichkeit. Er, der noch vor Minuten aus Ueberdruß und Blasirtheit allen Weibern entsagen wollte, war berauscht, . . . weil ein neuer, ihm bis dahin fremder Reiz ihn anstachelte.

Und Ludwig XIV. ließ sich auf ein Knie neben der Ohnmächtigen nieder, nahm ein goldenes Fläschchen aus seiner Brusttasche, schob seinen Arm sanft unter das schöne blasse Haupt des Mädchens und ließ es den belebenden Inhalt des Flacons einathmen.

Da regte es sich leise in dem Busen Angelinens, die Starrheit des Todes wich von ihren Gliedern, der Athem ging tiefer und . . . endlich! endlich! . . . öffneten sich die holden blauen Augen mit einem so zauberisch-sanften Aufschlage, als zögen die rosigen Fingerspitzen Aurorens die letzten Morgenwölkchen von der aufgehenden Sonne!

Und in welche Sonne blickten sie da? in welche wunderherrlichen tiefen Augen voll dunkelen leidenschaftlichen Glanzes, voll tiefer gewaltiger Liebe und doch zugleich voll Hoheit und Größe?

Angeline wußte nicht, wie ihr geschah.

Wo war sie? . . . War dies alles Traum? . . . war es Wahrheit? . . . Lebte sie, oder erwachte sie eben in einer anderen Welt?

Und an wessen Brust lehnte sich so sanft ihr Haupt?

Sie sann nach! . . . ihre kleine schöne Hand berührte leise die Stirne . . . jetzt dämmerte die Erinnerung der letzten Momente: das Durchgehen des Pferdes . . . die Angst . . . das Entsetzen! . . . da bricht ein Unthier durch die Büsche! . . . das Pferd steigt senkrecht auf! . . . sie stürzt . . . und die Sinne vergehen!

Und . . . richtig! . . . dort liegt ja das Unthier getödtet und in Blut gebadet am Boden!

Aber wer hat es getödtet? . . . wer umschlingt sie jetzt so sanft, so warm?!

Angeline fährt empor. Ihre Augen öffnen sich weit . . . erstaunt und forschend blickt sie in das Antlitz ihres Retters.

Da! . . . da! . . . drohen ihr die Sinne noch einmal zu vergehen!

Gerechter Gott! ist denn das nicht der König, dem sie heute Morgen vorgestellt wurde? der König, von dem sie so viel Herrliches gehört? . . . Ludwig XIV., der Große, die Sonne Frank=

reichs und der Welt?... der erhabene Monarch, mit dem sich ihre Träume schon so lange getragen?... dem zu gefallen ihr höchster Wunsch... ihr schwindelndes Glück?!

„Sire!" — ruft sie erbleichend und ein Himmel des Entzückens überstrahlt ihr Antlitz....

Aber der König legt ihr Haupt sanft an seine Brust, drückt einen glühenden Kuß auf die Stirne des Mädchens und sagt:

„Ruhen Sie immer an diesem Herzen, es ist das größte und liebevollste, das in Frankreich schlägt."

Dann winkt er Moustache, sich zu entfernen und ... eine Jagdcarosse herbeizuholen, ... die Unglückliche nach Marly zu bringen.

Ein vornehmer Schurke.

Ludwig XIV. befand sich mit seinem Lieblinge, dem Herzoge von Saint=Aignan, allein. Er hatte, nachdem er die alltäglichen Qualen einer unendlichen Langenweile bei dem Lever, den grandes entrées, den secondes entrées und bem l'entrée du cabinet mit der einem Monarchen nöthigen heroischen Geduld ausgehalten, die entre-temps benutzt, um mit dem Herzoge, wenigstens auf Momente, allein zu sein. Der König wäre jetzt oft in der Laune gewesen, die Einsamkeit zu suchen, wenn es für ihn nur eine solche in der That gegeben hätte.

Und doch, wer war denn in seinem weiten schönen Reiche der wirklichen, der geistigen Einsamkeit mehr ausgesetzt als er?

Kann es denn eine größere Einsamkeit geben, als diejenige, die um die Höhen der Throne herrscht?

Darum auch der eisige, der gletscherartige Hauch, der sie umgibt, — der eisige, der gletscherartige Stolz auf denselben. Ist es ja doch gerade die Einsamkeit, die überhaupt Stolz erzeugt. Mit je weniger Menschen man umgeht, über desto mehr setzt man sich hinaus. Daher wird allzeit der Mensch auf dem Dorfe sich mehr dünken, als der in der Stadt; daher ist jeder Stubengelehrte ein Plato und Aristoteles in seinem Gehirne; darum liebt der Schwärmer die Einsamkeit, weil er sich hier Gott am nächsten träumen kann; darum dünken sich Monarchen so leicht Götter und halten die übrigen Menschen ... für elendes Gewürm des Staubes!

Heute hatte Ludwigs XIV. üble Laune seinen ohnehin unbegränzten Stolz bis zum Aeußersten emporgeschraubt. Es war böses Wetter am Hofe und Jeder zitterte vor der Erscheinung des Monarchen.

Warum aber dies Zürnen? ... Wer konnte es wissen! Vielleicht war sich der Zürnende der Ursache selbst nicht einmal bewußt.

Launen sind die wilden Schößlinge des Reichthums und hoher Stellung; und eben darum „Launen," weil sie keinen vernünftigen Grund haben. Sie sind zumeist Folgen der Ausdünstungen der moralischen Sümpfe, in welche die Seele durch den Uebermuth einer exceptionellen Stellung gerathen ist.

Die Stellung Ludwigs XIV., der Montespan gegenüber, wurde eine immer schiefere und unbehaglichere. Seit der letzten Jagd in den Wäldern von Marly hatte sie nun gar jeden Grund und Boden verloren. Des Königs Seele füllte seitdem nur noch ein Bild ... und das sollte der Schatten einer Montespan nicht stören ... er sollte nicht!... Diable!... und er that es doch alle Augenblicke.

„Himmel und Hölle!" — rief Ludwig, zornig mit dem Fuße aufstampfend und die finsteren stolzen Blicke nach dem Himmel schleudernd, als wolle er selbst diesen zu gehorsamer Mitwirkung herausfordern. — „Wir werden doch auch ihn, diesen verwünschten Schatten einer Uns lästig gewordenen Frau noch bannen können?!"

Saint-Aignan stand in der Ferne ... er ahnte mit der angeborenen Schlauheit eines ächten Höflings, was in der Brust seines königlichen Freundes gähre ... und ... freute sich im Stillen schon seines nahenden Triumphes über die verhaßte Nebenbuhlerin in der Gunst des Königs.

Von dem Vorfalle mit der Fontanges wußte aber weder er, noch die Marquise, noch der Hof mehr, ... als daß Moustache sie gerettet. Freilich wußte auch wieder Jedermann, daß Moustache, der Büchsenspanner des Königs, auf der Jagd so gut als der Schatten seiner Majestät sei und dieselbe nie verlasse. Doch war er allein in Marly mit der Geretteten angekommen. Der König sprach nicht darüber und auch Fräulein von Fontanges wollte die Majestät bei dieser Gelegenheit nicht gesehen haben.

Himmel! sie mußte ja schweigen, weil es des Königs Wille war; ... und ist denn, bei so manchen Vorkommnissen des Lebens, schweigen nicht seliger denn reden?

Uebrigens staunte Marie Angeline Scoraille de Rousille im Geheimen über sich selbst: sie hätte nie gedacht, so viele Talente für den Hof zu besitzen und sich so beherrschen zu können.

Arme! verwechselst du denn da nicht „beherrschen" mit „verstellen"?

Lieb war es ihr aber recht sehr, daß der Zufall es gewollt, daß Vetter Gauthier gerade für den Augenblick abwesend. Ach! es war ein gar guter und lieber Junge, dieser „Vetter" Gauthier; ... indeß ... was wollte er eigentlich hier am Hofe? ... es war ein junger kräftiger Mann ... gewiß auch recht thatendurstig ... sollte da eine Stelle in der Armee nicht seiner würdiger sein?

Angeline dachte ihn sich jetzt gar gern als ... Held! ... als einen tapferen Führer auf dem Felde der Ehre.

Uebrigens dachte sie jetzt gerade nicht besonders

viel an den alten Jugendgespielen; . . . sie konnte auch in der That nicht . . . sie hatte so viel zu thun: mit ihrer Toilette — man war nun einmal am Hofe —; mit diesem selbst; mit den Festen; . . . so viel zu denken . . . an . . . Andere; innerlich so selig zu sein in stillen Augenblicken: denn kein Genuß kann sich mit dem der triumphirenden Eitelkeit messen.

Unbeobachtet . . . zog sie dann wohl einen Ring aus ihrem Busen, an dem ein großer wunderbar= schöner Diamant blitzte; aber was war dann sein Leuchten und Funkeln gegen das *ihrer* Augen?

Und . . . wie bedeckte sie ihn mit Küssen, . . . mit heißen glühenden Küssen; und . . . wenn sie alsdann aufschaute . . . *wie glich sie einer Kö= nigin!* — — —

Ludwig XIV. befand sich allein mit Saint=Aignan; aber . . . er war finster . . . es gährte etwas in seiner Brust.

Saint=Aignan erschöpfte sich in Witz und Laune — umsonst! Die schönsten Geschichten und Anecdo= ten, so piquant und schlüpfrig als möglich, entström= ten seinem ewig lächelnden Munde — vergeblich! . . . auch diese Lieblingsunterhaltung des Königs wollte heute nicht verfangen.

Ludwig XIV. war philosophisch gestimmt; mit verächtlichen Blicken schaute er auf den Hof und die

Menschen überhaupt herab. Nun! von der schwindelnden Höhe eines Berges herabgesehen, erscheinen uns freilich die Menschen alle als Ameisen!

Aber — und das ärgerte den König — diese verächtliche Brut wagte es auch noch, an der Majestät hinauf, . . . womöglich über sie hinauskriechen zu wollen.

„Sie wollen mich Alle beherrschen!" — rief er zornig — „Alle! Alle, die mich umgeben . . . aber vor allen Dingen Colbert, Louvois, die Montespan!"

Saint-Aignan triumphirte im Stillen; aber er war Hofmann und strebte selbst nach diesem Ziele.

In schmeichelhafter Rede suchte er daher erst das Lächerliche eines solchen Vorhabens darzustellen: die Welt nenne Ludwig XIV. Dieu donné — den von Gott Geschenkten — wie könnten gemeine Sterbliche es wagen, zu einem Göttersohne hinauf langen zu wollen? — Aber dann kam die Schlange im Grase geschlichen und zeigte auf das Verrätherische solcher Gedanken. Meisterhaft und unschuldig wie ein Lamm spielte er dabei mit den hübschesten Anecdoten aus dem Leben Richelieus, Mazarins und der berüchtigsten Maitressen seiner und früherer Zeit, den König so recht deutlich das Joch fühlen zu lassen, welches Louvois und die Montespan ihm auflegen wollten.

Mit Entzücken sah er dann die Zornesader auf
der Stirne desjenigen Königs schwellen, der, von
allen bisher lebenden französischen Königen, am eifer=
süchtigsten auf seine Macht und Alleinherrschaft war.
Und doch ließ Saint=Aignan als geschickter Höfling
diesen Zorn auch wieder nicht zum Ausbruche kom=
men, indem er schlau — die schwindelnde Höhe eines
Thrones beklagend, — auf das Glück der niederen
Menschen einlenkte, welchen es erlaubt sei, so recht
nach freier Herzenswahl zu lieben!

Der König seufzte . . . Saint=Aignan wußte ge=
nug: wie ein vortrefflicher Maler entwarf er in den
lebendigsten, in den lieblichsten Farben ein Gemälde
glücklicher freier Liebe, und streifte dabei so geschickt
an dem Bilde der holden Fontanges vorüber, daß
sich der König erhob und an ein Fenster trat, die
Bewegung seines Inneren zu verbergen.

Eine Pause entstand.

„Ach ja!" — sagte der König dann nach län=
gerer Zeit in Gedanken verloren, die rechte Hand
unter der gestickten Weste an seiner Brust bergend,
als zähle er die Schläge seines Herzens, — „ach ja!
es war eine schöne Zeit, als Wir, fast noch ein
Knabe, der Liebe erste Regung fühlten und frei der
Wahl des Herzens folgten; . . . wo ist sie jetzt, die
süße Frontenac? . . . und jene Götterzeit, als die

wetterleuchtende Olympia Manzini, des stolzen Car=
dinals Nichte, in Liebe zu Uns fast verging? —
— — — O! ich seh' es noch, das reizende Grüb=
chen ihrer Wangen; ... ich seh' es noch, ihr gro=
ßes schönes sicilianisches Auge, wie es Blitze strahlte
... voll wilder köstlicher Liebesgluth! — — —
Und dann sie, ... die sanfte La Valière, mit
ihrem goldenen Haar, den lebhaften braunen Augen
und dem rosigen Munde ... o Gott! wie lieb=
ten Wir sie! ... schüchtern fast und ehrfurchts=
voll ...

„Allez voir cet objet si charmant et si doux,
„Allez, petites fleurs, mourir pour cette belle;
„Mille amants voudraient bien faire autant pour elle,
„Qui n'en auront jamais le plaisir comme vous."

Der König lächelte, in Gedanken verloren, vor
sich hin.

Es waren die ersten Verse, die er seiner Zeit
gedichtet und die er seiner geliebten La Valière mit
einem Blumenstrauße überschickte.

Plötzlich fuhr er rasch mit der linken Hand über
die Stirne, als wolle er eine trübe Erinnerung ver=
wischen.

Er dachte wohl an ein armes treues Herz ...
das er gebrochen ... und das jetzt ... im Kloster

der Carmeliterinnen zu Saint=Germain . . . für ihn betete.

Aber Saint=Aignan war ein zu gewandter Weltmann und zu schlauer Vertreter seiner eigenen Sache, um aufs Neue unmuthsvolle Gedanken in dem Könige aufkommen zu lassen. Schmeichelnd berührte er des Monarchen noch so jugendliches Herz, seine Schönheit und Ritterlichkeit und den Eifer, mit dem sich Frankreichs schönste und hochgestellteste Damen um seine Gunst bewarben. Die letzte Jagd habe dies ja wieder gezeigt. So lange die reizenden Jägerinnen den König an der Spitze derselben geglaubt, sei des Hetzens und Mordens kein Ende gewesen!

Wohl wußte der Herzog warum er diesen Ton anschlug: mit der Erinnerung an jene Jagd, war das Bild der holden Fontanges für den königlichen Freund zurückgerufen. Und . . . in der That! . . . Ludwigs Züge verklärten sich und ein geheimnißvolles glückliches Lächeln stahl sich in sein Antlitz.

Da meldete Laporte, des Königs erster Kammerdiener und Vertrauter: Seine Excellenz, Monseigneur le Tellier, Marquis von Louvois und seine Eminenz, den Herrn Fürsten Franz Egon von Fürstenberg, Bischof von Straßburg."

„Unausstehlich!" — rief der König — „nicht einen Augenblick läßt man Uns in Ruhe!" —

Aber dem gewohnten Einflusse, den Louvois schon auf ihn übte, sich unbewußt hingebend, befahl er — Platz nehmend — die Herren eintreten zu lassen.

Wenige Minuten später traten Minister und Bischof unter den üblichen drei tiefen Verbeugungen ein.

Franz Egon, Fürst von Fürstenberg, Bischof von Straßburg, Administrator der Abteien Murbach, Lüre und Stablo, Graf von Werdenberg, Heiligenberg und Loigne, war ein schöner Mann, der gerade jetzt in der Blüthe seiner Jahre stand. Seine hohe schlanke Gestalt kleidete das violette geistliche Gewand mit der goldenen Kette und dem prachtvollen mit Brillanten besetzten Kreuze ungemein gut. Der Kopf war schön geformt und zeigte jene äußerliche Würde, die durch Uebung den Trägern geistlicher Aemter so leicht zur Gewohnheit wird, die aber allerdings einen Ausdruck von Sinnlichkeit nicht ganz verdecken konnte. Die Züge waren sehr markirt geschnitten, die Hände klein und von aristokratischer Feinheit und Weiße. In den Augen lag Geist, aber entschieden auch eine große Verschmitztheit.

Der Bischof verharrte jetzt, — dem Könige in einiger Entfernung gegenüberstehend, — in tief gebeugter Stellung, die Ansprache des Monarchen erwartend.

Aber diese Ansprache hätte nicht schlimmer für seine Eminenz ausfallen können, als dies wirklich der Fall war.

Ludwig XIV. — ohnehin ärgerlich über den Widerstand des Elsasses und Straßburgs — überschüttete den frommen Herrn, der ja bekannterweise schon früher von Louvois als ein zu vergoldender Schlüssel zu jenen ersehnten Stücken Deutschlands betrachtet und dem Könige empfohlen worden war, mit bitteren Vorwürfen.

In seiner tiefgebeugten unterthänigen Stellung verharrend, die violette Sammtmütze in den gefalteten Händen haltend, hörte der deutsche Fürst, der hochgestellte Diener der Kirche, dem Donnern des Königs von Frankreich geduldig und mit der Miene tiefster Demuth zu.

Und ein Donnern war es, als Ludwig XIV. jetzt rief: „Wir hätten freilich bedenken müssen, daß, wenn der Herr Fürst-Bischof von Straßburg durch verschiedene seiner Aemter auch mit Frankreich verwachsen ist, er dennoch immer ein **deutscher Fürst** ... und somit **Unser Feind bleibt**!"

Der König schwieg grollend; der fromme Herr aber, sich in voller Demuth nur wenig aufrichtend, sagte, indem er in seine Züge den Ausdruck tiefster Ergebenheit legte:

„Majestät mögen gnädigst entschuldigen! Einen aufrichtigeren Bewunderer seiner Größe und Macht, einen leidenschaftlicheren Verehrer seiner erhabenen königlichen Person, einen treueren und unterthänigeren Diener, als mich, kann Ludwig XIV., der Herrlichste aller jetzt lebenden Monarchen, nicht finden."

„Schweigen Sie, Herr Fürst-Bischof!" — rief der König finster. — „Es möchte Ihnen gewaltig fehlen, wenn Sie die Beweise dafür suchen sollten."

„Sire!" — entgegnete Fürst Egon von Fürstenberg, mit einer Genugthuung die jedes andere deutsche Herz auf das Aeußerste empört hätte — „Sire! ich glaube nicht weit greifen zu dürfen, um Eurer Majestät die Loyalität und die ächt französischen Gesinnungen des Hauses Fürstenberg auf das Glänzendste darlegen zu können ... obgleich es allerdings ein deutsches Haus ist."

„Wir wären begierig!" — sagte der König kalt und mit Schärfe.

„Majestät geruhen vielleicht sich der Zeit zu entsinnen," — hub Fürstenberg mit milder einschmeichelnder Stimme an — „in welcher Mars, der Kriegsgott unserer Zeit, Ludwig XIV., nach dem Aachener Frieden den Plan entwarf, Holland zu erobern."

„Zur Sache!" — rief der König.

„Wir sind bei derselben!" — fuhr der Bischof von Straßburg mit einem Anfluge von Stolz fort: — „damals waren es in Deutschland drei Brüder aus dem Hause der Fürsten von Fürstenberg, die sich am meisten für Eure Majestät und Frankreich thätig zeigten. Der eine von ihnen, Wilhelm Egon von Fürstenberg — ich nenne ihn mit Stolz meinen Verwandten — die rechte Hand des Kurfürsten Maximilian Heinrich von Köln, beredete diesen, mit Eurer Majestät ein Angriffs= und Vertheidigungs=Bündniß gegen Deutschland zu schließen."

„In welchem er sein Vaterland an Frankreich verkaufte!" — dachte der Herzog von Saint=Aignan, der hinter dem Fauteuil des Königs stand, und warf einen verächtlichen Blick auf den deutschen Fürsten, der in einem solchen Verrath an seinem Vaterlande noch eine Ehre zu suchen schien.

„So ist es in der That!" — sagte zu gleicher Zeit Louvois und setzte mit einem Ausdruck von Hohn hinzu — „Majestät erinnern sich wohl der geheimen Clausel."

„Ja!" — versetzte der König stolz — „die Vertrags=Urkunde enthielt außer drei öffentlichen Ar= tikeln noch einen geheimen, welcher allein Gel=

tung hatte, während die drei anderen nur zum Schein gemacht waren."

„Und vermöge dieses geheimen Artikels" — ergänzte Fürstenberg — „räumte der Kurfürst Eurer Majestät die Festung Nuys ein."

„Das heißt mit anderen Worten": — dachte Saint-Aignan: — „er gab sein Land und seine Unterthanen dem Feinde preis."

„Und die geheime Clausel" — fiel Louvois hönisch ein — „war keine schlechte, sie brachte dem Herrn Fürsten von Fürstenberg viermalhunderttausend Livres ein."

Fürst Egon von Fürstenberg that, als ob er die letzten Worte nicht gehört habe. Den Hochverrath seiner Familie am Vaterlande sich in der That zur Ehre rechnend, fuhr er schmeichelnd — in devoter Haltung dem Könige zugewandt — fort:

„Auch von den beiden Brüdern Wilhelm Egons werden Majestät sich ein ähnliches Verfahren erinnern. Und ist der vierte der Brüder nicht Oberst in Eurer Majestät Diensten? Hat er nicht, trotzdem daß er ein deutscher Fürst ist, dem Dienste des Kaisers entsagt, für die Ehre unter den Fahnen Ludwigs XIV. zu dienen, vor dessen Kriegesruhm die Welt erbebt? Und hat er nicht, als er noch kurkölnischer Gesandter war, bei dem Congreß zu Aachen für Eure Majestät gegen das eigene Vaterland intriguirt, um, wo möglich die Kriegserklärung zu hintertreiben."

Fürst Egon von Fürstenberg hielt hier inne, als wolle er den Eindruck berechnen, den sein Bericht auf den König gemacht. Ein widerliches Lächeln, der Ausdruck seiner servilen Seele, spielte um seine Lippen.

Und das that ein deutscher Fürst, ein Bischof, . . . dem Erbfeinde seines Vaterlandes gegenüber!

O! hätte der Elende nur in die Herzen der drei anwesenden Franzosen schauen können, er würde hier statt der vermeintlichen Anerkennung . . . den bittersten Hohn, die tiefste Verachtung gefunden haben.

Was waren denn diese Brüder Fürstenberg anders als . . . **gemeine Verräther!***)

O, der fromme Bischof von Straßburg hätte noch manches hinzufügen können. Er hätte noch die Heldenthat erwähnen sollen, die eben jener Wilhelm von Fürstenberg in Mainz verübte.

Er war es, der als Gesandter des Cölnischen Kurfürsten, des baierischen Prinzen Maximilian Heinrich, den Mainzer Kurfürsten, Johann Philipp

---

*) Schlosser: „Weltgeschichte" XV. Thl. S. 443. 458. 471. 484. 541.

von Schönborn, im französischen Interesse bearbeitete. Dabei aber gab er seinen völligen Mangel an Patriotismus auf eine höchst schamlose Weise zu erkennen. Als nämlich das deutsche Heer den Franzosen, welche Seligenstadt geplündert und Aschaffenburg besetzt hatten, gegenüber lag, ließ der Kurfürst von Mainz eines Tages die deutschen und französischen Generale zu einem Gastmahle einladen. Bei diesem Mahle wurde nach der diplomatischen Sitte jener Zeit unsinnig getrunken und auch ein großer Becher mit Wein herumgereicht, um auf die Gesundheit des Kaisers ausgeleert zu werden. Als der Becher an den Obersten von Fürstenberg kam, goß dieser den Wein auf den Boden. Ein Graf Hatzfeld zog sogleich den Degen gegen ihn; er wurde zwar von den Anderen zurückgehalten, als aber nachher der Becher für die Gesundheit des Königs von Frankreich herumgereicht wurde, warf Hatzfeld denselben dem Obersten von Fürstenberg in das Gesicht.

Und solcher schmachvollen Ahnen rühmte sich jetzt der Bischof von Straßburg mit lächelndem Munde.

„Aber Sie, mein Herr Bischof!" — rief jetzt der König ungeduldig — „was haben Sie gethan? Wo sind die Erfüllungen Ihrer Uns gemachten Versprechungen in Betreff des Elsasses und Straßburg?"

„Sire!" — entgegnete der Fürst=Bischof ruhig, aber mit eben so devoter als lauernder Miene — „meine schwachen Hände haben im Namen des Herrn gesäet, damit Ludwig XIV., den die Stimme der Völker so schön als wahr „Dieu donné" nennt, einst ernten kann."

„Bei unserer lieben Frau von Saint=Germain!" — rief der König — „die Saat muß aber noch klein sein; Unsere Augen wenigstens schauen noch nichts davon."

„Sie ruht in den Herzen und Geistern von Tausenden!"

„Wie so?"

„Majestät wissen, daß — seit den fluchwürdigen Zeiten der Reformation — der Elsaß fast durchweg in den Händen der Ketzer liegt. Wie ein giftiges Unkraut hat das verhaßte Lutherthum dort Wurzel geschlagen und selbst der stolze, der heilige Tempel des Herrn, das prächtige Münster zu Straßburg, das fromme Begeisterung für die heilige Mutterkirche geschaffen, ist in den Händen der Abgefallenen."

„Und habt Ihr Uns nicht versprochen, die räudigen Schafe zur Heerde zurückzuführen?"

„Ja, Sire!"

„Und?" . . .

„Auf diesem Felde habe ich auch — unter dem

15*

Segen des Herrn — fleißig genug gewirkt. Freilich traf mein Wirken auf eine starke Opposition." . . .

„Was ist Opposition!" — rief hier der König — „der Uebermuth sucht eine Arbeit; — das Volk opponirt, wenn es ihm zu gut geht; wie sich die jungen Lämmer die Stirnen an einander stoßen, wenn sie von der Milch der Mutter übersättigt sind. Aber ein guter Hirte treibt sie doch zu Paaren!"

„Majestät vergeben!" — entgegnete hier der Bischof und sein Rücken senkte sich noch tiefer — „hier ist mit Gewalt nichts zu machen . . . hier müssen die sanften Künste der Ueberredung, der Vorspiegelung, . . . und wo diese nicht ausreichen, der Bestechung . . . oder aber des allmäligen Hinüberbrückens durch Benachtheiligung wirken."

„Und was haben Sie mit diesen „sanften Künsten", wie Sie es nennen, Herr Fürst=Bischof, . . . was haben Sie mit demselben fertig gebracht?"

„Sehr viel, Sire! und gerade darüber den Bericht zu den Füßen Eurer Majestät niederzulegen, kam ich nach Versailles."

Und Fürst Franz Egon von Fürstenberg, Bischof von Straßburg, berichtete nun weitläufig, wie er eine Menge verkappter Priester in den Elsaß gesandt und durch diese im Geheimen das Volk habe bearbeiten lassen, theils im Geiste der alleinselig=

machenden, heiligen katholischen Mutterkirche, theils
in französischem Sinne. Namentlich hatten seine,
bald als herumreisende Kaufleute, bald als Militärs,
bald als wandernde Handwerker verkleideten Emissäre den Auftrag, das weibliche Geschlecht: Mädchen, Weiber und Mütter zu bearbeiten, da deren
Einfluß auf die starrköpfigen Männer von höchster
Bedeutung sei. Monseigneur Louvois wirkte dabei
in den bereits zu Frankreich gezogenen Städten und
Landschaften nicht wenig dadurch mit, daß einmal
französische gut katholisch gesinnte Truppen und
Beamten in Menge nach jenen Plätzen versetzt
wurden und dann — zum anderen — neue Gesetze
und Verordnungen erschienen, die **alle erledigten
Aemter und Stellen nur mit Katholiken
zu besetzen erlaubten.** Ueberhaupt hatten Louvois und Fürstenberg jetzt schon so schön in Gemeinschaft dahin gearbeitet, daß es in den bereits
französisch gewordenen Theilen des Elsasses für Niemanden mehr möglich war, **vorwärts zu kommen,
der nicht der katholischen Kirche angehörte.** Wo immer es ging, nahm man dabei —
und wenn auch nur zehn Katholiken im Orte waren — den Protestanten die Kirchen, oder zwang sie
wenigstens, dieselben den Rechtgläubigen zum einst-
weiligen Mitgebrauche einzuräumen. Hatten

aber die Emissäre des Herrn Bischofs einmal Platz gegriffen, dann waren sie nicht mehr zu vertreiben; wohl aber wußten sie sich auf die schlaueste Weise durch immer weitergehende Uebergriffe wie ein wucherndes Unkraut, bald des ganzen Territoriums zu bemächtigen.

Nur in Straßburg selbst war dem frommen Herrn sein gottseliges Bemühen bis jetzt noch nicht recht geglückt; obgleich sein Augenmerk natürlich und vor allen Dingen auf diese Stadt und die Wiedererlangung des herrlichen Münsters gerichtet war. Hier aber, wo in der alten freien deutschen Reichsstadt, durch Handel und Gewerbsfleiß gehoben, ein wohlhabender Mittelstand wohnte, einfach und von ächt deutschen Gesinnungen; — hier, wo seit der Reformation das Lutherthum einen Haupthaltpunkt gefunden; — hier, wo ein Guttenberg und viele andere wackere Männer gewirkt und Bildung verbreitet hatten; — hier, wo damals kaum hundert katholische Familien wohnten*); — hier wollten die geheimen Umtriebe des Bischofs noch immer wenig verfangen.

Einzelne Familien hatten die Emissäre des Bischofs wohl auch in Straßburg schon soweit gebracht, daß

---

*) Straßburg zählt jetzt, in Folge jener Machinationen, bei weitem mehr Katholiken als Lutheraner.

sie nur die Zeit abwarteten, um öffentlich katholisch
zu werden. Freilich waren deren noch wenige; da=
gegen — und dies fiel wieder schwer in die Wag=
schale — gehörten gerade diese im Geheimen abtrün=
nigen Familien **den höheren, den regierenden
Ständen** an. Hier aber war weniger durch Ueber=
redung, als durch Bestechung an das Ziel zu gelan=
gen, und zwar fast nur bei den Männern, da sich
der weibliche Theil — umgekehrt wie in den klei=
neren Orten — fast durchweg in Glaubensangele=
genheiten unerschütterlich fest bewies.

In geläufiger und ungemein gewandter Weise
setzte Fürst Egon von Fürstenberg, Bischof von Straß=
burg, dies alles seiner Majestät auseinander. Lud=
wig selbst mußte dabei mehr denn einmal über die
Mittel und Perfidien staunen, die solch' frommer
Mann anzuwenden wußte, um seine Zwecke zu er=
reichen.

Aber die Hauptsache war, daß Fürst Egon jetzt
auch Ludwig XIV. bewies, wie er dies **schöne
Stückchen deutscher Erbe, — Straßburg,
d. h. die Burg an der Straße nach Deutsch=
land, — diesen Schlüssel zum deutschen
Reiche** — wohl nie gewinnen und Frank=
reich einverleiben könne, wenn nicht we=
nigstens ein Theil der Bevölkerung zu der

alleinseligmachenden Kirche durch seine Bemühungen herübergezogen sei! Er, Fürst Egon von Fürstenberg, glühe aber dafür: Ludwig XIV., den Großen, selbst noch als Herr und König einzuführen in Straßburg und dessen, der Mutter-Kirche zurückgegebenes Münster!

Fürstenberg, der deutsche Fürst, hatte diese Versicherung — die doch nichts anderes war, als die: in der That ein Hochverräther am deutschen Reiche werden zu wollen — mit solchem Eifer dem Könige von Frankreich abgelegt, daß dieser nicht umhin konnte, ihn zu beloben.

Auch Louvois lobte jetzt seinem Herrn den Eifer des Bischofs und beide erkannten nur zu gut, welch' treffliches Werkzeug für ihre Pläne sie in diesem Manne gefunden, wenn sie ihn auch im Grunde ihrer Seele als einen Verräther seines eigenen Vaterlandes verachten mußten.

Louvois kostete es dabei Mühe, seine Natur wenigstens so weit zu unterdrücken, daß der Bischof nichts von dem Hohne merkte, den er seiner Verachtung beigesellte, als die Rede nun auf den für das gemeinsame Geschäft wesentlichsten Punkt: auf die, dem Herrn Fürsten von Fürstenberg zu leistenden Subventionsgelder kam.

Dennoch klang für seine Ohren, so oft er das Wort

"Subventionsgelder" aussprach, eine schneidende Ironie durch, . . . die denn auch unwillkürlich den Herzog von Saint=Aignan den Ausdruck jedesmal in den viel einfacheren: "Bestechungsgelder" übertragen ließ.

In der That gewährte denn auch seine Majestät dem Herrn Fürsten Franz Egon von Fürstenberg, Bischof von Straßburg, noch in der gleichen Audienz ein Brevet, nach welchem demselben jährlich 60,000 Livres auszuzahlen waren*); der Fürst aber gelobte dagegen dem Könige von Frankreich: nicht nur fortzufahren, den Elsaß und Straßburg nach allen Kräften zu katholisiren, — die lutherische Religion, früher oder später, vollständig verdrängen und unterdrücken zu helfen, — sondern auch, wie und wo er nur könne, die Hände zu bieten, um Straßburg von dem deutschen Reiche loszureißen und Frankreich einzuverleiben.

---

*) "Réunion de Strasbourg à la France." Documents etc. par M. Coste p. 78. — "Vaterländische Geschichte des Elsasses" von A. W. Strobel, Professor des Gymnasiums zu Straßburg. Theil V. S. 119. — Schlosser: Theil XV. S. 589 u. s. w.

Nach Abschluß dieses Vertrages verließ Fürst Franz Egon von Fürstenberg, an der Seite Louvois, strahlenden Antlitzes und mit der Würde eines heiligen Mannes der Kirche, den Palast.

Die Katastrophe.

Aber welch' eigenthümliche Stimmung, . . . welch' eine peinliche niederdrückende Gewitterschwüle herrschte in diesen Tagen am Hofe von Versailles und namentlich in den engsten, sich directe um den König bewegenden Kreisen.

Ludwig XIV. ward von Tag zu Tage unzugänglicher, finsterer und launenhafter und doch überraschte ihn der Herzog von Saint-Aignan öfter auch in einer fast extremen glücklichen Aufregung.

Der Scharfblick des Herzogs sah dabei recht: Der König liebte . . . liebte glücklich . . . und wer anders konnte der Gegenstand dieser neuen Leidenschaft sein, als . . . die reizende Fontanges; . . . wenn Majestät auch bis jetzt noch kein Wort davon hatte laut werden lassen.

Bedurfte denn aber der Herzog von Saint-Aignan

— dieser feine und gewandte Hofmann, der mit der List auch die Glätte und Schmiegsamkeit einer Schlange verband — ein Geständniß aus dem Munde des Monarchen?

Er, der von dem ersten Erscheinen der kleinen Fontanges an — zu dem er ja so wesentlich mitgewirkt — sich diesem naiven unschuldigen Kinde der Provinz als ein Freund genähert und es mit seiner fast unwiderstehlichen Liebenswürdigkeit umstrickt hatte ... er konnte ja leicht diesem kleinen, mit den Hofkünsten noch wenig vertrauten Herzen, ein Geheimniß ablauschen, das selbst für die Marquise — aus Furcht, dieselbe zu verletzen, — ein solches blieb.

Und mußte dem Herzoge denn nicht alles daran liegen, hier auf die richtige Spur zu kommen, wenn er durch die neue Geliebte den König beherrschen und zu gleicher Zeit diejenige stürzen und verdrängen wolle, die bis dahin des Königs Herz besessen hatte und thörigt und blind genug gewesen war, um es länger noch zu fesseln, gemeinschaftliche Sache mit Saint-Aignan zu machen?

An Höfen kennt man ja nur sich und sein eigenes Interesse. Wer wird hier Wahrheit, Freundschaft, Treue, Dankbarkeit oder sonst eine solche kindische Ausgeburt sentimentaler Herzen suchen? Das eigne „Ich" fest im Auge, schreitet Jeder, ohne den

Blick abzulenken, auf sein Ziel zu; lächelt, wenn es ihm gelingt, selbst Diejenigen in den Staub zu treten, die ihn gehoben; — triumphirt, wenn er über ihre Schultern hinausklimmen kann, — und schreitet selbst, wenn es sein muß, mit der größten Gleichgültigkeit über gebrochene Herzen ... ja ... über Leichen dahin!

Saint-Aignan buhlte von jetzt an — wo er es unbemerkt thun konnte — um die Gunst der kleinen Limagneserin ... wie um die einer Königin.

Und der König?

War es nun Caprice von ihm? ... war es der Widerwille vor einem eclatanten Bruche mit der Montespan? ... kurz, er hielt sich noch immer, so gewaltig sein Herz auch für die neue Geliebte in Feuer und Flammen aufloberte, zurück.

Halb Europa den Krieg zu erklären wäre Ludwig XIV. in dieser Stimmung leichter geworden, als hier den entscheidenden Schritt zu thun. Hundertmale war er darauf und daran, seinen königlichen Willen — wie er doch sonst gewohnt war — mit absoluter Bestimmtheit auszusprechen und dann die unbedingteste Folge zu verlangen; ... aber hundertmale zügelte bis jetzt noch ein unbestimmtes Etwas den Ausbruch seiner Leidenschaft.

Es war ein kleiner Rest von Rechtsgefühl, ...

so ein Fünkchen von Anhänglichkeit an die Mutter von sechs seiner Kinder . . . was — zum wirklichen Aerger des Königs — noch in seiner Brust spukte. Die Majestät zürnte dieser kindischen Regung, die der Canaille wohl zukam, aber doch wahrlich nicht einem gekrönten Haupte. Er fühlte sich selbst beleidigt . . . in und durch sich selbst . . . und dies eben verstimmte ihn und machte ihn unschlüssig.

Das Bitterste aber, womit uns Beleidigungen angreifen, ist . . . daß sie uns zu hassen nöthigen.

So fing Ludwig an, Diejenige jetzt zu hassen, . . . die er früher geliebt. Haß ist ja die Wendeseite der Liebe!

Und Angeline von Fontanges?

Das arme Kind begriff nicht, woran sie war!

Wie sollte sie sich des Königs Benehmen, sein Zurückhalten, sein Schweigen gegen sie erklären? . . . nachdem er doch in jener seligen Stunde sein Herz ihr zu Füßen gelegt; . . . sie, im Sturme der wildesten Leidenschaft, um Gegenliebe angefleht . . . um Gegenliebe! . . . die Angeline ja ihrem Könige, dem längst in ihren Träumen angebeteten Ideale ihrer Seele, nicht vorenthalten konnte!

Und jetzt? . . . und jetzt? bereute Ludwig XIV., was er damals in süßem glühenden Erguß der sanft

Erröthenden, der Entzückten, der Ueberglücklichen gestanden und geschworen!

O! — den König zu ihren Füßen — hatte damals die Erde keinen Werth mehr für sie! Die kühnsten Träume ihres kleinen eitelen Herzens waren überflügelt! . . . Und welche Aussichten in die Zukunft? Wenn der König — wenn Ludwig XIV. — sich vor ihrer Schönheit in den Staub beugte, wer blieb von der Welt noch übrig, der diesem ersten der Sterblichen nicht folgen mußte?

Und jetzt? . . . Sollte denn dies alles nur ein Traum gewesen sein?

Warum diese Zurückhaltung? — Wohl flammte ihr hie und da ein Blick des Königs zu, der ihr Himmel und Paradiese in den Schoß warf. Dann schrie ihr Herz auf: „Ja! ja! er liebt dich doch! . . . Warte nur, gedulde dich nur, bis es ihm möglich wird, dich vor aller Welt wie eine Königin zu erheben. Er wird es thun . . . und dann . . . dann . . . **ist Alles erfüllt, was dein Herz auf Erden wünschen, hoffen, erstreben kann!**"

Und sie dachte an die Wolke, die sie einst in Purpur und Gold auf dem Berge strahlen sah . . . die sie umhüllte . . . und . . . selig emporgetragen!

Aber solche Schauer inneren Glücks waren doch nur momentan.

Wenn nun der König doch bereute? . . . Und Angeline erfaßte eine namenlose Angst und ein unsäglicher Schmerz . . . und beide hüllten sie in tiefe Trauer.

Aber auch die Lage der Montespan war eine verzweifelte. Unbegreiflicherweise schien sie — die sonst so klug berechnende Frau — die Ludwig XIV. so durch und durch kannte, sich diesmal verrechnet zu haben.

„Das ist ein Wolf, der Uns nicht fressen wird!" — hatte der König gesagt . . . und, wie durch ein Wunder, blieb Derjenige, der doch sonst bei jeder Schönheit auf der Stelle Feuer und Flamme war, bei diesem reizenden Mädchen kalt und gleichgültig.

Es mußte die Marmorkälte sein, die in ihrem Aeußeren lag! Warum auch blieb Angeline so kalt? . . . warum erschien sie gerade jetzt so verlegen? . . . so trüb, so traurig?

Der Zorn der Marquise kannte keine Gränzen. Was hatte diese Intrigue ihrem Geize für Opfer gekostet? . . . welche Summen hatte sie dafür allein an Saint=Aignan — unter dem Vorwande, sie seien zur Beförderung der Intrigue nöthig — zahlen müssen; denn Saint=Aignans, des genialen und liebens=

würdigen Verschwenders Kasse hatte ja einen unergründlichen Boden, und mit der verwünschten Teufelsbeschwörung war es ja nichts gewesen.

Der Montespan Zorn über dies Mißglücken ihrer Pläne kannte, wie gesagt, keine Gränzen.

Das Werkzeug taugte nichts ... sie war entschlossen, es bei der ersten besten Gelegenheit wegzuwerfen. Fräulein von Fontanges mußte nach der Limagne zurück. Was sollte man mit dieser geistlosen Marmorstatue am Hofe?!

Der Marquise Freundlichkeit gegen Angeline verwandelte sich daher jetzt in Kälte und Härte ... ja das Benehmen der Montespan gegen die arme Provinzialin ließ sogar oft Haß und Verachtung durchblicken. Sie mißhandelte förmlich — in moralischer Beziehung — das arme Kind.

Desto mehr schmeichelte sich im Geheimen Saint-Aignan an. Wie lieb, wie freundlich und gütig wußte er zu trösten, — Muth zuzusprechen ... auf räthselhafte Art nach einer frohen, schönen, stolzen Zukunft hinzuweisen.

Angeline verstand ihn nicht; ... aber sie sah, daß er allein sich noch um ihre Gunst bewerbe, und ... das schmeichelte ihr; ... sie fühlte, daß er es gut mit ihr meine, und das zog sie zu ihm hin.

Die Marquise von Montespan gewahrte hievon nichts! War sie doch zu sehr mit ihrer eigenen Lage beschäftigt, die nachgerade so vollständig unhaltbar geworden war, daß sie nur ein verzweifelter Coup retten und halten konnte.

Der König war wie Eis gegen sie. Sie zitterte jeden Augenblick vor dem Losbrechen seiner Ungnade. Alle Rettungsanker waren gehoben! . . . ihr Lebensschiff schwankte wie ein Wrack im Sturme der königlichen Launen! . . . die Angst des Unterganges drückte ihr fast das Herz ab!

Es war ihr undenkbar, entsetzlich, aus ihrer Stellung, die bis dahin mehr als die der Königin gegolten, zurückzutreten! Unerträglich war ihr der Gedanke, den König — und mit ihm Frankreich — nicht mehr lenken und leiten zu können . . . nicht mehr selbst . . . König zu sein!

Aber auch die Minister Louvois und Colbert, der Herzog von Saint-Aignan, Monsieur und der Beichtvater des Königs erkannten, daß jetzt der Augenblick gekommen sei, in dem man sich der ungetheilten Gunst Ludwigs XIV. bemächtigen müsse, wenn man ihn jemals beherrschen wolle.

Und jeder von den Genannten setzte alle seine Kräfte an die Erreichung dieses Zieles; . . . jeder spielte im Geheimen seine fein angelegte Intrigue, die zugleich den Sturz und die Vernichtung der Nebenbuhler im Auge hielt. Und doch . . . sah man äußerlich nur glatte, freundliche Gesichter; . . . lächelte man sich gegenseitig auf das Verbindlichste zu; . . . überhäufte man sich gegenseitig mit Artigkeiten.

Höfe gleichen dem Meere, wenn es — von der goldenen Sonne lieblich überglänzt — spiegelglatt daliegt.

Wie schmeichelnd umspielen es leise die zephirischen Lüfte; . . . wie schön, wie ruhig, wie golden ruht es, den Himmel himmlisch wiederspiegelnd; . . . aber unten in der Tiefe — unbemerkt und ungesehen — zieht der gefräßige Hay, . . . strecken blutsaugende Polypen ihre todtbringenden Arme, . . . hausen die Ungeheuer der Nacht und des Verderbens!

Jetzt hatte der Conflikt der verschiedenen Interessen und Leidenschaften am Hofe Ludwigs XIV. seinen Höhepunkt erreicht. Colbert hielt mit den Finanzen zurück, Monsieur suchte den Einfluß der nächsten Verwandtschaft geltend zu machen, Louvois drang auf Krieg, der Beichtvater auf ein christlicheres Leben, die Montespan erschöpfte sich in erkünstelter Liebenswürdigkeit . . . alles zu einem Zweck . . . und Alle durchschaute Ludwigs XIV. scharfer Blick . . . nur Saint-Aignan nicht . . . der schlau hinter einem Mädchen, — hinter Angelinen stand.

Da sollte ein kleines, ein nichtssagendes Vorkommniß die Mienen sprengen ... ein Sandkorn die Veranlassung zu einer donnernden, Vernichtung erzeugenden Lawine geben.

Ludwig XIV. hatte in Folge eines Sieges seiner Truppen auf einer der Colonien soeben die Glückwünsche seines Hofes entgegengenommen. Noch befand sich derselbe in dem großen goldenen Saale, doch hatte sich die Menge zurückgezogen, da die Marquise von Montespan augenscheinlich einige Worte allein mit seiner Majestät wechseln wollte.

Der König, finster wie immer in der letzten Zeit, nahm Platz in einem der großen, ganz vergoldeten Fauteuils, von welchen — neben den Tabourets — damals immer nur zwei in jedem Saale standen, für den Fall: daß die beiden Majestäten Platz nehmen wollten.

Als der König sich niedergelassen — die Königin war mit ihrem Hofstaate nach ihren eigenen Gemächern zurückgekehrt — trat die Marquise vertraulich heran. Sie hatte heute all' ihre Sorgen, all' ihren Kummer mit einer fast übermenschlichen Anstrengung hinabgekämpft und sich das Ansehen jener heiteren Ruhe gegeben, die sie in glücklicheren Tagen dem Könige so werth gemacht.

Ludwig bemerkte es nicht. Mit kalter finsterer Höflichkeit frug er nach ihrem Begehren.

O! er konnte ja nicht sehen, wie die Kälte des Tones, selbst die ceremonielle Höflichkeit seiner Worte das Blut in den Adern der Marquise erstarren machte. Ihre ohnehin bis auf das Aeußerste aufgeregte Nerven zuckten fast convulsivisch, und nur einem so starken Charakter, wie dem der Frau von Montespan, konnte es in dieser Lage möglich werden, das Weinen zu unterdrücken.

Aber sie wollte . . . und sie ward Herr über sich. Man lernt es am Hofe und als Geliebte eines Königs . . . sich zu bezwingen.

Mit weicher liebevoller Stimme brachte sie nun noch persönlich ihre Glückwünsche dar; wußte dabei aber mit der Geschicklichkeit einer Frau von Geist, ehe der König es ahnte, auf das Glück früherer Zeiten überzugehen.

Wohl mahnte es sie auch jetzt wieder an das Verschwundensein dieses Glücks; denn nimmer hätte sie Ludwig früher an seiner Seite stehen lassen. Heute erfolgte kein Wink, auf daß ein Page ein Tabouret herbeibringe. Aber auch diese, jetzt schon gewöhnte Vernachlässigung, die die Marquise — Angesichts des Hofes — doppelt schmerzen mußte, würgte sie mit Gewalt hinunter.

„Und denken Eure Majestät gar nicht mehr der schönen Zeiten" — sagte sie jetzt wehmüthig — „in welchen Françoise Athenais noch so glücklich war, die düsteren Wolken von der Stirne ihres angebeteten Herrn und Königs hinwegzuzaubern?"

„Sie sind etwas lange her!" — meinte der König trocken. — „Wir sind älter und ruhiger geworden, Madame."

Die Marquise biß sich auf die Lippen; die Bemerkung war boshaft genug.

„Wahre und aufrichtige Liebe altert nicht!" — sagte sie sodann. — „Wie würde ich mich glücklich schätzen, könnte ich den Kummer theilen, der in der letzten Zeit meinen erhabenen Herrn niederzudrücken scheint."

„Regierungsgeschäfte!" — meinte der König. — „Wir behalten sie gern für Uns ... einmal, weil Wir gern selbst regieren, und dann, weil das Denken über solche Dinge Damen zu sehr anstrengt und damit ... vor der Zeit altern macht."

„Wieder das Alter!" — schrie es in der Marquise auf.

„Sire ... mögen vergeben!" — sagte sie dann mit schwankender Stimme — „Ludwig XIV., der Große, der hellleuchtendste Stern seines Jahrhunderts, bedarf keiner helfenden Hand, das Scepter Frankreichs und der Welt zu führen; — dahin werden sich nie meine Gedanken versteigen … nur das edle Herz meines Königs aufzuheitern, zu zerstreuen … dahin geht mein Streben! Aber gestehen Sie es selbst, Sire, … es ist nicht mehr unter uns, wie sonst. Wodurch, Ludwig, hat Ihre Athenais dies verdient?"

Der König rückte ungeduldig und mit noch finsterer Miene auf seinem Sessel hin und her.

„Die alten ungegründeten Vorwürfe!" — entgegnete er ärgerlich.

„Unbegründet?" — wiederholte die Marquise. — „Könnten Sie, Sire, die Nächte zählen, die ich durchweine."

„Sie werden nervenschwach, Madame!" — versetzte der König. — „Lassen Sie den Arzt kommen, … stärken Sie sich in einer guten Landluft!"

Die Montespan erbebte. Also soweit war es schon? eine Aussicht auf Verbannung?

Zwei große Thränen traten ihr in die Augen. Sie ließ sie vorsätzlich langsam herabgleiten, so daß sie der König gewahren mußte, dann sagte sie:

„Es würde mir zu schwer fallen, … mich von den Kindern zu trennen, die mir Gott … und Eure Majestät geschenkt."

Aber hier hatte die Montespan gerade einen

wunden Fleck berührt. Eben daß sie Mutter dieser Kinder war — so ungerecht ist der Mensch oft in seiner Laune und seinem Egoismus — machte sie dem König zur Last ... und hatte ihn doch auch wieder bisher zurückgehalten, sich dieser Last zu entledigen.

„Ich denke, Madame!" — versetzte Ludwig daher, noch gereizter als zuvor, — „der Herzog von Maine und seine Geschwister sind legitimirte Prinzen und Prinzessinnen ... und ... als solche versorgt. Bemühen sie sich nicht um deren weiteres Schicksal ... es sind Kinder Frankreichs."

Aber welche Mutter läßt sich ihre Kinder ohne Widerstand nehmen! Auch in der Seele der Montespan stieg es hier mit bitterem Gefühle auf.

„Majestät!" — sagte sie, nicht ohne Schärfe und zitterndem Ton, — „es sind auch meine Kinder."

„Sechse!" — entgegnete der König spitz und scharf. — „Die sechs Wochenbetten haben Ihr Nervensystem sehr erschüttert ... Wir fürchten beinahe ... auch Ihren Geist!"

„Majestät!" — rief halb laut die Marquise und ward bleich wie der Tod.

„Sie werden langweilig, ... wie immer in der letzten Zeit!" — sagte der König.

Jetzt aber zersprengte der lang zurückgehaltene Zorn die künstlichen, von der Verzweiflung geschmiedeten Fesseln.

„Wie!" — rief die Marquise mit gedämpfter Stimme, und ihr Busen wogte sturmbewegt — „ist das der Dank, den Majestät meiner treuen Liebe, meiner aufopfernden Hingabe zollt? Habe ich darum die Verachtung der Besseren, den Fluch doppelten Ehebruchs auf mich genommen, . . . um von Ihnen, Sire, auf solche Weise beleidigt zu werden?"

Der König lachte laut auf:

„Eine Scene!" — sagte er dann spöttisch. — „Aber Madame vergessen, daß Wir glücklicherweise nicht wie Gewürzkrämer verheirathet sind."

„Glücklicherweise?" — wiederholte die Montespan gedehnt.

„Bedenken Sie, wo Sie sind!" — sagte der König heftig — „der Hof harrt im Hintergrunde."

„Gedenken Sie, Sire, daß nicht nur der Hof gegenwärtig ist," — rief die Marquise zornflammend, — „sondern auch Gott, dessen Gerechtigkeit ich anrufe."

Aber auch der König hatte jetzt genug. Er machte eine Bewegung, als wolle er sich erheben, indem er zugleich sagte:

„Sie machen sich lächerlich, Madame! Lassen

Sie die Comödie. Und wollen Sie Unseren wohlgemeinten Rath wissen? . . . Nun, er geht dahin: wenn Sie nicht die Stille des Landlebens vorziehen, würden Wir Uns an Ihrer Stelle nach einem Kloster umsehen. Das Hofleben wird für Ihr Alter nachgerade zu beschwerlich."

Die Montespan wollte antworten . . . aber die Stimme erstickte ihr im Halse. Die ganze Wucht ihrer Leidenschaft drohte loszubrechen; indeß . . . sich besinnend, zog sie nur krampfhaft die Finger zusammen, während ihr linker Fuß aufstampfte, — wie sie stets im Zorne zu thun pflegte.

Da löste sich durch die Gewalt des Auftretens eine der Diamantschnallen von dem Atlas=Schuh.

Gott sei Dank! . . . jetzt gab es eine Ableitung für den Zorn der Marquise.

Flammenden Auges blickte sie in die Runde . . . da fielen ihre Blicke auf die Fontanges, die unter ihren Hofdamen stand.

„Fontanges!" — herrschte sie.

Der König ward purpurroth und sofort wieder bleich.

Angeline näherte sich bescheiden . . . obgleich ihr das Herz bei der Annäherung an den König fast den Dienst versagte.

Jetzt stand sie nahe der Marquise.

„Sie wünschen, gnädigste Frau?" — frug sie lispelnd.

„Befestigen Sie mir die Schnalle an meinem Schuh!" — herrschte die Montespan abermals.

Angeline von Fontanges erblaßte. Ihr Stolz empörte sich gegen diese unerhörte Anmaßung … zumal Angesichts des Königs und des Hofes. Sie, das Edelfräulein aus einem der ältesten Geschlechter der Limagne, — sie, die Schönste unter allen diesen Damen, — sie, der des Königs Majestät seine Liebe erklärt hatte, — sie sollte Angesichts dieses selben Königs und des Hofes die Marquise wie eine niedere Kammerfrau bedienen?

Nimmermehr.

„Wird es bald!" — rief die Montespan und stampfte wiederholt mit dem Fuße auf.

„Ich werde Ihre Kammerfrau rufen lassen!" — entgegnete Angeline von Fontanges, an allen Gliedern zitternd.

Aber schon hatte der Zorn die Marquise von Montespan dermaßen erfaßt und überwältigt, daß sie alles um sich her vergaß. Ihrer selbst nicht mehr mächtig, hob sie die Hand und im nächsten Augenblicke klatschte es laut durch den Saal.

Auf Angelinens Wange brannte ein Backenstreich. Sie selbst war aufschreiend zurückgetaumelt. Zwei

andere Damen aus dem Gefolge der Montespan
eilten der Wankenden zu Hülfe und stützten sie.

Aber auch der König war mit einem donnernden
„Halt!" — aufgesprungen.

Der ganze Hof war in Bewegung. Todtenstille
folgte dem ersten sturmartigen Aufbrausen.

„Madame!" — sagte Ludwig XIV., jetzt hoch
aufgerichtet, und er glich in der That in diesem Augenblicke einem zürnenden Gotte — „Madame! Sie
sind krank! . . . Wir haben es schon gesagt: Ihr
Nervensystem ist zerrüttet und bedarf der Erholung.
Sie werden binnen vierundzwanzig Stunden Versailles verlassen und sich auf ihr Gut Tonnay-Charante begeben. Dort bleiben Sie, bis es Uns gefallen wird, anders zu verfügen!"

„Ludwig . . .!" — stammelte die Marquise, —
dann sank sie ohnmächtig auf den Boden.

Der König sah es nicht. Sich Angelinen zuwendend sagte er so laut, daß es der ganze Hof hören
konnte:

„Herzogin von Fontanges! . . . Sie werden
von heute an die Stelle der ersten Ehrendame Ihrer
Majestät der Königin einnehmen!"

„Sire!" — rief Angeline bestürzt und verwirrt,
von Purpur übergossen und sank vor dem Könige
auf ein Knie — „Sire!" — stammelte sich noch einmal.

Aber Ludwig XIV. neigte sich leise zu ihr, und ihr die Hand zum Aufsteigen reichend, flüsterte er:

„Gedenken Sie der Stunde in den Wäldern von Marly. Werden Sie den Herzogstitel . . . werden Sie die glühende Liebe Ihres Königs von sich weisen?"

„Nein! nein!" — flüsterte Angeline wie in seligem Rausche und erhob sich.

„So geben Sie mir Ihre Hand! Herzogin!" — sagte jetzt der König wieder laut, indem er Fräulein von Fontanges auf chevaleresque Weise die rechte Hand hinhielt, auf deren Fingerspitzen sie die ihren sanft und zitternd legte. — „Wir werden Sie selbst Ihrer Majestät vorstellen und in Ihr Amt einführen. Von morgen an bewohnen Sie die Gemächer, welche bisher die Marquise von Montespan hier im Schlosse inne hatte."

Und mit diesen Worten schritt Seine Majestät an der Seite der lieblichen, in Glück und Seligkeit strahlenden Angeline und gefolgt von dem ganzen — noch vor Staunen kaum zu sich gekommenen — Hofe, den Gemächern der Königin zu.

Nur ein Mensch blieb in dem großen Saale zurück.

Es war ein junger Mann. Er stand bleich, starr, leblos da . . . wie eine aus Marmor gehauene Statue.

Die Uniform, die er trug, war bestaubt und in Unordnung; . . . denn er war als Courier soeben von Arras, wo die Armee stand, mit wichtigen Depeschen für den Kriegsminister angekommen. Wenige Minuten früher hatte er sie Louvois hier in dem Saale überreicht.

Was er gesehen . . . war ihm wie ein entsetzlicher, wie ein furchtbarer Traum; aber was er gehört, . . . hatte ihn, wie mit der Posaune des jüngsten Gerichtes aus diesem Traume aufgeweckt.

„Herzog!" — hatte er den, über sein so unzeitiges Erscheinen erstaunten und verwirrten Saint-Aignan gefragt — „was, um aller Heiligen Willen bedeutet das, was ich hier sehe? Wie kommt meine Verwandte, . . . wie kommt Angeline von Fontanges hierher? . . . Was soll das mit ihr und . . . dem Könige?"

„Was das soll?" — hatte darauf der Herzog, schnell gefaßt, lachend und in höhnischem Tone geantwortet — „das soll bedeuten, daß . . . Fräulein von Fontanges, — jetzt . . . „**Herzogin**" **von Fontanges** . . . **und** . . . **die neue Maitresse des Königs ist!**"

„Herzog!" — hatte da Gauthier, denn er war es, mit einer Handbewegung nach dem Degen gerusen; . . . aber . . . der Zug und der Herzog waren vorüber. Gauthier stand erstarrt.

Am Abende waren die Zimmer, welche die neue Herzogin einstweilen und bis zur Abreise der Marquise von Montespan im Schlosse von Versailles bezogen hatte, hell erleuchtet. Ludwig XIV. beehrte die neue Herzogin, . . . die reizende Angeline von Fontanges . . . mit seinem Besuche.

Nur einmal wurden die Glücklichen in ihrer Seligkeit durch einen Schuß aufgeschreckt.

Indeß das war nur momentan. Es war nichts weiter an der Sache. Es hatte sich nur ein junger Offizier unter den Fenstern der Herzogin . . . erschossen!

Er warf die Hoffnung weg, wie ein Lahmer, dem die Krücke verleidet ist. Er schämte sich des Weinens . . . aber auch . . . des Daseins!

Eine deutsche Stadt.

Straßburg.

Wer kennt, wer liebt ihn nicht, unseren schönen, unseren herrlichen Rhein, deß' Name nach Schenkendorf's sinnigem Worte schon klinget wie . . . Wein?! Ein kecker Schweizerbub', hüpft er die Bündner Alpen herunter, läuft neugierig in der Ebene umher, beschaut sich das Fürstlein von Liechtenstein und die kaiserlich österreichischen Schnurrbärte in Vorarlberg und springt dann erhitzt in die kühlen Fluthen des Bodensee's, um jenseits frisch erquickt den tollen Schaffhauser Purzelbaum zu schlagen, daß ihm die krausen Locken wild um's Antlitz wogen. Mittlerweile aber ist er herangewachsen und steht — ein Jüngling, der in die Fremde muß, — an der Heimath Gränze. Vor ihm liegt Frankreich, doch fremd weht's von dorther. Deutsches Blut aber schwellt seine Adern; rasch entschlossen macht er rechtsum und eilt —

Berge und Dome in sich aufnehmend und voll poe=
tischen Jugenddranges widerspiegelnd — dem Lande
der Zecher, dem lustigen Rheingau zu, bei Lieder=
sang und Becherklang dahinzuschweifen durch die
sagenrauschenden Frankengauen — wer fragt: woher
und wohinaus? . . . Jugend aber und Jugendrausch
können nicht ewig währen. Auch er wird älter, am
Ende alt und kalt. Dem Toben folgt die Ermat=
tung; abgehetzt schleicht er einher, phlegmatisch, ein
Philister. Um's tägliche Brod werden nun Wiesen
bewässert, Colonialwaaren geschleppt für Mynherr,
den Holländer. Nur hin und wieder noch dehnt sich
der Alte, wie in träumender Rückerinnerung über=
fluthend, als wolle er Land und Leute, ja die ganze
Welt in sein Herz zurückschlingen. Ein Augenblick
indeß, und er nimmt sich wieder zusammen, frohnt
weiter und verschwindet zuletzt unbeachtet aus der
Lebendigen Reihe. Ruhe ist die erste Bürgerpflicht!

Da streitet man, ob der Rhein ein deutscher
Fluß sei! Ei, mein Gott: der Rhein ist ein Bild
des Deutschen selbst, wie er leibt und lebt — ein
verunglückter Faust. —

Doch wir wollten ja von Anderem reden. Nun,
an diesen Rhein legte sich einst, als die Adler noch
sangen, als auf Schätzen noch Drachen brüteten, ein
liebliches Kind: das Elsaß. Sein Köpflein auf's

weiche Kissen des rheinpfälzischen Bienenwaldes ge-
buckt, die Füßchen gegen den Jura gestemmt, lag's
behaglich am ebenen Strande, und um es zu schützen,
stellt' ihm Gott der Herr den felsknochigen Vogesus
zur Seite. Schon Cäsar sah ihn da stehen und Wacht
halten, und wer ihn heuer so anschaut, der sollte
meinen, an ehrenfester Treue gebe er selbst dem
Warner am Venusberge, dem alten Eckart, nichts
nach. Und doch ist der Schelm einmal, im roman-
tischen Mittelalter, von muthwilliger Laune befallen
worden und hat unter dem angenommenen Namen
„Wasgau" einen Spaziergang nach Norden über
den Rhein gemacht. Wohl klingt's unglaublich, ist
aber doch so, denn es steht geschrieben und gedruckt, und
zwar nicht im Münchhausen, sondern im altehrwür-
digen Niebelungenliede, allwo im fünfzehnten und
sechzehnten Abenteuer des Breiteren zu lesen ist, wie
die Burgunder Herren von Worms aus „überrhein"
ritten, um den „Wasgauwald" mit des edlen Sieg-
frieds Blut zu tränken. Ja, es scheint fast, der ungetreue Knecht ist so lange ausgeblieben, bis der
dreißigjährige Krieg vorbei war und die bebrillten
Völkerhändler zu Münster und Ryswigk seinen
Schützling der deutschen Mutter abgesprochen und
unter die Vormundschaft des „großen Königs" in
den Tuillerien gestellt hatten; und als der verlau-

sene Kamerad endlich zurückkehrte, war er ein Weltmann geworden, ließ das Geschehene gelten, weil es geschehen war, und hütete im Dienste des neuen Herrn pflichtschuldigst weiter. Vertauschte er doch, vom Schwindel der Mode ergriffen, sogar seine bisherigen Namen, das veraltete „Vogesus" und das tudeske „Wasgau" gegen den feinen Titel „les Vôges," um fortan, den Fürsten und Kritikern gleich, von sich selbst in der Mehrheit reden zu können.

Brav war das gewiß nicht von ihm, aber es ist schon lange her, und wenn man den Menschen nichts nachtragen soll, warum denn den Bergen? Auch begreift sich nur allzuleicht, wie Einer des ewigen Zankes und Habers im deutschen Reich einmal müde werden und seine Freude haben kann an jener Einheit und Einigkeit, die man den Leuten zwischen Rhein und Ocean nimmermehr absprechen soll, auf die sie ihren Ruhm und ihre Größe gebaut. Lassen wir drum unsern Ueberläufer, der ja bei so viel Köpfen auch vielerlei Sinn haben muß, in Ruhe. Schön ist er trotz alledem in seiner enganliegenden dunkelgrünen Jägertracht — schön, wie zu seinen Füßen das lachende Kind im buntgestickten Kleide. Denn was die Leute so Flüsse und Straßen nennen, das sind eigentlich nur die Gold- und Silberstreifen seines Gewandes, und in den sogenannten Städten und

Dörfern sieht das erleuchtete Auge nur die größeren und kleineren Figuren, die der Schöpfer durch folgsamer Geister Hände hineinsticken ließ. Daß endlich die vermeintlichen Menschen im Lande nichts weiter sind, als eine Million beflügelter und unbeflügelter Insekten, die sich auf Streifen und Figuren in bunterem Wirrwarr umhertreiben, als die Zwerglein unter dem Bette des Göthe'schen Grafen, nimmt der Scharfblick des Lesers von selbst wahr. Doch soll damit durchaus nicht gesagt sein, daß diese krabbelnde und zappelnde, diese klirrende, durcheinanderschwirrende Million um ein Haar breit schlechter sei, als was da sonst auf Erden kreucht und fleugt. Wer möchte das behaupten vom Lande der Gottfried von Straßburg, der Brandt und Geiler, der Fischart und Spener? Und sind auch nicht gerade immer Pracht=, Juwelen= und Kabinetkäfer in Menge darunter, so doch mancherlei Honigbienen, farbenreiche Schmetterlinge und liebliche Johanniswürmchen, von denen wir das eine oder das andere Exemplar, wie sie uns gerade in den Wurf kommen, anzuführen nicht versäumen werden. Möglich ist's allerdings, daß hier und da ein Grashüpfer, eine bloße Livreeraupe oder Visitenameise, ein Krebs oder eine Hausspinne — wohl gar ein oder der andere Skorpion mit unterläuft.

Und Straßburg? Wenn ein Poet das ganze Elsaß als „**das ausgerissene Herz Deutschlands**" bezeichnet hat, so ist ja wohl die Stadt Straßburg, die unserm Kindlein gerade auf der linken Seite der Brust liegt, wiederum „**das Herz des Elsasses**." Wie alle Pulsadern des Menschen vom Herzen ausgehen, alle Blutadern zum Herzen zurückführen, dergestalt, daß es die ganze Circulation bewirkt und regelt, so gehen auch von Straßburg aus nach allen Seiten des Elsasses strahlenförmig die Landstraßen; die Hauptflüsse aber: Rhein, Ill und Breusch laufen, wenn auch nicht direkt, so doch durch Kunst, hier zusammen, wonach aller provinzielle Verkehr in erster Linie an die Stadt gebunden ist, die ohnedem, durch die zahllosen Kanäle, zu einem zweiten Venedig wird. Ja, diese Stadt bildet einen Knotenpunkt des westeuropäischen Verkehrs überhaupt. Verknüpft sie nicht durch Wasser- und Landstraßen die Schweiz mit der Pfalz, mit Rheinhessen und Frankfurt? die Nordsee, den atlantischen Ocean und Paris mit dem südlichen Deutschland? wohl auch die Pyrenäen und das Mittelmeer mit dem Centrum unseres Welttheils, während die schönen Kanäle einerseits die Rhone, andererseits Seine und Marne für den Handel zu Einem Strome mit dem Rheine machen? Das wimmelt bei und in der Stadt von deutschen und französischen Schiffen, Waarenzügen, Reisenden und Gott weiß, was sonst noch Allem: frisch lebendig und belebend.

Das aber ist ein Thun, weithin wirkend, . . . von gewaltigem Werthe!*)

Ja! . . . Straßburg war in jener Zeit eine schöne, eine stolze Stadt, . . . eine wahre Perle unter den Städten des deutschen Reiches. Wehte doch sein Banner damals allen reichsstädtischen voran, unmittelbar hinter dem kaiserlichen Adler!

Straßburg war schon unter der Herrschaft der Römer eine Municipalstadt, und hatte, als solche, die Befugniß, ihren Magistrat selbst zu wählen, mithin gewissermaßen sich selbst zu regieren. Dieses hohe und wichtige Recht bewahrte sich Straßburg denn auch unter der Herrschaft der Franken und unter jener des deutschen Reiches.

Denn deutschen — ächt=deutschen Ursprungs waren und sind Straßburg und der Elsaß, wie auch die Namen schon beweisen: Straßburg — „die Burg an der Straße" — und Elsaß, der „Alemannensaß." Wohnte doch hier in den ältesten Zeiten der deutsche Stamm der Tri=

---

*) Siehe Dr. Albert Grün's vortreffliche Einleitung zu seinen reizenden „Bilder aus den deutschen Gauen." (Das Elsaß.) „Feierabend" S. 298 u. f.

bokern. Besiegt von den Alemannen, die sich hier festsetzten, gehörte alsdann der Elsaß (Alemannensaß) zu Austrasien, kam bei der Theilung des fränkischen Reiches an Lothar, später an Schwaben und endlich durch Rudolph von Habsburg an Oesterreich.

Unter allen diesen Schicksalswechseln aber — und namentlich von der Regierung Karls des Großen an bis auf Leopold von Oesterreich — war Straßburg ein Schooßkind der jedesmaligen Herrscher. Die ihm verliehenen Freiheiten und Vorrechte wuchsen von Jahrhundert zu Jahrhundert. Von Jahr zu Jahr wurden dabei die Gränzen der Stadt erweitert, die Mauern fester, die Gebäude schöner und großartiger, der Adel zahlreicher und die Rechte der Stadt ausgedehnter.

Regierung und Obergewalt waren einem selbsterwählten Magistrate anvertraut, der Gewalt über Leben und Tod übte.

Die Stadt verfaßte dabei ihre eigenen Gesetze, prägte ihre Münzen, unterhielt eigene Kriegsschaaren und hatte unter den übrigen **freien deutschen Städten in der Versammlung des Reiches einen der ersten Plätze.**

Da hielten denn wohl Könige, Fürsten und Republiken um der Stadt Freundschaft an und schlossen Verträge mit ihr; ja es schätzten sich die Mächtigsten des weitumwohnenden Adels für eine Ehre, unter die Bürger Straßburgs aufgenommen zu werden.

Wie aber Alles in der Welt seine zwei Seiten hat, so auch dies geschmeidige Herandrängen des Adels. Gegen Anfang des 12. Jahrhunderts waren bereits so viele adlige Familien in Straßburg Bürger geworden, daß sich ihr Einfluß als ein überwiegender geltend machte. So bemächtigten sie sich denn nach und nach aller höheren städtischen Aemter und nahmen dieselben mit der Zeit dermaßen in Besitz, daß sie kaum mehr von Erblehen zu unterscheiden waren. Bald wurde nun auch der Rath von fünf und zwanzig Mitgliedern — einen Bürgermeister (Magister civium) an der Spitze — fast nur noch aus ihnen gewählt, und es durfte in der That als eine Seltenheit angerechnet werden, wenn von Zeit zu Zeit einige ausgezeichnete Bürgerliche mit zur Regierung gezogen wurden.

Indeß geschah dies alles nicht ohne Opposition von Seiten der nichtadligen Bürgerschaft und namentlich des Handwerkstandes, der von jeher in dem fleißigen gewerbsamen Straßburg stark vertreten war. Reibungen mußten entstehen, und so erlangten die Bürger im Jahre 1332 — in Folge entstandener Mißhelligkeiten zwischen den adeligen Geschlechtern derer von Zorn und von Müllenheim — daß 25 Handwerker den 25 Adeligen im Rathe beigesellt wurden. Im Jahre 1349 wurde alsdann der erste „bürgerliche" Ammeister (Amman=Meister, Ob=Meister, Bürgermeister) in Johann Betschold erwählt und festgesetzt: daß zu diesem Amte forthin nur Bürgerliche gelangen könnten.

Wie natürlich steigerte sich von da an die Opposition zwischen den adeligen und nichtadeligen Bürgern Straßburgs immer mehr und mehr, bis endlich 1492 hundert adelige Familien — deren Stolz und Herrschsucht sich nicht beugen lassen wollte — die Stadt verließen.

Von diesem Augenblicke an hatte das bürgerliche und demokratische Element entschieden gesiegt.

Aber die Regierungs=Verfassung Straßburgs, die jetzt — als eine ächte Frucht des Mittelalters — heranreifte, gestaltete sich auf eine so eigenthümliche und merkwürdige Weise, daß sie in der That der näheren Erwähnung werth ist; ja es dürfte sogar, ohne ein genaueres Bekanntwerden mit derselben, an eine richtige Auffassung unserer weiteren Erzählung nicht zu denken sein.

Der Grund und Boden aber aus welchem diese wunderbare Blüthe des Mittelalters hervorwuchs . . . war . . . das Zunftwesen!

Wer in dem Mittelalter sich umsieht, begegnet den Zunftgenossenschaften auf jedem Blatte der städtischen Lokalgeschichten.

Auch die Munizipalverfassung der **alten freien deutschen Reichsstadt Straßburg** fußte auf den Zünften; ihre Regierungsform erwuchs aus dieser festen Unterlage; und erst als bei dem allgemeinen Sturmwehen der Revolution von 1789 die Verfassung Straßburgs zusammenbrach, wurden die Zünfte durch diese gewaltigen Flügelschläge des in der Menschheit auferwachten Freiheitsgeistes entwurzelt, und als faules Holz zu dem Scheiterhaufen geworfen, der prasselnd in seiner Lohe den Thron, den Altar und die gegliederten Schichten der Gesellschaft verschlang.

Thron und Altar erstanden wie der Phönix aus der Asche; ... aber jede Spur des alten Zunftwesens ward hier verweht.

Ist diese Thatsache eine segensreiche? oder hat sie die Welt als eine beklemmende zu betrachten? ... Zeugt diese Neugestaltung für oder wider die Intelligenz unserer Zeit? ... Sind die Zünfte zum Heil oder zum Schaden der immer weiterschreitenden Menschheit in jenem weltgeschichtlichen Scheiterhaufen in Asche zusammengesunken? Sind jene Gebilde des Mittelalters hinlänglich und zweckmäßig ersetzt durch

die allgemeine Concurrenz, deren Symbol die alles
mit sich fortreißende moderne Dampfkraft geworden?

Wir glauben, darauf antwortet am schlagendsten
der ungeheuere Aufschwung, den Industrie und Gewerbe ja gerade mit dem Sieg der Ideen der Neu-
zeit genommen!

Nichts desto weniger müssen Zünfte und Zunftwesen für alle Zeiten als eine, in der Entwicklungs-
geschichte der Menschheit naturgemäß begründete und
somit vollberechtigte historische Erscheinung betrachtet
werden. Und als eine solche Erscheinung treten sie
uns denn auch hier entgegen, — hier in Straßburgs
Geschichte und Regierungsform, — in dem verwickelten Mechanismus der **Dreizehner, Fünfzehner**
und **Einundzwanziger**, des großen und kleinen
Rathes.

Werfen wir also — zum richtigen Verständniß
unserer weiteren Geschichte — einen flüchtigen Blick
auf die Zünfte Straßburgs.

In den frühesten Zeiten hatten die Bürger
Straßburgs ihre Versammlungen auf „Stuben,"
gewöhnlich „Trinkstuben" genannt, auf welchen
sie, je nach ihren Gewerben, vertheilt waren. Es bestanden ursprünglich 18 solcher Stuben, wovon 8
adelige, wozu jedoch, durch ein besonderes Vorrecht,
außer den Adeligen auch mehrere Gewerbe gehörten.

Als aber, im Jahr 1362, den Bürgerlichen durch den Magistrat verordnet war, sich von den Abeligen zu trennen, gingen 4 abelige Stuben ein, und es bestanden nur noch die zum „Mühlstein", zum „Hohensteeg", zum „Brief", und zum „Schiff", welche beide letztern, in Folge der im Jahr 1492 stattgehabten Auswanderungen eines großen Theils des straßburgischen Abels, ebenfalls aufgehoben wurden. In der letzten Zeit bestand daher nur noch die abelige Stube zum „Hohensteeg."

Aehnlicher Art waren die Zunftstuben der Handwerker. Die Anzahl der Handwerks=Zunft= stuben, welche mehr eine politische als eine Gewerbs=Institution zur Grundlage hat= ten, war in frühesten Zeiten 10; nachher stieg sie auf 28; später kam sie auf 24 herab, und 1482 wurde sie auf 20 festgesetzt.

Die Reihenfolge der Zünfte, auf welche bei den Schöffenwahlen viel ankam, wurde in den Jahren 1334, 1335, 1356 und 1471 festgesetzt, da entweder neue Zünfte entstanden oder alte eingegangen waren. Seit dieser letztern Zeit aber blieb die Reihenfolge bis zu der Zünfte Aufhebung beständig dieselbe. Sie war folgende:

1) Enker; 2) Spiegel; 3) Blume; 4) Freiburger; 5) Tucher; 6) Lucern; 7) Möhrin; 8) Stelz=

9) Bäcker; 10) Kürschner; 11) Küfer; 12) Gerber; 13) Weinsticher; 14) Schneider; 15) Schmiede; 16) Schuhmacher; 17) Fischer; 18) Zimmerleute; 19) Gärtner und 20) Maurer.

Das Merkwürdigste hierbei aber war, daß sich alle Bürger in eine dieser Zünfte aufnehmen lassen, oder — wie es damals hieß — „ihr bienen" — mußten; die Gewerbsleute natürlich in jene ihres Gewerbes; aber auch die Gelehrten, die Kaufleute — diese machten mit den Krämern, Hutmachern, Possementierern u. s. w. die Zunft zum Spiegel aus — und diejenigen, die als reiche unabhängige Leute von ihren Renten lebten. Doch blieb den Gelehrten und Rentiers die freie Wahl; in welche der 20 Zünfte sie treten wollten.

An der Spitze jeder Zunft aber stand ein Schöffen=Rath, bestehend aus 15 Schöffen (Scabini) unter welchen sich der Oberherr[*] ein sitzender Rathsherr und ein Zumann oder Vicar des Rathsherrn befanden. Diesem Schöffen=

---

[*] Der Oberherr mußte aus dem beständigen Regiment der XIIIer, XVer oder XXIer sein. Seine Titulatur war folgende: Der Hoch=, Edel=, Best=, Fromm=, Fürsichtig=, Hochweis= und Hochgelehrte Herr N., des beständigen Regiments, deren Herren (XIIIer, XVer oder XXIer) hochansehnlicher Beisitzer und der Ehrsamen Zunft . . . . Hochgebietender Herr Oberherr.

Rath war die Oberverwaltung seiner Zunft aufgetragen. Er bestätigte die Meister-Aufnahmen, hörte die verschiedenen Zunftrechnungen ab, und ein Mitglied desselben mußte allen Handwerksversammlungen beiwohnen.

An der Spitze jeder Zunft befand sich ferner ein „Zunftgericht." Das Zunft-Gericht entschied über alle bei den verschiedenen Gewerben der Zunft vorfallenden Zwistigkeiten.

Ein Zunftmeister leitete die laufenden Geschäfte der Zunft und verwaltete die Zunftgelder, wovon er dem Schöffen-Rathe alle Jahre Rechnung abzulegen hatte.

Bei jeder Zunft befand sich weiter ein Zunftschreiber, welcher ein Notar sein mußte, und ein oder mehrere Zunftbittel.

Auch sogenannte „Rüger" hatte jedes Handwerk, welche über die Handhabung sowohl der von dem Magistrate vorgeschriebenen Ordnungen und Dekrete überhaupt, als auch der Handwerks-Statuten und der moralischen Aufführung der einzelnen Mitglieder insbesondere, zu wachen hatten.

Schöffe zu sein . . . war aber eine große Ehre! und die „Wahlnacht" (Churnacht), der „Schwörtag," die „Rathspredigt" und die „Ammeister-Umfahrt" bildeten gar wichtige Vorkommnisse und Haltpunkte im politischen Leben der guten deutschen freien Reichsstadt Straßburg.

So wurden die Schöffen in früheren Zeiten durch die Zünfte erwählt; später aber ergänzten sie sich unter sich selbst, im Fall einer von ihnen abgegangen war, jedesmal um Nicolai und zwar auf folgende Weise: der Oberherr und die Rathsherrn der Zunft, in welcher Schöffen zu wählen waren, ließen die Schöffen und die Gerichtspersonen der Zunft zu einer Zusammenkunft einladen. Es wurde in dieser Versammlung die Schöffen-Ordnung vorgelesen, und aus den Gerichtspersonen Spöttschöffen erwählt, nach welcher Wahl die nicht zu Spöttschöffen erwählten Gerichtspersonen abtraten. Dann wurde die Schöffen-Wahl-Ordnung vorgelesen und den Schöffen vom Oberherrn der Eid abgenommen. Vor der Wahl fragte der Oberherr einen jeden Schöffen bei seinem Eid: ob er von Jemand angesprochen oder gebeten sei. (War dies der Fall, so konnte der sich zum Candidaten angebotene nicht erwählt werden.) Die Stimmen wurden gesammelt und derjenige, welcher die meisten Stimmen erhalten hatte, wurde zum Schöffen ernannt.

Tags darauf versammelte sich der große Rath sammt den XXIern; die Ober- und Rathsherren der Zünfte, aus welchen Schöffen gewählt worden, zeig=

ten der Versammlung das Resultat ihrer Wahl an, worauf sie abtraten. Alsdann hielt der Ammeister Umfrage, ob der Rath die Wahl ratificiren wolle. Fiel diese Umfrage bejahend aus, so wurden die Ober= und die Rathsherren sammt den neuerwählten Schöffen wieder in die Versammlung eingeführt, woselbst alsdann den neuen Schöffen die Artikel vorgelesen und ihnen der Eid abgenommen wurde. Hierauf wünschten die neuen Schöffen ihren Ober= und Rathsherren Glück und Heil.

Vor der Schöffenwahl, welche in Straßburg die wichtigste aller Wahlen war, wurde am ersten Advents=Sonntag von den Kanzeln aller Kirchen, nachstehende Verkündigung gemacht:

„Ewer Christlichen Liebe ist anzuzeigen, demnach
„die Zeit abermalen vorhanden, in welcher auf die
„Zunft=Stuben hin und wieder, an der abgehenden
„Herren Schöffen statt, andere pflegen erwählet und
„erkoßen zu werden: Als werden diejenige, so bei
„dieser Wahl zu schaffen oder etwas dazu zu reden
„haben, hiermit ernstlich und mit fleiß erinnert,
„daß Sie zu solchen stellen erwehlen, fromme, ehr=
„bare Männer und Personen so die Wahrheit lieb
„haben, redlich, wahrhaftig, und dem Geiz feind
„sind; damit auch nachgehends höhere Stellen im
„Regiment durch sie rühmlich mögen ersetzet und

„also gemeiner Statt wohl vorgestanden werden, wie
„wir dann auch beßwegen den Allerhöchsten in Un=
„serm Gebet bemüthig anrufen und ersuchen sollen." *)

Aber! . . . der **Oberherr** der Zunft hatte ja auch Sitz und Stimme in dem beständigen Regiment; so wie der **Rathsherr** die Zunft bei dem **großen Rathe** vertrat.

Und wie war nun die Gliederung dieser ureigenthümlichen, dem Mittelalter entwachsenen Regierung selbst?

Die Regierung und Verwaltung der Stadt Straßburg bestand aus folgenden Collegien:

Der Magistrat war aus dem „**beständigen Regimente**" (den Collegien der XIIIer und XVer) und den „**abwechselnden Rathsherrn**" zusammengesetzt, von welch' letzteren zwei Theile aus den Handwerkern und ein Theil aus dem Adel erwählt waren. Die Häupter dieses Magistrates bildeten die „**Stett= und Ammeister.**"

Diesem Magistrate zur Seite stand der „**große Schöffen=Rath,**" bestehend aus den 15 bei jeder der 20 Zünfte befindlichen Schöffen, . . . zusammen also aus 300 Mitgliedern, (Magister

---

*) „Das Zunftwesen in Straßburg." Geschichtliche Darstellung, Urkunden und Aktenstücke. Herausgegeben von F. L. Heitz. (Straßburg 1856.)

scabinorum), als Repräsentanten der ganzen Bürgerschaft.

Ferner gab es einen „Großen Rath", der sich aus 31 Personen und einen „Kleinen Rath" der sich aus 18 Personen zusammensetzte.

Außerdem bestand für spezielle Gegenstände noch eine „Dreizehner Kammer" (die XIIIer) — wer denkt hier nicht an den furchtbaren Rath der Xer, den Schrecken der Republik Venedig? — Die XIIIer besorgten die politischen und geheimen Geschäfte, die auswärtige Correspondenz und empfingen die Gesandten. Zugleich bildeten sie das deligirte Kaiserliche Kammergericht. Endlich gehörten noch zwei andere Collegien zu der Regierung: einmal die Fünfzehner-Kammer oder -Stube, in welcher 10 Bürgerliche und 5 vom Adel saßen, welche von den Großen Rathsherren und den XXIern erwählt wurden. Dieser Kammer war die Handhabung der Stadtrechte und der Privilegien übertragen; alles was die Consommation, das Kaufhaus und die Handwerker betraf, war von ihrer Competenz. Dann:

Die Herren Einundzwanziger, welche man auch die alten Herren nannte. Sie waren Beisitzer des großen Rathes, und obgleich sie keine besondere Stube bildeten, so hießen ihre Convente oder Zusammenkünfte mit den Herren XIIIern und XVern die drei geheimen Stuben.

Der Adel selbst stand wieder unter seinem eigenen Directorium.

So wunderlich zusammengesetzt war dieser, noch in sich selbst vielgegliederte Bau einer mittelalterlichen Zeit.

Aber mußten denn nicht gerade die wunderliche Zusammensetzung und Gliederung, — diese Zersplitterung der Gewalten, — diese Vielköpfigkeit bei den Berathungen und die mit diesem Allen verbundene Steifheit, Förmlichkeit und Schwerfälligkeit jedes frische Leben in der Regierung selbst lähmen und tödten?

Und alles dies auf dem einen kleinen Fleckchen Erde. Jedes Land aber ist desto leichter zu regieren, je breiter und länger es ist . . . und . . . um so schwerer . . . je kleiner!

Berücksichtigt man dabei den, jedem republikanischen Städtewesen anklebenden Egoismus der einzelnen Corporationen und Menschen, — so wie die damals so stürmische Zeit und die mißliche Lage des guten schönen Straßburgs zwischen den beiden großen, sich meist feindlich gegenüberstehenden Ländern: Deutschland und Frankreich, so wird man zugestehen müssen, daß es keine Kleinigkeit für ein wirklich edles und patriotisches Herz war, in den Tagen der stürmischen und gewaltthätigen Regierung Ludwigs XIV. mit an der Spitze dieses kleinen Freistaates zu stehen, ... und ... ein solch' edles, wahrhaft patriotisches Herz trug Syndicus Frantz — einer der ersten und bedeutendsten Bürger und Regierungsmitglieder Straßburgs — in seiner treuen ächt deutschen Brust.

Das Schneiderlein.

Einer der wichtigsten Tage in dem städtischen Leben Straßburgs war mit dem Ablaufe des Jahres wiedergekehrt. Es war der sogenannte „Schwörtag", an welchem jedesmal die ganze Stadt in höchster Erregung und auf den Beinen zu sein pflegte; denn nicht nur forderte dies Straßburgs Verfassung, — nicht nur stand damit die Wohlfahrt der Bürger und des Gemeinwesens in engster Verbindung, — es war auch gerade derjenige Tag, an welchem sich der Bürger des alten Argentoratum — der uralten freien deutschen Reichsstadt — so ganz in seiner vollen republikanischen Würde fühlte.

Den ersten Donnerstag nach dem Neujahrs-Tage hatte bereits ordnungs- und gesetzmäßig in der Chur- oder Wahl-Nacht, früh Morgens um sechs Uhr, die Rathsherrnwahl auf denjenigen 10 Zünften, auf

welchen Rathsherren zu ersetzen waren, durch die
Schöffen stattgefunden. Auch jetzt wieder, wie jedes
Jahr, hatten hierauf die Oberherren der Zünfte die
neuerwählten Rathsherren — sobald die Wahl vor=
über war — auf die Pfalz (das Rathhaus) geführt,
damit daselbst zu der noch wichtigeren Wahl eines
Ammeisters geschritten werden könne.

Heute nun — als den Dienstag darauf — war
die großartige Feierlichkeit mit aller einem Freistaate
zu Gebote stehenden Würde und Pracht nach altehr=
würdigem Herkommen fortgesetzt worden. Mit einem
Worte: die Bürgerschaft Straßburgs hatte dem neu=
erwählten Ammeister und den neuerwählten Raths=
herren gehuldigt und den alten „**Schwörbrief**"
von 1482 beschworen *).

Und wahrlich! schienen denn nicht an diesem
Tage längst versunkene Jahrhunderte wieder erwacht
und mit ihren Ceremonien und Feierlichkeiten unter
geisterhaftem Pompe über die Erde gezogen zu sein?

Schon am Morgen war die unmittelbare Rit=
terschaft und der ganze hochweise Magistrat — ge=
hüllt in die, bei solchen Feierlichkeiten noch immer
üblichen, malerischen Costüme aus den Zeiten des
Mittelalters — in alterthümlichen Kutschen von dem

---

*) Beilage Nr. 26. Heitz: „Urkunden und Aktenstücke" 2c

Ritterhause ab, auf den Münsterplatz gefahren. Hier
— zu Füßen jenes colossalen Meisterwerkes alt=
deutscher Baukunst, das der reich=erhabene Geist eines
Erwin von Steinbach in's Leben rief; ... hier, zu
Füßen des mächtigen, sich ernst groß und majestä=
tisch zum Himmel erhebenden Münsters, ... hier
war ein, reich mit gewirkten Tapeten und kostbaren
Teppichen behangenes Gerüste errichtet: die Ritter=
schaft, den Magistrat, und die Herren des Rathes
zu empfangen.

Lustig flatterten dabei die Fahnen, in den Far=
ben des Stadtwappens — in Roth und Weiß —
erglänzend. Munter knisterten die Kohlenfeuer, die
man in Hunderten von eisernen Pfannen ringsum
aufgestellt hatte; denn es war eisig kalt und die
Ceremonie dauerte mehrere Stunden hindurch, so daß
es eine Wohlthat war, sich von Zeit zu Zeit an
denselben wärmen zu können. Dabei läuteten — das
Imposante der Ceremonie zu erhöhen — die Glocken
aller Thürme; — die Stadtthore waren geschlossen
und die ganze Garnison stand im Waffenschmucke
um den weiten Münsterplatz herum.

Wie aber jubelte die Masse der Fremden, Wei=
ber, Kinder und Landleute, die, Kopf an Kopf ge=
drängt, die Straßen füllte, als jetzt die ganze Bür=
gerschaft, in ihre zwanzig Zünfte vertheilt, mit ihren

Oberherren, Rathsherren, Zunftrichtern und Standarten an der Spitze, in endlosem Zuge heranschritt und sich auf dem Platze nach der Ordnung der Zünfte um das Gerüste herum aufstellte.

Wie wirbelten da die Pauken, wie schmetterten die Trompeten, so oft sie eine neue Zunft begrüßten.

Mitten auf dem Gerüste aber stand ein rother Thronhimmel oder Baldachin, unter welchem, in einer reich vergoldeten Lade, der pergamentene Schwörbrief lag.

Da gaben die städtischen Herolde ein Zeichen, das von der Höhe des Münsters weiter getragen wurde: die Glocken verstummten, Pauken und Trompeten schwiegen und Todtenstille herrschte rings umher.

Der Ammeister aber nahm das Pergament aus der Lade, gab es dem Schriftwart der XVer und dieser las das Dokument feierlich laut und vernehmlich ab.

Dann, nach Verlesung dieses Schwörbriefes — dieses heiligen Vertrages zwischen Bürgerschaft und Magistrat — trat der neu erwählte Ammeister hervor und leistete den Eid; — ihm folgte der neu angehende Stettmeister und der übrige Magistrat.

Und wieder klangen die Glocken, . . . und wieder wirbelten die Pauken, schmetterten die Trompeten, jubelte das Volk, und die Standarten und Fahnen wurden geschwenkt und neigten sich grüßend tief bis zur Erde.

Und abermals gaben die Herolde ein Zeichen und unter erneutem Schweigen trat der neue Stettmeister an den vorderen Rand des Gerüstes, da wo der roth und weiße Damast, das Stadtwappen tragend, herunterhing, und der Baldachin aufgerichtet war und nahm der ganzen versammelten Bürgerschaft den gleichen Eid ab.

Einen größeren und feierlicheren Moment kannte der Straßburger Bürger nicht. Als aber der Eid von der ganzen Bürgerschaft geschworen, da prasselte es auf von der Höhe des Münsters in kunstvollem Feuer, als wolle auch der alte tausendjährige Riesenbau seinen Jubel dem Himmel entgegenrufen.

Und Jauchzen erfüllte die Lüfte und der nun regierende Ammeister begann die Umfahrt bei allen zwanzig Zünften: seinen „lieben Freunden, den lieben Bürgern" seinen Gruß und Dank zu bringen.

So war es auch heute — wie seit Jahrhunderten — geschehen; aber jetzt endlich hatte die hereinbrechende Nacht den Feierlichkeiten so wie dem nachtobenden Jubel des Volkes auf den Straßen ein Ende gemacht. Nur auf den Zunft=, Trink= und Wirthsstuben ging es noch hoch her; denn an diesem

Ehrentage der Stadt ließ sich der Bürger — er mochte nun ein Amt bekleiden oder nicht — gerne sehen in seiner Fest- oder Amtstracht; an diesem Ehrentage der Stadt klangen denn auch die Becher doppelt freudig auf ihr Wohlergehen und das Gedeihen des heiligen römisch-deutschen Reiches, des schönen geliebten Vaterlandes und seiner Majestät Kaiser Leopolds I.

Am lustigsten aber ging es gewiß heute Abend auf der Trinkstube der Schneider-Zunft zu*). Es war ein großer weiter Raum — denn die Straßburger Schneider-Zunft zählte damals mehr benn vierhundert Mitglieder: 15 Schöffen, 32 Gelehrte und leibzünftige Bürger, 239 Schneidermeister, 91 Wittfrauen und 28 Meisters-Töchter als Kleidermacherinnen!

Der Raum der Zunftstube mußte also schon ein großer sein, wenn er auch nur den männlichen Theil der betreffenden Zunftgenossen fassen sollte; aber er war nicht nur groß und weit, sondern auch, nach den Begriffen jener Zeit, stattlich genug eingerichtet. Fußboden, Wände und Decke — die bereits Jahrhunderte an sich hatten vorübergehen sehen — beklei-

---

*) Sie befand sich damals am Eck des Broglios und der Münstergasse, wo jetzt das Scheidecker'sche Haus steht.

bete dunkeles Holzwerk, mit alten aber trefflich gearbeiteten Schnitzereien reich versehen An der Hauptwand prangte die gewaltige Standarte der Zunft mit dem Wappen derselben, das in seinem Schilde und auf dem Helm eine großmächtige Schneider-Scheere zeigte, die, geöffnet, von einem goldenen Sterne überragt wurde. *)

Unter ihr stand mit goldener Schrift aber in alterthümlichen Lettern der Wahlspruch der Zunft: „Ehrbar, sittig, streng und fromm!" tiefer unten aber der Vers:

> „Venediger Macht,
> Augsburger Pracht,
> Nürnberger Witz,
> Straßburger Geschütz,
> Ulmer Geld
> Behält den Preis in der weiten Welt!"

Rechts und links zu Seiten der Zunftfahne hingen, in den Holzfüllungen der Wände, lange schwarze Tafeln, auf welchen mit kleinen weißen Buchstaben die Namen der Schöffen und Oberherren angebracht waren, die, seit den ältesten Zeiten bis auf die Gegenwart, der Zunft angehört hatten. Drei vielarmige messingene Leuchter, die man mit schweren Ketten von gleichem Metall an der Decke angebracht hatte,

---
*) Siehe: F. C. Heitz: Urkunden. S. 65.

erhellten den Raum und warfen ihr freundliches
Licht auf einen gewaltigen, der Standarte gegenüber=
stehenden, mit Glasthüren geschlossenen Schrank, in
welchem die Kleinnodien der Zunft funkelten und
prangten. Der ganze Raum aber war jetzt, nachdem
die Zunft den Besuch des umfahrenden neuregierenden
Ammeister empfangen hatte — ausgefüllt mit Tischen
und Bänken, an und auf welchen die löblichen Zunft=
genossen zechend und sich heiter unterhaltend saßen.
Die löblichen Zunftgenossen ... denn ... es
war damals wie in unseren und allen Zeiten, die
zweiundbreißig gelehrten Herren und reicheren Bürger,
die sich nach freier Wahl — doch nur weil das
Gesetz eine solche vorschrieb — der Zunft ange=
schlossen, fehlten, gleich den meisten Schöffen, da sie
sich im Grunde ihres Herzens über die erzwungene Ge=
nossenschaft hoch erhaben fühlten.

Nur an einem einzigen Tische, dicht unter der
Standarte, da wo der alte würdige Zunftmeister,
der ehrsame Schneider Fettich, sich niedergelassen
hatte, umgeben von den Meisterstückschauern, dem
Oberladenmeister, dem Tuchsiegler, den Barchetschauern
und den Rügern — nur an einem einzigen Tische
dicht bei den ebengenannten Würdenträgern der Zunft
saßen — ausgezeichnet durch ihre schwarze, noch an
den spanischen Schnitt erinnernde Tracht — vier

Magistratspersonen: es waren dies die Rathsherren Stößer, Dr. Obrecht und Ecker, so wie der Raths= und Stadtschreiber Günzer.

Die hochweisen Herren tranken ihren Wein für sich; auch schien aus ihrem ganzen Wesen etwas wie Unbehaglichkeit hervorzugehen, und doch war es auffallend, mit welcher Freundlichkeit sie ihre Becher hoben und anstießen, wenn ihnen der oder jener ehrsame Meister zutrank. Ihr Gespräch führten sie dabei meist flüsternd, wobei das stechende Auge Günzers sorgfältig Wache hielt, ob sie auch Niemand belausche oder sich ihnen nähere. Geschah eines von beiden, so stellte der Stadtschreiber seinen Becher mit einem gewissen Aplomb in die Mitte des Tisches und man verstummte und schaute prüfend auf.

Auch jetzt geschah dies und die Herren des Rathes wechselten verstohlene Blicke, als eine eigenthümliche, fast komische Gestalt, den Becher in der Hand, auf sie zutrat.

„Der Franzosenfresser!" — lispelte Günzer rasch seinen Gefährten zu — „seien wir vorsichtig."

„Der alte Narr!" — murmelte Stößer.

„Der Lump!" — ergänzte Dr. Obrecht.

In diesem Augenblicke war der Mann, von welchem die Herren des Rathes so freundlich gesprochen, bis nahe zu ihnen herangekommen.

Es war der Schneidermeister Franz Blasius Wenck, ... allerdings eine eigenthümliche Figur.

Der Mann mochte ein- bis zweiundsechzig Jahre alt sein. Seine Gestalt war klein und gedrungen. Da der starke Kopf etwas in den Achseln steckte, und sich dadurch bei jeder Bewegung der ganze Körper drehte, als sei er mit dem Kopfe aus einem Stück geschnitten, so gab dies der wunderlichen Erscheinung in der Thal etwas Komisches. Aber auch in den Zügen lag etwas, das diesen Eindruck begünstigte, wenn man auch eigentlich nicht sagen konnte, was es war.

Uebrigens merkte man dem Ehrenmeister Franz Blasius Wenck sein Alter kaum an, da sein Haar den Kopf noch in Fülle bedeckte, ohne grau zu sein, und unter den starken buschigen Augenbrauen zwei flackrige kecke Aeuglein hervorblitzten, die auf Energie und Kühnheit deuteten.

Das aber konnte man leicht erkennen, daß der kleine wunderliche Mann auf der Zunftstube sehr geachtet war. Nickte ihm doch jeder freundlich zu, an dem er im Gedränge vorüberkam, oder drückte ihm herzlich die Hand. Bei Vielen selbst mußte er anstoßen und Bescheid thun.

Aber Franz Blasius Wenck galt auch in ganz Straßburg für eine ehrliche Seele. Und wenn er

auch kein großer Meister in seiner Kunst war, der
den Reichen und Vornehmen arbeitete, — seine Kund=
schaft zählte mehr in den mittleren und unteren Klas=
sen, — so zeichnete er sich doch vortheilhaft durch
einen achtbaren Charakter aus, der sich namentlich
durch einen glühenden Patriotismus und einen er=
bitterten Haß gegen Alles, was Franzose hieß, kenn=
zeichnete.

In dieser Beziehung freilich machte sich bei Mei=
ster Wenck die Wahrheit geltend: daß die Gränzlinie
zwischen dem höchsten Ernst und dem Lächerlichen
und Komischen oft an die Schärfe eines Haares
hinstreift. Jedes deutsche Herz mußte seine Vater=
landsliebe — seinen Patriotismus — achten; seinem
Franzosenhaß, so weit er begründet war, Gerechtig=
keit widerfahren lassen; . . . aber eines Lächelns
konnte man sich doch kaum erwehren, wenn der Franz
Blasius Wenck auf seine Todtfeinde, die französischen
Küraffiere zu sprechen kam; denn alsdann konnte
das gute Schneiderlein wirklich in eine Wuth gera=
then, die sich bei ihm höchst komisch gestaltete.

Die Sache hatte in Folgendem ihren Grund:

Nach langen Reisen, die er in seiner Jugend
unternommen, und nachdem er im breißigjährigen
Kriege in mehreren kaiserlichen Regimentern gedient,
war Wenck einst in einem Gefechte mit französischen

Kürassieren zusammengetroffen. Franzosen waren die Erbfeinde seines Vaterlandes... er haßte sie daher in den Tod! Hier aber mußte er — selbst schwer verwundet und auf das abscheulichste mißhandelt — sehen, wie das gedachte Regiment französischer Kürassiere nach dem Siege auf eine so barbarische und unmenschliche Weise ringsum in den benachbarten Dörfern gegen Greise, Frauen und Kinder wüthete, daß sich, von diesem Augenblicke an, ein wirklich unbezwinglicher Haß gegen diese Waffengattung der Feinde in seinem sonst so edlen und menschenfreundlichen Herzen festsetzte.

Denn menschenfreundlich war Meister Wenck in der That und wohlthätig dazu; ja man konnte ihm mit gutem Gewissen einen streng lutherisch=christlichen Lebenswandel nachrühmen, ... während er sein unerschütterliches Gottvertrauen in der angewohnten Redeweise: „Wer weiß wozu es gut ist!" — fast mehr als nöthig war, kund gab.

In diesem Augenblicke also war Meister Wenck zu den vier Herren des Rathes getreten, die an einem der Ehrentische auf der Zunftstube des Schneiderhandwerkes zusammensaßen.

Er verneigte sich jetzt vor denselben, und sagte — seinen Becher vor sich hinhaltend —

„Glück zum Gruße den hoch= und edelmögenden

Herren des Rathes, die die ehrsame Zunft der Schneider an diesem Ehrentage der Stadt mit ihrem Besuche erfreuen; denn ein Ehrentag ist es für unsere gute Stadt Straßburg und ein wichtiger Tag dazu, an dem Magistrat und Bürgerschaft sich gegenseitig Treue beschwören und eidlich — ja bei Strafe der Verbannung — geloben, nie und nimmer ein Bündniß einzugehen, das löblichem Gemeinwohl und der guten freien Reichsstadt selbst zum Verderben gereichen könnte."

Die kecken flackrigen Aeuglein des Schneiders schauten bei diesen Worten sonderbar fragend über die Gruppe der schwarzen Herren hin. Es lag etwas Inquisitorisches in diesen Blicken des kleinen unscheinbaren Mannes. Und wunderbar! Dies mußten selbst die hoch- und edelmögenden Herren des Rathes fühlen, denn es schien fast, als ob ein flüchtiges Erbleichen die Folge davon wäre.

Niemand freilich bemerkte dies — außer vielleicht Meister Wenck — der aber nicht dergleichen that, sondern — seinen Becher erhebend — laut und vernehmlich ausrief:

„Ich bringe daher dem hochedlen und hochweisen Magistrat unserer Stadt, so wie dieser selbst und zumeist unserem allergnädigsten Herrn und Kaiser

Leopold, des heiligen römisch-deutschen Reiches Schützer und Mehrer, ein Hoch aus!"

Und bei diesen Worten seinen vollen Becher den Herren des Rathes hinhaltend, rief Wenck mit Begeisterung „Hoch!" und „Hoch!" — „Hoch!" — „Hoch!" — schallte es donnernd durch die weite Trinkstube hin.

Auch die Magistratsherren hatten mit angestoßen, wenn gleich mit einiger Befangenheit. Rasch aber setzten sie sich wieder, während der Stadtschreiber, Syndicus Günzer, zu dem Schneider gewendet sagte:

„Ihr seid ein Ehrenmann, Meister Wenck, der das Herz und die Zunge auf dem rechten Flecke hat, . . . und . . . ein Patriot dazu, das muß Euch euer Feind lassen. Wahrlich! Euer Trinkspruch war am rechten Orte. Aber! . . ." und hier neigte der Stadtschreiber seine lange und schwanke Figur dem Schneider fast vertraulich zu — „aber! . . . etwas fehlt Euch, lieber Mann, und das ist . . . die Vorsicht!"

„Die Vorsicht?" — wiederholte Wenck erstaunt und seine buschigen Augenbrauen hoben sich fragend, daß sich ein leichtes Lächeln in die Mienen der Umstehenden stahl. — „Ich begreife nicht, wie von Vorsicht die Rede sein kann, wenn hier auf hochweisen Magistrat, unsere gute Stadt und unseren allergnädigsten Ober= und Schutzherrn, den deutschen Kaiser, ein „Hoch!" ausgebracht wird?"

„Ihr begreift es nicht, lieber Mann?" — fuhr Günzer mit erzwungener Freundlichkeit und großer Herablassung fort — „weil Ihr eben, als schlichter Bürger, nichts von dem wißt, was man Politik und Diplomatie nennt."

„Nein!" — entgegnete der Schneider und schüttelte mit komischer Gebärde den Kopf — „davon weiß ich allerdings nichts! . . . indeß . . . wer weiß wozu das gut ist!"

„Ein wenig Politik, Diplomatie und Vorsicht ist bei allen Dingen gut!" — fuhr der Rathsschreiber fast verweisend fort — „uns Straßburgern aber ist Vorsicht boppelt geboten, da wir mit unserem kleinen Freistaate zwischen den zwei mächtigen Reichen Deutschland und Frankreich liegen."

„Aber doch wohl dem deutschen Reiche unbedingt angehören!" — meinte Wenck.

Der Raths= und Stadtschreiber gab hierauf keine ausdrückliche Antwort; er neigte nur, wie beistimmend, den Kopf. Dann sagte er:

„Aber die Wände haben Ohren! Und wahrlich seine Majestät, Ludwig XIV., der erhabene König Frankreichs wird nicht sehr erbaut sein, wenn er erfährt, daß wir Straßburger seinen Feind, den

Kaiser Leopold, so laut und donnernd hochleben lassen."

„O ho!" — rief hier der kleine Schneider und drehte sich auf seine drollige Weise um einen Zoll dem Stadtschreiber zu. — „Uns Deutschen wird doch noch das Recht zustehen: unseren Kaiser leben zu lassen? Was geht uns Straßburger der König von Frankreich an? Mag er's immer hören, daß wir ächt deutsch gesinnt sind; — mag er's immer hören, trotz seiner Reunions=Kammern, die er dem Elsaß auf die Nase gesetzt, um unrecht Gut unter dem Scheine des Rechtes zu schlucken; — mag er's immer hören, der Herr König von Frankreich, sammt seinen Herrn Ministern, daß wir Straßburger ächt deutsch gesinnt sind!... Wer weiß wozu's gut ist!"

Meister Wenck hatte dies in solchem Eifer gesagt, daß es dem kleinen komischen Mann in der That komisch ließ; dennoch lag so viel Wahrheit und Ernst, so viel aufrichtige Begeisterung in seinen Worten und in seinem Wesen, daß er sich der allgemeinsten und lautesten Zustimmung der Versammlung zu erfreuen hatte.

Die Rathsherrn saßen in wirklicher Verlegenheit; nur der Stadtschreiber behielt seine ruhige Haltung. Gewohnt, sich in jeder Lage des Lebens zu beherrschen und nach den Anforderungen der Klugheit mäßigen und verstellen zu können, lächelte er über den komischen Eifer des Meisters Blasius.

„Lieber Freund!" — sagte er dann, dem Schneider mit erkünstelter Vertraulichkeit die Hand reichend, — „ihr habt vollkommen recht, ... nur scheint ihr mich falsch verstanden zu haben. Dem deutschen Kaiser und Reiche alle Ehre! ... aber uns Straßburgern Vorsicht und Klugheit. Wien und Regensburg sind gewaltig weit von hier ... und ... was thun denn Kaiser und Reich für uns? was haben sie je für uns gethan? — Frankreich aber lehnt sich unmittelbar an unseren kleinen Freistaat; seine Interessen sind auch die unseren ... Frankreich kann uns dazu jeden Augenblick mit seinen Heeren überschwemmen...."

„Nur wenn es den Damm des Rechtes durchbricht und wir uns als Feiglinge und Memmen zeigen!" — rief Meister Wenck fast zornig.

„Ich sagte nur: es kann!" — fuhr Stadtschreiber Günzer ruhig und mit einer wahren Amtsmiene fort — „und ich meine, es sei diplomatisch und klug, wenn wir es wenigstens nicht reizen. Auch Ludwig XIV. ist uns Schirmherr und Freund!"

„O ja!" — meinte Meister Blasius und seine Augenbrauen schienen über der Nase zusammenwachsen zu wollen.

„Ich bete daher auch jeden Morgen und jeden Abend: Herr! behüte uns vor unseren Freunden, vor unseren Feinden wollen wir uns selbst schützen!"

Ein lautes Gelächter tönte durch die Zunft=Stube.

„Ja!" — entgegnete Meister Wenck. — „Wer weiß wozu es gut ist!"

„Ihr habt ein böses Maul!" — meinte jetzt Dr. Obrecht zürnend. — „König Ludwig XIV. meint es aufrichtig gut mit uns Straßburgern."

„Was der hochgelehrte Herr Doctor da sagen!" — rief Meister Blasius spöttelnd. — „Vielleicht meint er es gar so gut mit uns, wie mit Hagenau, Homburg, Weißenburg und allen zehn Reichsstädten des Elsaßes, die als Dependenzen erklärt und Frankreich einverleibt worden sind."

„Meister Wenck hat recht!" — riefen hier viele Stimmen.

„Ja! er hat recht!" — tönte es von allen Seiten. — „Wir wollen deutsch und unabhängig bleiben. Wir Straßburger sind stolz auf unsere deutsche Abkunft und Unabhängigkeit."

„Waren es von Alters her und wollen es bleiben!"

„Hoch Deutschland!"

„Hoch das Haus Oestreich!"

„Hoch die freie deutsche Reichsstadt Straßburg!"

— so rief es hier und dort und die Becher klangen und des freudigen und begeisterten Hochrufens wollte es kein Ende nehmen.

Als sich der Lärm endlich gelegt hatte, nahm auch der Stadtschreiber seinen Becher, warf seinen Rathsgenossen einen Blick zu, und erhob sich mit ihnen:

„Ihr lieben Meister der ehrsamen Schneider=Zunft!" — sagte er alsdann laut, indem er seiner Stimme mit Gewalt die nöthige Sicherheit und Milde, seinen stechenden Augen den Ausdruck möglichster Freundlichkeit gab: — „Auch wir, Mitglieder eines hochweisen Rathes, wollen jetzt ein Trinkssprüchlein ausbringen: es lebe die wackere Bürgerschaft unserer lieben Vaterstadt! Möge sie Gott schützen und erleuchten, damit sie in diesen schweren Zeiten den rechten Weg zu ihrem Glück und zu ihrem Heile finde und wandle. Bei den bedenklichen Umständen unserer Tage war die Wiederaufstellung der Neutralität Straßburgs das einzige Rettungsmittel. Die Stadtobrigkeit ergriff mit Eifer den wohlgemeinten Vorschlag der französischen Regierung, dieselbe wieder herzustellen. So ist unserer guten Vaterstadt Freiheit und Selbstständigkeit gerettet, und da Ludwig XIV., der große König von Frankreich — der Vater und Beglücker seines Volkes — auch uns seine Milde zugewendet, ja Friede und Schutz auf das aufrichtigste zugesagt hat . . ."

„Katzenfreundlichkeit!" — brummte Wenck in den Bart.

„So wollen wir, neben dem Wohle der Bürgerschaft Straßburgs . . . auch dessen Wohl trinken!"

In diesem Momente ließ der kleine Schneider seinen Zinn=Becher wie aus Zufall aus der Hand gleiten. Er schlug hart auf, und da der vergossene Wein die Umstehenden überfluthete, so gab es ein tolles Zurückdrängen und Schreien.

„Schade!" — sagte das Schneiderlein mit erkünsteltem Aerger — „aber . . . wer weiß wozu das gut ist!"

Des Stadtschreibers Trinkspruch war vergessen. Man hatte kein einziges „Hoch!" vernommen.

Todtenblässe bedeckte die Gesichter der vier Rathsherren. Sie setzten sich schweigend nieder, nur Günzer flüsterte den drei übrigen zu:

„Um Gottes Willen Vorsicht, meine Herren! Der verdammte Schneider und Franzosenfresser hat uns, so wahr Gott lebt, in die Karten gesehen!"

„Der Lump!" — brummte Dr. Obrecht.

„Der Narr!" — schimpfte Stößer.

„Ich werde ihm das Maul zu stopfen wissen!" — meinte Rathsherr Ecker.

Die Unterhaltung ward nun eine allgemeine. Man sprach auf das lebhafteste über die politischen Verhältnisse der Zeit und des kleinen Freistaates, dem man angehörte. Noch waren ja die Gemüther entflammt durch die heutige Staatsaction, — das Selbstbewußtsein gehoben durch die Prachtenthüllung bei den heutigen Festlichkeiten, — durch die zur Schau gestellte mittelalterliche Macht und Herrlichkeit, die freilich längst nur noch dem Scheine nach vorhanden war!

Ein Wort gab das andere; ein patriotischer Trinkspruch folgte dem anderen; ... immer höher loderte bei Gespräch, Reden und Wein die Begeisterung für die Vaterstadt und das deutsche Vaterland auf ... so daß endlich des Redens und Hochrufens, des Händedrückens und Küssens kein Ende werden wollte.

Die Rathsherren waren längst davon geschlichen. Meister Franz Blasius Wenck aber lächelte behaglich vor sich hin und sagte heimgehend:

„Wer weiß wozu es gut ist!"

Familienglück.

An demselben Abende, an welchem Meister Wenck das kleine Scharmützel mit dem Herrn Stadtschreiber Günzer auf der Zunft- und Trinkstube des ehrsamen Schneiderhandwerkes hatte, begleite Syndicus Frantz den neuerwählten und neu regierenden Ammeister auf seiner Umfahrt bei den zwanzig Zünften.

Es war dies in der That eine schwere Arbeit nach den vielen Feierlichkeiten des Tages; und hatten die würdigen Herren schon vorher in ihrer feinen Amtstracht viel von der Kälte ausstehen müssen, so schüttelte sie dieselbe jetzt, in der großen und geräumigen Rathskutsche, noch viel mehr.

Indeß: „Kronen drücken das Haupt!" auch diese erste Regierungshandlung mußte ordnungs- und gesetzmäßig vollzogen werden; denn so wollte es das alte ſtädtiſche Herkommen, welches ſeit 1333 — alſo jetzt ſeit mehr denn 345 Jahren — in Schwung und Gang war. Wer aber im ganzen deutſchen Reiche hing von jeher mit größerem Eigenſinn und mit größerer Starrheit an ſolch' alten Herkommen und Gebräuchen, als die freien Reichsſtädte. Je älter und hinfälliger die Menſchen werden, deſto mehr ſuchen ſich die meiſten unter ihnen einen An= ſchein von Jugend und Kraft zu geben. Je mehr im Sturme der Jahrhunderte die wirkliche Macht und Bedeutung der Reichsſtädte und kleinen Repu= bliken ſchwand, deſto ſorgfältiger hielten die Altern= den auf den Schein der einſtigen Größe und des allmälig verlöſchenden Glanzes.

Syndicus Frantz gab allerdings, als verſtändiger Mann, für ſich ſelbſt nicht viel auf ſolche äußerliche Dinge; allein er konnte ſich denſelben als Einzelner nicht entziehen, und wußte anderer Seits auch, daß man an einem alten und morſchen Bau keinen Stein herausnehmen darf, wenn man nicht das Zuſammen= brechen des Ganzen riskiren will. Für eine völlig neue und zeitgemäße Umgeſtaltung aber, waren die ſtürmiſchen Tage der Regierung Ludwigs XIV. wahrlich nicht gemacht. Jetzt galt es nur — und das war auch die Meinung des alten Herrn — zu erhalten . . . was zu erhalten war.

So machte denn auch der Syndicus an der Seite des neu regierenden Ammeisters die Umfahrt geduldig mit; . . . wünschte sich aber Glück, als die Sache vorbei war und ihn die mächtig große Rathskutsche an seinem Hause absetzte.

Es war dies ein, für die damalige Zeit nicht unbedeutendes Gebäude ganz nahe an dem Münster gelegen. Eines der Ecken des Platzes bildend, zeichnete es sich durch sein ungemein hohes, steil aufsteigendes Dach von vier Geschossen, so wie durch die Masse seiner, allerdings schmalen, aber auch ganz dicht aneinanderschließenden Fenster aus. Trennten dieselben doch nur, mit Holzschnitzereien versehene Balken. Wohl hätte so das ganze, aus verschiedenen überhängenden Stockwerken bestehende Haus einer Glaslaterne nicht unähnlich gesehen, würden ihm nicht die blendend weißen Vorhänge hinter den runden Scheiben wieder den Stempel der Häuslichkeit und Gemüthlichkeit aufgedrückt haben; während das unterste Geschoß, mit seinen mächtigen steinernen Wölbungen, den Eindruck der Solidität und Dauerhaftigkeit machte.

Jetzt zeigten sich diese Wölbungen — die während des Tages von Kaufleuten besetzt waren und als Verkaufsgewölbe benutzt wurden — geschlossen; hinter den Vorhängen des ersten Geschosses aber schimmerte desto freundlicher und einladender der Schein eines Lichtes.

Syndicus Frantz stieg eilig aus der Rathskutsche, deren Schlag der Rathsdiener ehrerbietig öffnete. Wie war dem alten Herrn wohl, als er an seinem Hause die Schelle zog; denn dem würdigen Syndicus war seine Häuslichkeit das Liebste auf der Welt. Bald knarrte denn auch der Hausschlüssel in der Thüre, die schweren Riegel wurden zurückgezogen und die alte Magd — sie war eine Savernerin, wie ihre Kleidung bewies, — eine messingene Oellampe in der Hand, öffnete die Thüre.

Mit freundlichem Gruße schlüpfte der Hausherr hinein; mit noch wärmerem und freudigerem Gruße empfingen ihn oben an der Treppe Weib und Tochter. Beide umarmten den Gatten und Vater und zogen ihn unter herzlichen Küssen in die Stube.

Aber Himmel! wie behaglich war es hier, in dem schön erwärmten und freundlich erleuchteten Zimmer, und wie bemüht war die Liebe sogleich, diese Behaglichkeit dem alten Herrn auf alle nur erdenkliche Weise noch zu erhöhen.

Sprang doch Alma, das reizende Töchterchen des Syndicus — sein einziges vielgeliebtes Kind — sogleich nach dem Hausrocke des Vaters, während ihm die Mutter die schwarze barrettartige Sammtmütze abnahm und behülflich war, das, nach spanischem Schnitt gearbeitete, mit feinem Pelzwerk besetzte Amts- und Staatskleid auszuziehen zu helfen. Auch die Quastenkette von Zahlperlen, die dem Schöffen — wie es damals bei den höheren Magistratspersonen bei feierlichen Gelegenheiten üblich war — über Schultern und Brust herabhing, nahm die Gattin sorgfältig in Empfang; während Alma den großen Lehnsessel herbeirückte und einen bereit gehaltenen Becher mit warmem Würzwein dem noch immer vor Kälte schauernden Vater auf den Tisch setzte.

Aber Syndicus Frantz war im Haus- wie im Staatskleide — trotz seiner fünf und sechszig Jahre — ein stattlicher Mann. Edle offene Züge kündeten einen gleichen Charakter. Das schlicht gekämmte braune, jetzt freilich stark mit Grau gemengte Haar verrieth ein eben so schlichtes Wesen. In dem Blick der noch immer schönen, von Geist und Gedanken zeugenden Augen lag Herzensgüte und Ehrlichkeit; während der, mit einer gewissen Bestimmtheit geschlossene Mund auf Festigkeit des Charakters und Energie der Seele deutete.

Welch' ein reizendes Bild innigen Familienlebens und schönster Häuslichkeit gab aber jetzt die kleine Gruppe ab, die sich nach wenigen Minuten in dem Zimmer des Schöffen gebildet hatte.

Syndicus Frantz saß, einem Patriarchen nicht unähnlich, in seinem Sessel; neben ihm hatte Hedwig, sein treues Weib — das Bild einer deutschen Hausfrau — Platz genommen, die linke Hand des Gatten vertraulich in ihren Händen bergend. Alma aber — das liebliche, dem Vater wie aus dem Gesichte geschnittene Töchterchen, mit den großen wundervollen blauen Augen und den dichten blonden Haarflechten, — Alma kniete zur anderen Seite auf dem Fußpolster, die Arme auf des Vaters Schoß gelegt, das frische rosige Gesichtchen voll Kindlichkeit dem Antlitze des theuern Vaters zugewandt.

Schön kleidete sie dabei die damals so malerische als einfache Tracht der Mädchen aus den höheren Bürgerfamilien, die den schlanken und feinen Wuchs der achtzehnjährigen Jungfrau gar vortheilhaft und lieblich hob.

In der ganzen Gruppe aber lag eine so unbefangene Natürlichkeit und Hingabe, daß sie sich der geschickteste Maler nicht reizender hätte denken können.

Und unbefangen und innig und herzlich war das Gespräch, das sich jetzt rasch entwickelte, und welches — nach den ersten Fragen um das Wohlbefinden des Gatten und Vaters nach all' den überstandenen Anstrengungen — schnell auf die Vorkommnisse des Tages selbst übersprang.

Da war denn von Seiten der Gattin und Tochter viel zu berichten über dasjenige, was man — in Gesellschaft der jungen und liebenswürdigen Frau von Bernhold, einer lieben Freundin Alma's, — alles aus den Fenstern des alterthümlichen „Frauenhauses" am Münsterplatze gesehen hatte; ... manches zu fragen und von dem Schöffen und Syndicus, der ja bei der Hauptaction dicht neben dem Ammeister mitgewirkt, zu beantworten.

Der alte Herr that es auch, wie immer, bereitwillig und gern; dennoch bemerkte seine Gattin bald, daß irgend etwas Unangenehmes, irgend eine Sorge, das sonst stets so freudige und vertrauensvolle Gemüth des Gatten belaste und trübe.

Die Frage danach blieb denn auch nicht aus, und so mußten Hedwig und Alma zu ihrem Schrecken vernehmen, daß vor der Feierlichkeit eine geheime und außerordentliche Sitzung des engeren Rathes stattgefunden, in welcher beschlossen worden sei: daß sich Syndicus Frantz demnächst im Geheimen nach Wien begeben solle, um mit dem kaiserlichen Hofe die Mittel und Wege zu berathen, die gemeinsam einzuschlagen und zu ergreifen seien, damit Straßburg — den Uebergriffen Frankreichs gegenüber — in seiner Selbstständigkeit verbleibe und dem deutschen Reiche als einer der wichtigsten festen Plätze erhalten werde.

Hedwig und Alma berührte diese Nachricht in mehr als einer Beziehung auf das Peinlichste.

Nicht nur wurde dadurch auf lange Zeit das Höchste, was sie hatten, ihr stilles freudiges Familienleben gestört und aufgehoben; . . . sie waren auch beide so verständig, einzusehen, daß es, wenn der Magistrat einen solchen Schritt beliebe, schlimm genug um Straßburg — die liebe theure Vaterstadt und ihr Verhältniß zu Deutschland — aussehen müsse.

Wie natürlich drängte sich denn auch sofort diese Frage auf Mutter Hedwigs Lippen: denn sie, wie ihre Tochter, blieb wahrlich an begeisterter Vaterlandsliebe und ächtem deutschem Sinn und Wesen nicht hinter dem Gatten zurück. Syndicus Frantz und die Seinen waren in ganz Straßburg als gute Patrioten bekannt.

„Und steht es denn wirklich so schlimm um uns?" — frug jetzt mit dem Ausdruck tiefster Besorgniß die Gattin des Schöffen.

Die Züge des Syndicus hatten sich getrübt. Man sah, daß dem wackeren Manne schwere Sorgen auf dem Herzen lagen:

„Ach ja, ihr Lieben!" — sagte er jetzt mit gepreßter Stimme — „der politische Horizont um uns her hat sich recht verfinstert."

„Aber warum und wie so denn?" — frug die Gattin. — „Du hast mir ja bisher kein Wort davon gesagt, daß sich die Verhältnisse so ernst gestaltet haben."

„Weil ich es nicht konnte und durfte!" — entgegnete Franz. — „Es gibt in dem Staatsleben Dinge, die schlechterdings geheim behandelt werden müssen."

„Wie?" — frug hier Frau Hedwig fast schmerzlich und ihr sanftes Auge ruhte mit leisem Vorwurfe auf dem bekümmerten Antlitze des Gatten. — „Wir sind jetzt über fünf und zwanzig Jahre verheirathet und haben nie ein Geheimniß gegeneinander gehabt, . . . und jetzt . . . ?"

„Hedwig!" — rief der Syndicus und seine beiden Hände faßten mit Innigkeit die seiner Gattin — „Hedwig, liebes gutes treues Weib, verkenne mich nicht! Du weißt, das stets und in allen Dingen mein Herz und meine Seele offen vor Dir liegen, wie ein klarer krystallheller See. So hab' ich's mit Dir, so hast Du's mit mir gehalten, vom Tage unserer Verheirathung an . . . und . . . wir hatten nicht Ursache diese gegenseitige Treue und Ehrlichkeit zu bereuen. Offenheit ist das Siegel ehelichen Glücks, der Schmuck und Stolz des ächten deutschen Biedermannes, der süßeste Reiz des Weibes."

„Wie Du recht hast!" — sagte die treue Gattin und drückte einen Kuß auf die Stirne ihres Mannes. — „Es gibt ja kein höheres, kein reineres Glück für ein Weib, als bei dem Manne auf den Grund des Herzens zu schauen, und aus der dort wohnenden Ruhe die eigene zu schöpfen."

„Und eine Frau" — fügte der Mann hinzu — „die aufrichtigen Herzens ist, ist lauteres Gold im Hausstande, das keine Säure anzugreifen vermag. Ein Geheimniß zwischen Eheleuten — Dinge betreffend, die sie selbst oder ihren gemeinsamen Bund angehen — ist und bleibt ein fressender Krebsschaden. Aber, mein gutes treues Weib, es gibt auch ein Schweigen, das uns Männern die Pflicht auferlegt und die Vernunft und die Liebe gebieten: die Pflicht . . . weil es von uns unsere bürgerliche und staatliche Stellung, die wir beschworen haben, verlangt, — — die Liebe und Vernunft, weil wir dadurch von dem schwächeren Weibe Sorgen abhalten, die durch die Mittheilung doch nicht gehoben würden.

„Aber soll denn das Weib nicht ebensogut alle Sorgen mit dem Manne tragen, wie es das Glück und die Freude mit ihm genießt?" — fiel hier Frau Hedwig ein.

„Nicht jede ist stark genug dazu."

„Ich bin es!"

„Das weiß ich."

„So schütte dein Herz — so weit es Deine Pflicht erlaubt — vor uns aus. Alma ist allerdings noch jung; aber ich bürge für sie. Sie ist ernster und gesetzter wie andere Mädchen in ihren Jahren, und es wird ihr nicht schaden, wenn sie sich daran gewöhnt, in ernsten Zeiten mit den Ihrigen auch den Ernst des Lebens zu tragen."

„In ernsten Zeiten!" — wiederholte trüb der Syndicus, indem er mit der Hand sanft über das schöne Haar des Kindes fuhr und ihm mit väterlicher Besorgniß einen Kuß auf die Stirne drückte. — „Ja, ja, ihr Lieben, es ist möglich, daß die nächsten Zeiten recht ernst und trübe werden. Es kann keine Frage mehr sein: Ludwig XIV., dieser ehr- und ländersüchtige Fürst hat sein Auge auch auf Straßburg geworfen."

„Wie kann er das?" — rief hier Alma erschrocken und empört. — „Straßburg ist eine ächt deutsche, ist außerdem eine freie Reichsstadt, die — wie erst der heutige Tag glänzend bekundete — ihre eigene freie Regierung hat!"

„Wie er es kann?" — wiederholte der Vater mit trübem Lächeln. — „Mir beucht, daß er das am

Elsaß bewiesen habe. Haben nicht die Reunions-Kammern Homburg, Pont à Mousson, Salm, Saarburg, Saarbrücken, Vaudemont sammt den zehn elsässischen Reichsstädten und den Landvogteien Hagenau und Weißenburg für Dependenzen französischer Besitzungen erklärt? und zog sie Ludwig XIV. — den man zur Schmach der Menschheit „den Großen" nennt — nicht ohne Weiteres für sich ein? Man kann alles, wenn man die Gewalt über das Recht setzt."

„Dort hatten der König von Frankreich und seine Minister doch wenigstens einen Schein des Rechtes für sich!" — meinte die Gattin des Schöffen.

„Der eitel Lug und Trug ist!" — rief dieser mit Indignation. — „Louvois ist ein Dieb am deutschen Reiche, so gut als sein König! der ganze Elsaß war von jeher und ist von Gott und Rechtswegen noch deutsch! Er war der „Saß" — der Sitz — der Alemannen, dieser ächt deutschen Völkerschaft. Schaut euch nur um ... findet ihr nicht noch heute überall um euch her die blonden Haare und die blauen Augen jener deutschen Vorfahren? Auch die Bisthümer Metz, Tull und Verdun sind uns geraubt. Sie gehörten juridisch zum Reiche und beschickten die Reichstage mit Abgeordneten. Aber Mazarin's Gold — o! daß ich die Schmach aussprechen muß — lockte von den deutschen Fürsten und Ständen einen nach dem anderen zu Frankreich hinüber. Es war die schändliche Staatskunst, den Einzelnen unter den Fürsten zu heben und zu kräftigen und das Allgemeine — Deutschland selbst, unser liebes großes schönes Vaterland — zu drücken und zu schwächen. Besonders war es Baiern, welches zuerst, der vaterländischen Sache abtrünnig, Frankreichs Forderungen durch seinen mächtigen Einfluß unterstützte."

„Schweigen wir davon!" — sagte hier Mutter Hedwig beschwichtigend. — „Das sind leider Dinge, die geschehen und nicht mehr zu ändern sind."

„Die aber in einem ächt deutschen Herzen eine Wunde zurücklassen, welche **nie verharrscht** . . . und . . . **die uns für alle Zeiten als Warnung dienen müssen!**"

„Aber auf Straßburg hat doch der König von Frankreich auch **nicht einen Schein des Rechtes!**" — rief hier, in schöner Vaterlandsliebe strahlend, Alma aus.

„Man wird ihn suchen!"

„Aber nicht finden!"

„Und bleiben aldann nicht List, Gewalt, Bestechung?"

„Wir werden uns wehren! Hat uns nicht die

heutige Feier an unsere frühere Größe und Macht erinnert?"

„An unsere frühere! . . . ja, mein Kind! . . . Aber die Zeiten des Mittelalters und der Größe und Macht Straßburgs — wie der Städte überhaupt — sind nicht mehr. Der Prunk, den solche Feste zeigen, ist nur ein Abglanz früherer Jahrhunderte . . . ein hohles Nichts . . . ein eitler Schein!"

„Und unsere Zünfte, unsere Söldner, unsere Wälle und Feuerschlünde?" — rief Alma in heiligem Eifer glühend — „wär' ich ein Mann, ich würde mich freuen, mein Leben für unser gutes Recht einzusetzen!"

„Du bist mein Kind!" — sagte hier, eine Thräne im Auge, der Syndicus, indem er das Mädchen in seine Arme schloß und küßte. — „So denke ich auch, und — Gott sei Dank — so denken wohl alle guten Straßburger Bürger. Aber . . ."

„Nun, mein Vater?"

Der Syndicus schüttelte sein Haupt; dann sagte er:

„Das genügt nicht einem Staate, wie Frankreich, gegenüber. Bedenke dabei nur liebes Kind, daß unsere Bürgerschaft vor sieben Jahren durch eine hitzige Krankheit sehr zusammengeschmolzen ist, . . . und . . . daß jene unglückliche Seuche gerade die jüngeren

Männer, die zwischen zwanzig und vierzig Jahren standen, am häufigsten hinwegraffte. Wir haben in Allem jetzt kaum dreitausend waffenfähige Bürger!"

„Und die Wälle und die Feuerschlünde?"

„Wir haben vierzehn Bastionen, das ist richtig und gut montirt! . . . aber . . . wie sie besetzen?"

„Haben wir dafür nicht unsere Söldner?"

„Wie stark ist denn noch ihre Zahl? Ja, . . . früher . . . da hielten wir, neben der bewaffneten Bürgerschaft, noch viertausend Mann Besatzung, worunter sich zwölfhundert Schweizer befanden."

„Und warum entließ man sie denn zum größten Theile?"

„Weil die Stadt das Geld dafür nicht mehr aufbringen konnte."

„Und thaten denn der Kaiser und das Reich nichts?"

„Der Kaiser bewilligte Hülfsgelder, die nach und nach über eine Million Thaler betrugen. Mit 60,000 Reichsthaler sind wir noch im Rückstande."

Eine Pause trat ein. Es lag drückend und schwer auf drei edlen Herzen.

„So gleicht denn unser kleiner Freistaat" — hub endlich der Syndicus wieder an — „einem Schiffe, das, seines Mastes und der Ruder beraubt, Allem bloß gegeben ist, was Wind und Meer über es verhängen. Darum, ihr Lieben, hat denn auch der Magistrat in seiner heutigen geheimen Sitzung beschlossen, daß ich mich sofort — es wird schon morgen geschehen — ganz im Stillen nach Wien begeben soll, seiner Majestät, Kaiser Leopold, die Lage der Stadt und die Verhältnisse derselben vorzustellen und ihn um Zusendung einer entsprechenden Hülfsarmee zu bitten."

„O! er wird sie gewähren!" — jauchzte Alma — „denn Straßburg ist eine der schönsten Städte des deutschen Reiches!"

„Und einer seiner wichtigsten festen Plätze!" — ergänzte die Mutter.

„Der Schlüssel zu Süddeutschland!" — sagte ernst der Vater.

In diesem Augenblicke wurde die Glocke an der Hausthüre gezogen.

Alle horchten erstaunt auf.

„Wer wird noch so spät zu uns wollen?" — frug Mutter Hedwig, die ihre Aufregung noch besorgter machte.

„Beruhigt euch, Kinder!" — entgegnete der Syndicus — „es wird der Rathsbote sein, der mir die nöthigen Schreiben und Accreditive für den Wiener Hof bringt. Sie mußten zuvor noch von dem neuregierenden Ammeister unterzeichnet werden, der ja vorhin erst von der Umfahrt nach Hause kam."

Und der alte Herr hatte sich nicht geirrt; es waren in der That jene Schreiben, die man brachte; destomehr aber staunte er über den Bringer selbst; denn . . . statt des Rathsboten, trat . . . die hohe schlanke schwankende Figur des Herrn Stadt= und Rathsschreiber Günzer selbst ein.

Günzer hatte sich, nachdem er die Zunft= und Trinkstube des ehrsamen Schneiderhandwerkes ver= lassen — es geschah dies allerdings nicht im besten Humor — zu dem Ammeister begeben, dort die von ihm selbst ausgefertigten Schreiben nach Absprache unterzeichnen lassen, dann aber den Rathsboten zu dessen Freude des Dienstes enthoben, dem er sich, wie er sagte, selbst unterziehen wollte.

Aber der Eindruck, den sein später Besuch in der Familie Frantz machte, schien kein angenehmer und ihm günstiger zu sein.

„Wie?" — rief der Syndicus mit einer kleinen Wolke auf der Stirne, indem er sich langsam er= hob — „Sie überbringen mir die Regierungsdepe= schen selbst, Herr Stadtschreiber?"

„Ja, Herr Syndicus!" — entgegnete Günzer mit einer Verbeugung gegen den alten Herrn und die Damen, und es lag in seinem Wesen und Ge=

sichtsausdrucke wie immer etwas schleichend Serviles, daß jede ehrliche Haut peinlich berührte. — „Ja, Herr Syndicus!" — wiederholte er — „ich möchte in meiner Stellung diese wichtigen Documente den Händen eines Anderen nicht anvertrauen. Sie wissen ja was es in diesen schlimmen Zeiten für Menschen gibt . . . man kann nicht für Jeden stehen."

„Aber Andreas, der alte Rathsbote, ist doch die treuste und ehrlichste Seele von der Welt." . . .

„So schreiben Sie es meinem Patriotismus zu, daß ich den Gang selbst unternahm!" — rief Günzer und überreichte mit einer neuen Verbeugung seines langen Körpers dem alten Herrn die Papiere.

Die Falten auf der Stirne des Schöffen hatten sich gemehrt. Aber er besann sich und dankte ruhig im Namen der Stadt.

Der Stadtschreiber aber blickte lächelnd nach den Damen und sagte:

„Was bedarf es da des Dankes. Jeder Mensch ist mehr oder weniger Egoist. Gestehe ich es nur, daß auch ich hier ein solcher war. Der Lohn für meine kleine Mühe liegt ja in dem großen Glück, an dem Schlusse des heutigen schönen patriotischen Festes so liebenswürdige Damen noch einmal begrüßen zu können: möge ihr Bild meine Träume verschönern."

„Das beste Kopfkissen" — entgegnete die Gattin des Syndicus — „ist immer ein gutes Bewußtsein und solches hat wohl jeder wahre und aufrichtige Vaterlandsfreund!"

Da Syndicus Frantz und die Seinen keine weiteren Anstalten machten, den Herrn Stadtschreiber zu halten — obgleich sie wohl merkten, daß jener es wünsche, — so blieb Günzer nichts übrig, als sich zu verabschieden, zumal die Nacht schon vorgerückt war.

Freilich hatte es mit dem Stadtschreiber und der Familie des Syndicus ein eigenes Bewandniß: Günzer liebte nämlich des Schöffen reizendes Töchterchen, wohl auch des alten Herrn hübsches Vermögen, welches — da Alma sein einziges Kind war — dieser einst ganz und ungetheilt zufallen mußte.

Freund Amor aber ist ein launischer Bursche! Alma fand gar keinen Geschmack an dem Stadtschreiber: einmal, war er ihr, als angehender Dreißiger, zu alt; — dann gefiel ihr die lang aufgeschossene Figur, die in all' ihren Bewegungen etwas Schwankendes, Unsicheres zeigte, ebenso wenig, wie die stechenden Augen in dem, sonst freilich gar nicht unschönen Gesichte. Am wenigsten aber noch, sagte ihr des Stadtschreibers schleichendes und servieles Wesen zu, das auf keinen guten Charakter schließen ließ. Wirklich galt Günzer allgemein — wenn auch für sehr gewandt und juristisch wie diplomatisch sehr geschickt — doch auch für äußerst hab- und ehrsüchtig. Viele seiner Mitbürger hielten ihn sogar für einen falschen und gefährlichen Menschen ... und zu diesen gehörten auch Syndicus Frantz und seine Gattin.

Natürlich war es daher, daß man den Stadtschreiber im Frantzischen Hause nicht gerne sah' — der alte Herr hatte dabei noch seine besonderen Nebengedanken in Betreff der politischen Gesinnungen Günzers; — natürlicher noch, daß weder Eltern noch Tochter etwas von seinen Werbungen wissen wollten; — am allernatürlichsten aber, daß Alma ihn nicht liebte, ... da ... **ihr Herz bereits einen Anderen gewählt hatte.**

Dieser Andere aber war **Hugo**, der Sohn des Stettmeisters **von Zeblitz**, ein schöner junger Mann von liebenswürdigem Wesen und edlem Charakter. In seinem vierundzwanzigsten Jahre stehend, berechtigte er — als angehender Jurist — zu den schönsten Hoffnungen. Die Familie von Zeblitz war dabei eine der erste Familien Straßburgs, deren Väter und Söhne seit undenklichen Zeiten in dem hochedlen Magistrate der Stadt saßen.

Danach freilich hatte Alma's Herz nicht gefragt,

als es für Hugo zu klopfen begann; wohl aber hatte dieser des Mädchens Neigung hauptsächlich durch sein offenes edles Wesen und durch die begeisterte Vaterlandsliebe, die ihn beseelte, errungen. Von letzterer zeugten ja die hübschen kraft- und schwungvollen Gedichte, die seiner Seele zu verschiedenen Zeiten und bei passenden Gelegenheiten entströmten. Waren doch gar manche von ihnen in die Oeffentlichkeit und selbst bis zu Alma gedrungen.

Ob Hugo Alma wieder liebe, das wußte diese freilich noch nicht mit Bestimmtheit; . . . aber . . . ihr Herz, ihr ganzes Inneres sagte ihr oft unter Seligkeit und Entzücken, daß sie es glauben dürfe.

O! die Liebe versteht sich ja auf Seelen-Telegraphie! Ihre Telegraphen sind die Augen, . . . das Herz dictirt, . . . das verbindende Fluidum sind Blicke des Lichtes . . . und, erschüttert von Seligkeit, schreibt das andere Herz in seinem Herzen nieder, was das erste voll Entzücken signalisirte.

So auch hatten Hugo und Alma schon ihr süßes Lebensgeheimniß ausgetauscht. Wenn nur nicht über den schönen Frühlingstag ihrer Liebe, schon an seinem frühen Morgen schwere Gewitterwolken gezogen wären. Aber . . . die Familien von Zedlitz und Franz waren gespannt. Zedlitz galt allgemein, und auch bei dem Syndicus, für einen Aristokraten und Achselträger . . . ja, man sprach sogar im Geheimen davon, daß er im Glauben nicht fest stehe . . . daß — es war ein Horreur in einer so streng lutherischen Stadt — daß er sich dem Katholicismus zuneige!

Arge Streitigkeiten hatten über diesen Gegenstand schon früher zwischen den ehemaligen Freunden stattgefunden; aber statt zu einer Ausgleichung, führten sie zur Erbitterung, — statt zu Versöhnung . . . zu völligem Bruch.

Seit jener Zeit war jeder Umgang zwischen den beiden Familien aufgehoben; im Magistrate aber standen die Partheien Zeblitz und Frantz sich schnurgerade entgegen.

Wie hätte da Alma auch nur ahnen lassen dürfen, was sie für den Sohn des Stettmeisters empfand? wie wäre es Hugo möglich gewesen, sich der Geliebten zu nahen?

Nur in der Kirche, — nur bei Festen oder bei zufälligem Begegnen auf der Straße und bei Spaziergängen konnten Beide sich sehen und mit Blicken der Liebe zu einander reden.

Aber der Schmuck und das Kleinod der Jugend ist ja der Muth! der kühne freudige vertrauensstarke Muth, der — über alle Hindernisse hinweg — freudig lächelnd wie ein Kind in die Zukunft schaut. Und diesen köstlichen Muth, dies himmlische Geschenk, hatte Gott in die Herzen der beiden Stillglücklichen gesenkt. Sie vertrauten ihrer Liebe und der Zukunft!

Aber . . . schönere Träume umfingen beide jetzt oft im Schlafe, und wenn sie erwachten, waren sie ihnen im Herzen, wie die Spur eines Kusses auf der Wange des Geliebten. O! im Geiste gingen sie sich ja doch entgegen, wie versöhnte Freunde, wenn sie noch etwas fremd thun, und doch den nahen unendlich seligen Augenblick des Umarmens schon in der Seele tragen.

Was konnte da Günzer der holden Alma sein?

Sie und die Eltern waren froh, als er Zimmer und Haus verlassen.

In stillem Schmerze über die nahe Trennung, — in größerem über die mißliche Lage der Vaterstadt, machte man noch Anstalten für die weite beschwerliche Reise des Syndicus.

Es war Mitternacht vorüber, als man nach herzlicher, fast wehmüthiger Umarmung zu Bette ging.

Haus im Schnakenloch.

Straßburg war um jene Zeit noch mit sechzehn regulären Bollwerken oder Bastionen versehen, deren wichtigste das Ill=, das St. Elisabethen=, das Metzger=, das Katharinen=, das Steinstraßer=, das Heiden=Bollwerk und die Bastionen am gelben Eck und am Lug in's Land waren. Thürme krönten diese Befestigungswerke; nicht allein um sie zu verstärken, sondern auch um als Warten und Wachtposten zu dienen, da man von deren Höhe einen weiten Blick in das Land werfen konnte. Zugleich standen auf denselben Schwefelpfannen zu Signalen. Auf allen Spitzen dieser Bollwerke waren Schilderhäuser angebracht, sechs Fuß im Durchschnitt, von sechszölligem eichenem Holz, zwischen den Riegeln mit gebackenen Steinen ausgemauert. Ueber den sechseckigen Dächern gingen zwei Pfosten hinauf, die ebenfalls

ein sechseckiges Dach trugen, unter welchem Wacht=
Glocken von zwei bis vier Centnern hingen, die des
Nachts von den Schildwachen, so oft die Stunde
schlug, angezogen werden mußten.

Zwischen den Bollwerken dehnten sich dabei
Wälle und Gräben aus. Auch an besonderen Schan=
zen, Hornwerken und „Ravelins" (Wall=Schilden)
fehlte es nicht. So fand sich ein halber Mond vor
dem Bollwerk zum Rosen=Eck, — ein Ravelin vor
dem Steinstraßer= und Kronenburger=Thor. Letztere
Gegend war sogar noch außerdem durch ein Horn=
werk mit doppelten Pallisaden geschützt*).

Straßburg — das damals 3200 Häuser, 4300
Familien und 28,000 Einwohner zählte — erfreute
sich also eines für jene Zeit ehrfurchtgebietenden
Schutzes, zumal es ihm nicht an Geschützen — und
zwar an guten fehlte.

Sagte doch schon der alte Spruch, der ja auch auf der
Zunftstube des ehrsamen Schneiderhandwerkes stand:
"Venediger Macht,
Augsburger Pracht,
Nürnberger Witz,
Straßburger Geschütz,
Ulmer Geld
Behält den Preis in der weiten Welt!"

---
*) Silbermann: „Local-Geschichte der Stadt Straß=
burg. 1775."

Aber Straßburgs Bürger waren auch nicht wenig stolz auf ihre Geschütze, Zeughäuser und Festungswerke, und dieser Stolz gab den meisten unter ihnen eine solche Sicherheit, daß sie — ohne im mindesten beunruhigt zu werden — den Uebergriffen, die sich Ludwig XIV. von Frankreich im Elsaß erlaubte — ruhig zusahen.

Wohl ärgerte sie dies Verfahren Louvois und des Königs; — wohl schimpften sie auch weidlich darüber auf den Trink- und Wein-Stuben;.. aber daran zu denken, daß die eigene Existenz, die Unabhängigkeit und Freiheit Straßburgs jemals bedroht sein könne, das fiel den guten Bürgern — mit Ausnahme jener, die in den höheren Regierungs-Collegien saßen, — wahrlich nicht ein.

Stolz und freudig — ein fleißiges industrielles Völklein, aber dabei ächte freie deutsche Reichsstädter, — hoben sie das Haupt. Zu was hatten sie denn ihre kostbaren Privilegien von Kaiser und Reich, von Karl dem Großen an bis auf Leopold? — zu was ihre Zeughäuser, Wälle, Bastionen und Geschütze? Und war die Bürgerschaft denn nicht selbst bewaffnet? und fühlte sich auf der Zunft- und Trink-Stube nicht Jeder ein Held? — Und bezahlte man denn außerdem nicht noch eine schöne Anzahl Söldner mit seinem schweren Gelde?

Wenn es auch für den Augenblick weniger waren, als früher — Stadtschreiber Günzer mit seinen Freunden, den Rathsherren von Zeblitz, Stößer, **Dr.** Obrecht, Hecker und deren Anhang hatten die Entlassung eines großen Theiles der Söldner aus Sparsamkeitsrücksichten durchgesetzt — wenn es auch für den Augenblick weniger waren, als früher, ... nun ... so hatte eine so wohlhabende Stadt wie Straßburg doch jeden Augenblick Mittel an der Hand, neu zu werben. So wenigstens dachten in ihrer Unbesorgtheit, in ihrem allzugroßen Selbstgefühl und Selbstvertrauen die guten Bürger und wohl auch ein großer Theil des Rathes und Magistrates. Es ist ja nicht Jedermanns Sache in die Ferne zu schauen und sich über die eigene kleine Persönlichkeit und die Erdscholle zu erheben, auf der man steht. Stolz — auch der Bürgerstolz, und dieser zumal, — macht blind. Es war doch schön, Straßburger Bürger zu sein: fest und sicher hinter Privilegien und Wällen zu sitzen und mit Wohlgefallen, im Vorübergehen auf die uniformirten Krieger zu schauen, die die Stadt — also auch jeder einzelne Bürger, hielt.

Wie manche Frau Schöffin richtete es der Art bei ihren Spaziergängen mit dem Gatten ein, daß man an allen möglichen Wachtposten vorüberkam. Ach du lieber Gott! es that ja so gut, wenn die

Wachen vor dem Herr Schöffen die Waffen anzogen und die Frau Schöff unter glücklichem Lächeln einen tiefen Knir machen konnte.

Und hatten die guten Straßburger Bürger nicht noch einen weiteren sehr triftigen Grund, um stolz zu sein? Konnte denn nicht Jeder unter ihnen Raths=herr, Magistratsperson ... ja selbst Regent werden? Jeder kleine neugeborene Schneider oder Handschuh=macher, Schmied oder Schuster trug ja möglicher=weise einen zukünftigen Magistratsherrn oder gar Ammeister in sich; wie hätte dies Gefühl nicht den Knaben, den Jüngling, den Mann heben sollen?

„Allah ist groß und Mahomed ist sein Pro=phet!" — in einer deutschen freien Reichsstadt ist viel möglich!

Allein — abgesehen von diesem spießbürgerlichen Anfluge, der unter solchen Verhältnissen nie fehlt, — war die Straßburger Bürgerschaft im Allgemei=nen und Ganzen ehrenwerth und, das mußte man ihr zugestehen, voll warmer Liebe für Vaterstadt und Vaterland. Tüchtig in Handel und Wandel, fest in ihrem lutherischen Glauben, durchdrang die Meisten ein ächtdeutscher Geist. Ja man konnte sagen: die Straßburger jener Zeit waren ächte deutsche Pa=trioten!

Und doch! ... und doch! ... schlich auch hier

eine Schlange im Grase, deren Ringe indeß aus den höheren Schichten der Gesellschaft — ja gerade aus den höchsten, aus jenen der Regierenden, stammten.

Und diese Schlange war die jetzt freilich noch kleine Parthei der **französisch Gesinnten**. Wie hätte auch der schlaue Louvois nicht für die zeitige Aussaat einer Giftpflanze sorgen sollen, durch deren allmäliges Emporwuchern er die Saat des Guten und Rechten, der Freiheit und des Deutschthumes, zu ersticken hoffen durfte. Und reichte ihm der Bischof von Straßburg, Fürst Franz Egon von Fürstenberg, nicht hierbei treulich die Hand? Wohl wohnte derselbe in Cöln; aber seiner Agenten große Zahl trieben im Stillen in Straßburg ihr Wesen; und auch er selbst — der **heilige Mann, der edle deutsche Fürst** — kam oft genug im Geheimen hierher.

Louvois rechter Arm aber war hier der französische Resident, **Herr von Frischmann**, dem Oesterreich freilich **seinen Gesandten, Herrn Baron von Mercy**, entgegensetzte. Fürst Egon katholizirte dabei durch seine Sendlinge, und so wühlten und arbeiteten bereits längst im Dunkeln und Geheimen die verschiedenen Partheien, ohne daß der einfache und schlichte Bürger ahnte, wie der

Boden unter seinen Füßen immer hohler und un=
sicherer wurde.

Und doch gab es auch wieder Einzelne, deren
schärferer politischer Sinn nachgerade Witterung von
diesem unseligen Treiben bekam. Einen solchen Sinn
zu besitzen, bedarf es aber nicht einer hohen Geburt;
oft ist auch dem einfachsten schlichtesten Menschen
ein mehr oder weniger scharfer Blick gegeben, — ja
ein instinctives Ahnen und Erkennen, das häufig
Diplomaten von Fach fehlt.

Ein solcher Mann war nun . . . der ehrsame
Meister Wenck.

Schneidermeister Franz Blasius Wenck öffnete
eben die Thüre seines Hauses, das dicht an dem
Spitalthore stand, dort, wo sich noch heute zwei
alte Thürme erheben. Es war ein kleines bescheide=
nes Gebäude, roth angestrichen und mit gebrannten
Ziegeln gedeckt.

Der Abend war angebrochen, und da im Au=
genblick wenig zu thun war, so hatte Meister Wenck
die Arbeit niedergelegt, um sich durch einen Spa=
ziergang in der frischen kalten Winterluft die Sor=
gen etwas aus dem Herzen und von der Stirne
hinwegwehen zu lassen. Es waren dies just keine
Nahrungs= noch Familiensorgen, denn Wenck war
Wittwer, hatte keine Kinder und stets so viel Ar=

heit, daß er, bei seinen äußerst bescheidenen Ansprüchen, ruhig leben konnte.

Aber der kleine Schneider hatte andere Sorgen. Er — der bei seiner Arbeit gar viele Zeit zum Denken und Nachsinnen hatte und ein Herz voll Vaterlandsliebe in seiner Brust trug — verfolgte ja die politischen Bewegungen seiner Zeit mit aufmerksamem Auge. Politik und politisiren waren überhaupt seine Liebhaberei. Wenn er je von Zeit zu Zeit einen Gesellen brauchte, so nahm er gewiß nur einen solchen, von welchem er auf der Herberge erfuhr, daß er gern über Krieg und Frieden, über Regierungen und Regierte, über Länder und Völker rede. Das war alsdann sein Mann; konnte er doch mit diesem unter dem Arbeiten nach Herzenslust sprechen: über Kaiser und Reich, über die verhaßten Franzosen, über den dreißigjährigen Krieg und die Feldzüge, die er mitgemacht und was dergleichen mehr war. Uebrigens hatte diese Neigung zum Politisiren auch seine peinliche Seite. Es führte ja gar sehr zum Nachdenken über die Gegenwart. Wer bewegte denn jetzt vor allen Dingen die Welt? Wer anders, als Ludwig XIV., der König der verhaßten Franzosen, und sein noch verhaßterer Minister Louvois. Und welche politischen Ereignisse erschütterten eben die Ruhe der Staaten? Keine anderen, als die empörenden Uebergriffe Frankreich's in dem Elsaß. Holland, England, Spanien und vor allen Dingen das deutsche Reich und der deutsche Kaiser riefen die Welt auf, gegen diese Ungerechtigkeit! . . . alle diese Länder und ihre Herrscher protestirten feierlich gegen diese Verletzung des Westphälischen und Nimweger Friedens! aber — und das hätte Meister Wenck das Herz brechen können — es blieb auch bei dem protestiren; während Louvois ein Stück des Elsasses nach dem anderen nahm und Frankreich einverleibte, . . . ja selbst diesen frechen Räubereien noch den Hohn des Uebermuthes beifügte.

So hatte Meister Wenck alle die schönen Städte des Elsasses dem verhaßten Frankreich in die Hände fallen sehen — und jetzt! . . . jetzt! schien es ihm gar, als ob Ludwig XIV. seine Hände auch nach der geliebten Vaterstadt ausstrecke. Das aber ging Meister Wenck an die Seele; schon der Gedanke daran konnte ihn rasend machen. Aber er fühlte sich ja Mann genug, Gut und Blut, Leib und Leben für sie einzusetzen . . . und . . . sollten nicht alle Bürger Straßburgs denken wie er? Seine Zunftgenossen thaten es, das wußte Wenck. Auch die übrige Bürgerschaft — und namentlich sämmtliche Zünfte — waren durch und durch patriotisch gesinnt.

Nur eines . . . eines . . . wollte seit län=

gerer Zeit dem guten Meister Franz Blasius nicht
aus dem Sinn ... und das war der Gedanke:
im Magistrate müsse es nicht ganz mit rechten
Dingen zugehen. Syndicus Frantz und seine Parthei
waren ächte Patrioten und allgemein anerkannte
Biedermänner; was aber den Stadtschreiber Günzer
und seinen Anhang betraf, so regte sich in dem
Schneiderlein manch sonderbarer Gedanken.

Wie war es doch gekommen und zugegangen,
daß ein hochweiser Magistrat erst im verwichenen
Jahre — gerade in so gefährlichen Zeiten — aus
Sparsamkeits-Rücksichten die kaiserliche Besatzung, die zur Sicherheit in Straßburg gelegen,
nach Hause geschickt hatte? ... Günzer, Zedlitz,
Obert und der Ammeister Dominique Dietrich waren es namentlich, die dafür gesprochen und gewirkt.
Dietrich und Zedlitz kannte man für ängstlich ...
sie hatten sich wohl durch die Gegendrohungen Louvois und des französischen Feldherrn Montclar ein-
schüchtern lassen. Warum aber Günzer und Obrecht
— die in ihrer Lebensweise und in ihren Grundsätzen bis dahin durchaus nie etwas von Sparsam-
keit gezeigt — plötzlich und so ganz zur unrechten
Zeit und am unrechten Orte sich so überaus spar-
sam im städtischen Regimente zeigten, ... dies wollte
Meister Wenck durchaus nicht in den Kopf. Er

würde lieber seinen letzten Wams hergegeben haben, um Geld für die Reichstruppen zu schaffen! Und die übrige Bürgerschaft wäre in Opfern gewiß auch nicht zurückgeblieben.

Aber Günzer und die Seinen drangen durch... und... die Stadt wurde von Reichstruppen entblößt.

Ehrenmeister Wenck schüttelte damals den Kopf; aber er sagte nicht, wie sonst: „Wer weiß wozu es gut ist?" Er ging nur herum und brummte, wo er hinkam, das alte Straßburger Volksliedchen vor sich hin:

„Der Hans im Schnakenloch
„Sagt Alles, was er denkt;
„Und was er sagt, das denkt er nicht,
„Und was er denkt, das sagt er nicht:
„Der Hans im Schnakenloch
„Sagt Alles, was er denkt!

Als aber bald darauf die sparsamen Herren auch noch zwei Drittel der im Solde der Stadt stehenden zwölfhundert Schweizer entließen, da... hörte Meister Wenck auch auf zu singen und zu brummen und ward ernsthafter als sonst.

Aber er ward noch etwas... er ward auch aufmerksamer auf den Gang der Dinge um ihn her und auf gewisse Personen, deren Namen ihm schon wie Steine im Magen lagen. Stadtschreiber Günzer spielte dabei die Hauptrolle. Meister Wenck beobachtete ihn im Geheimen . . . da fiel es ihm auf, daß der Stadt= und Rathsschreiber ungewöhnlich viel mit dem französischen Residenten zusammen kam. Wohl hatte Günzer von der Regierung aus Manches mit Herrn von Frischmann zu thun und zu verhandeln; aber dem kleinen Schneider schien es, als ob das doch nicht so häufig vorkommen könne, als Günzers Besuche. Am verdächtigsten aber wurden ihm dieselben dadurch, daß viele bei Nacht und Dunkel — also in einer ganz ungeschäftsmäßigen Zeit — abgestattet wurden.

So stieg Wenck's Verdacht mehr und mehr und hatte in der letzten Zeit durch den Vorfall auf der Zunft= und Trink=Stube des ehrsamen Schneiderhandwerkes nur noch Nahrung gefunden. Warum hatte Günzer — der sich im öffentlichen und geschäftlichen Leben fast mit Ostentation patriotisch zeigte — hier so verkappt auf die Wohlthaten des französischen Schutzes hingewiesen und sogar Ludwig XIV. ein Hoch gebracht?! . . .

Meister Wenck ward immer stutziger. Wohl schwieg er noch gegen Jedermann, nahm sich aber vor, es dahin zu bringen: in dieser verdächtigen Sache klar zu sehen.

Aber wie sollte er dahin kommen?

Auch heute hatte er vergeblich darüber bei der Arbeit nachgedacht. Der Kopf brannte und schmerzte ihn. Er entschloß sich also zur Erholung einen Abendspaziergang in der kalten Luft zu machen, und zwar nach dem sogenannten „Schnakenloch."

Das „Schnakenloch" war — und ist noch heute — eine mit Häusern besetzte Niederung am Wasser, die sich die Landplage der dortigen Gegend, die Schnaken, zum Sommersitze zu wählen pflegen, und zwar in solcher Masse, daß es ihnen leicht wird, jedes gefühlvolle Menschenkind daraus zu verjagen. Dort nun, in der kleinen Schenke, die den eben erwähnten eigenthümlichen Namen speciell trug, hatte einst ein Wirth mit Namen Hans gehaust, der ein Original gewesen, sich stets dumm stellend und doch ungemein pfiffig, so daß er — trotz der Schnaken — durch seine angenommene drollige Dummheit Gäste in Menge anzog und dadurch ein ganz vermögender Mann wurde.

Noch heute sind die Spottliedchen, die auf den Hans im Schnakenloch gemacht wurden, im Munde des Volkes und der Kinder. Damals war dies noch mehr der Fall, obgleich Hans schon todt war und die Wirthschaft zu einer schlechten Kneipe herabgesunken war. Meister Wenck hätte sie wohl auch schwerlich je betreten, wäre der jetzige Wirth nicht ein weitläufiger Verwandter von ihm und dabei ein armer Mann und Wittwer gewesen, der bei seinen sieben Kindern der Aufhülfe wohl bedurfte.

So ging denn Franz Blasius zeitweise dorthin, trank und zahlte seine Kanne Landwein; ließ aber unter dem Zinnbecher meist noch ein Stück Geld liegen.

Auch heute sollte dies geschehen und der Meister machte sich jetzt frisch auf den Weg.

Es war schon ziemlich dunkel und die Nacht schien recht kalt werden zu wollen. Wolken — rasch vom Winde gescheucht, wie eine vor dem Wolf fliehende Heerde, — bedeckten den Mond, der nur hie und da wie eine matt leuchtende Nebelkugel durch das dünnere Gewölke durchschimmerte. Der Wind pfiff dabei von Nord-Ost und wiegte die hohen kahlen Pappelbäume — die charakteristische Zierde jener Gegend — die wie riesige Gerippe gespenstisch in die Luft ragten.

Meister Wenck zog seinen mit Ziegenfell gefütterten Rock dichter an sich, drückte die barrettartige Mütze fester auf den Kopf und athmete die kalte Luft mit tiefen Zügen. Sie that ihm wohl und erfrischte ihm Leib und Seele. Wenck war ja trotz seiner kleinen Figur und seinen vorgerückten Jahren noch immer ein rüstiger gesunder Mann. Wenn er in früheren Zeiten bei Anstrengungen, Entbehrungen und Abhärtungen — die ihm ja im Felde und im Kriege oft genug vorgekommen — gar manchmal zu seinem eigenen Troste sich zugerufen hatte: „Wer weiß wozu's gut ist!" so hatte sich dies in der That bewahrheitet. Der kleine Mensch war kernfest und auf die Dauer. Aber auch seine Seele war gesund: Furcht kannte das Schneiderlein keine, denn sonst wäre er jetzt nicht so ruhig an dem Hochgerichte vorbei gegangen, das damals in jeder Gegend stand. Raben, die sein Nahen aufgeschreckt, flogen mit heiserem Geschrei um die drei verhängnißvollen Säulen, an deren Querbalken der Leichnam eines Gehängten, vom Winde hin und her bewegt, schwebte.

Schauerliche Erinnerungen knüpften sich ohnedem eine Menge an diesen Ort.

Erst kürzlich hatte man hier ein schönes junges Mädchen — wegen Kindesmord — mit dem Schwerte hingerichtet, und Einem, der gotteslästerlich von Christo geredet, lebendig die Zunge aus dem Halse gerissen und an den Galgen genagelt. Dann war der gute Mann geköpft und sein Körper schließlich verbrannt worden.*)

---

*) J. A. Silbermann: „Localgeschichte der Stadt Straßburg."

Ja, ja! die Leute von damals waren furchtbar in ihrer Justiz und in ihren Strafen. Auch die hoch= weisen und gestrengen Herren des Magistrates zu Straßburg waren mit Galgen und Rad stets bei der Hand, davon kann der „grüne Busch" und so manch' anderes Plätzchen erzählen; wenngleich es damals schon lange nicht mehr so schlimm aussah', wie im eigentlichen Mittelalter, wo außer Hängen und den Kopf abschlagen, der Schand=Korb, das Schupfen, Ersäufen, an den Harpfen schlagen, Au= gen ausstechen, Blenden, durch die Backen oder auf die Stirne brennen, Ohren abschneiden (bei lieber= lichen Mädchen), in Oel sieden, (bei Falschmünzern) und ähnliche hübsche Dinge stets in lustigem Schwung waren.

Auch Ehrenmeister Wenck fielen jetzt alle diese Gräuel finsterer Zeiten ein. Der Seufzer, der seiner Brust entstieg, galt allen den Unglücklichen die ihre menschlichen Schwachheiten und Irrthümer so gräß= lich hatten büßen müssen.

Nur von einer in früheren Zeiten in Straß= burg üblichen Strafe wünschte er, daß sie noch be= stünde: es war dies der sogenannte „Lästerstein," den böse Mäuler, an einer Kette um den Hals, durch die Stadt tragen mußten. Er kannte dies von dem „Lästerstein", der am Münzgebäude eingemauert

22*

war, nebst einer steinernen Tafel, auf der die Worte
standen:

„Der Lästerstein bin ich genannt,
„Den bösen Mäulern wohl bekannt;
„Wer Lust zu Zank und Hader hat,
„Der muß mich tragen durch die Stadt."*)

Wenck lächelte, als er den Vers jetzt vor sich
hinsummte:

„Bestände die Strafe noch!" — sagte er dann
heiter. — „Wer weiß wozu es gut wäre!"

Aber in demselben Augenblick blieb er erstaunt
stehen. Die Kneipe zum „Schnakenloch" war nur
noch einen Büchsenschuß weit von ihm entfernt. Sie
war das erste der wenigen in dieser ungesunden
Gegend liegenden kleinen und ärmlichen Häuser. Be=
sucht wurde sie um solche Zeit fast von Niemanden
. . . und doch schien es ihm . . . als folge ihm
Jemand auf dem Wege dahin.

Richtig! was er im Gehen nur schwach vernom=
men, hörte er jetzt im Stillstehen ganz deutlich:
Schritte und Stimmen. Sehen konnte er nichts, da
jetzt gerade dichte Wolken den Mond verdeckten.

Sicherheit zu Nacht und im Felde kannte man
aber zu jenen Zeiten nicht. Die ewigen Kriege er=

---

*) Ist 1738 entfernt worden.

zeugten eine Menge Strolche und Wegelagerer, und so streng und grausam man in den Strafen war, so schlecht war die Polizei. Im öffentlichen Rauben und Stehlen gingen ja übrigens die Herren Fürsten und Minister — wie Ludwig XIV. und sein Louvois — mit gutem Beispiele selbst voraus.

Nun kannte zwar Meister Wenck keine Furcht . . . aber . . . er war doch auch gerade nicht tollkühn.

„Vor mir ist besser als hinter mir!" — dachte er daher und trat zur Seite.

Die Schritte kamen näher. Bei der Stille der Nacht konnte man deutlich Worte vernehmen.

„Um welche Zeit mag es wohl sein?" — frug eine Männerstimme.

„Wohl nahe acht Uhr!" — antwortete eine Andere.

„Dann kommen wir gerade recht."

Wenck's Staunen mehrte sich. Er kannte diese Stimmen: . . . er hatte sie erst vor kurzem gehört.

„Recht kommen?" — sagte er leise vor sich hin — „wo und zu was? . . . und wer mögen die Sprechenden sein? . . . der Weg führt nur nach dem einsamen . . ."

Er schwieg, die Männer nahten sich.

„Ich will sie womöglich unbemerkt vorübergehen

laſſen und ihnen dann folgen!" — liſpelte der Schneider. — „Wer weiß wozu es gut iſt!" —

Und im gleichen Momente ließ er ſich geräuſchlos auf den hartgefrorenen Boden dicht neben dem Wege niedergleiten. Die dunkele Maſſe war in der dunkelen Nacht kaum von dem Boden zu unterſcheiden. Wer ſollte auch daran denken, daß hier ein Menſch auf dem Ackerfelde liege. Dichte Wolken deckten noch immer den Himmel.

Die Männer kamen heran. Wenck hörte jedes Wort, was ſie ſprachen:

„Und werden die bewußten Freunde auch ſicher kommen?"

„Ohne Zweifel."

„Die Reiſe iſt weit . . ."

„Aber die Ausſicht auch lohnend."

„Wer kann das wiſſen."

„Verzagt Ihr jetzt ſchon an dem Erfolge?"

„Nein!"

„Nun, ſo laßt den Muth nicht ſinken."

„Manchmal bangt mir doch."

„Seid Ihr ein Mann?"

„Auch ein feſter Mann kann hier Bedenken haben und zurückbeben."

„Warum?"

„Was wird die Mit- und Nachwelt ſagen?"

„O, der Schwäche! Kommen wir zum Ziele, so . . ."

Hier verhallten die Worte der Sprechenden. Ein Flug Raben, der ächzend und krächzend nach dem Hochgerichte zog, ließ den Lauschenden nichts mehr vernehmen.

„Das war Günzer!" — rief Wenck leise und sprang auf. — „So wahr Gott lebt, das war der Schlicher von Stadtschreiber. Rasch, . . . schleichen wir nach . . . ich muß wissen was da vorgeht. Wer weiß wozu es gut ist! . . . und . . . so viel ist gewiß: wichtige Dinge sind hier im Werke! . . . Wenn es sich um ein Urtheil der Mit= und Nach=welt handelt, so muß von einer großen That . . . oder . . . von einem großen Bubenstück die Rede sein."

Und Meister Wenck eilte mit leisen Schritten den nächtlichen Wanderern nach.

Bald glaubte er sie wieder in der Dunkelheit zu erkennen.

Jetzt nahten sie sich dem kleinen halb verfallenen Wirthshause . . . jetzt . . . mußten sie hineinge= schlüpft sein.

Wenck hielt an.

„Was geht hier vor?" — dachte er.

Aber wie? . . . sollte er den Männern geradezu folgen?

Es war nicht anzurathen. Wenn sie ihn sahen, war alles verdorben.

Der Schneider schlich an das Haus heran. Die Fensterläden waren dicht geschlossen. In der Wirthsstube hörte man nur den Lärm und das Schreien der Kinder.

Meister Wenck schaute in die Höhe. Oben befand sich noch ein Zimmer, das in früheren besseren Zeiten den Stadtgästen zur Trinkstube gedient hatte. Aber auch hier schlossen dichte Läden jede Oeffnung.

Plötzlich vernahm der Lauschende in der Entfernung den Hufschlag mehrerer Pferde.

Jetzt ward es stille. — — Gleich darauf kamen Schritte näher.

Zwei Männer, in große dunkele Mäntel gehüllt, nahten sich dem Hause. Beide schienen, der Haltung nach, den höheren Ständen anzugehören; der eine namentlich war eine hohe stattliche Figur.

Schweigend traten sie durch die Hinterthüre ein.

Sie waren also bis in die Nähe herangeritten und dann abgestiegen. Ein Diener hielt wohl in der Entfernung mit den Pferden.

Wenck ward immer gespannter; aber wie zum Teufel sollte er dieser geheimen Zusammenkunft, von der er nichts Gutes ahnte, näher auf die Spur kommen.

Noch stand er sinnend, als ein Mädchen von ungefähr vierzehn Jahren aus der Thüre der Schenke trat. Es war Fränzchen, des Wirthes ältestes Kind, das Meister Franz Blasius über die Taufe gehalten hatte.

Als das Mädchen in der Dunkelheit einen Mann stehen sah, erschrack es.

„Wer ist da!" — rief die Kleine.

„Still, Fränzchen!" — entgegnete Wenck — „ich bin es, dein Pathe!"

„O je!" — rief das Mädchen erfreut und ganz unbefangen — „der Herr Pathe... und so spät?"

„Nun," — meinte der Schneider — „es scheint bei euch noch nicht spät zu sein... ihr habt Gäste?"

„Wir?" — frug die Kleine staunend zurück.

„Wer sonst!"

„Ihr irrt, Herr Pathe! außer meinen Geschwistern ist Niemand hier."

„Und der Vater?"

„Ging nach der Stadt."

„Und keine Gäste?"

„Ach du lieber Gott, die sind selten bei uns geworden! Hie und da einmal ein Arbeiter,..."

„Aber, Fränzchen!" — rief jetzt der Schneider

vorwurfsvoll — „sei wahr gegen deinen Pathen ... ich sah doch ..."

Er hielt inne und verbesserte: — „ich glaubte doch Jemanden in der Wirthsstube sprechen gehört zu haben."

„Das waren wir."

„Ihr?"

„Ja, ich und meine Geschwister."

„Nun, so war's vielleicht oben im Zimmer."

„Das ist ja verschlossen und der Vater hat den Schlüssel bei sich."

Wenck schüttelte mit dem Kopfe. Sollte das Kind die Unwahrheit sagen? Es war dies sonst sein Fehler nicht.

Aber vielleicht war ihm dies Verhalten vorgeschrieben und von dem Vater, bei Androhung von Strafe, zur Pflicht gemacht worden.

Der Meister dachte noch hierüber nach, als das Mädchen unbefangen rief:

„Aber, Herr Pathe, wie seit Ihr heute so seltsam ... steht immer in der Nacht und Kälte. Kommt doch herein. Ich will die Kleinen in die Kammer bringen und zu Bett legen ... dann hole ich Euch den Wein!"

Und mit diesen Worten zog Fränzchen den stets willkommenen Gast nach der Thüre.

Wenck folgte ohne Widerstreben.

In der That! ... es befand sich außer den Kindern Niemand in der Stube.

Lauter Jubel bewillkommte den Schneider. Die Kinder sprangen wild auf ihn zu und umklammerten seine Beine.

Fränzchen wehrte so viel sie konnte ab, brachte alsdann die Kleinen weg und stellte bei ihrem Zurückkommen eine Kanne Wein vor den Pathen, der sich unterdessen an dem alten schmutzigen Wirthstische niedergelassen hatte.

Zwei Buben ritten auf seinen Beinen; der Meister aber schien an andere Sachen zu denken. Er spitzte die Ohren, um zu erlauschen, ob sich über ihm kein Geräusch kund gebe.

Alles blieb still.

Da schien ihm plötzlich ein guter Gedanke zu kommen. Wenck griff in die Tasche und legte gleich darauf so viel Kupfermünzen auf den Tisch, als noch Kinder — außer Fränzchen — in der Wirthsstube waren.

Die Kleinen schauten mit weitaufgerissenen Augen und Mäulern zu.

„Seht ihr das Geld?" — sagte jetzt der Schneider.

„Ja!" — riefen Alle.

„Nun!" — fuhr Wenck fort — „wer sich von euch jetzt sogleich zu Bette legt, der bekommt eines von diesen Stücken."

„Hurah!" — im Augenblick waren die Geldstücke und die Kinder fort.

Wenck und Fränzchen mußten herzlich lachen.

Jetzt zog der Pathe das Mädchen an sich, streichelte ihr die Wange und sagte:

„Für meine Pathin habe ich zu Hause ein neues Mieder in Arbeit."

„O je!" — rief die Kleine und ihre Augen strahlten vor Freude — „für mich?"

„Für dich! und es gibt ein Sonntagsmieder, mit gar schönen und bunten Litzen besetzt."

„Ach, Herr Pathe, Ihr seid so gut . . ."

„Laß das, Kind!" — sagte Wenck und gab der Kleinen einen Kuß auf die Stirne. —

„Wie soll ich Euch das danken?"

„Du kannst es."

„Aber wie?"

„Wenn du mir einen Gefallen thust."

„Jeden, jeden Herr Pathe!"

„Gib mir deines Vaters Hauswams, seine Mütze und seine Schürze."

Das Kind sah den Gast groß an. Wenck lachte:

„Es gilt einen Scherz!" — sagte er dann. —

„ich will einmal den alten Hans im Schnakenloch vorstellen. Du kennst ja das Liedchen:

> „Der Hans im Schnakenloch
> Hat Alles was er will;
> Und was er hat, das will er nicht,
> Und was er will, das hat er nicht,
> Der Hans im Schnakenloch
> Hat Alles was er will!"

Fränzchen lachte. Der kleine Schneider mit seiner drolligen Figur und Miene sah bei dem Singen dieses Liedchens freilich komisch genug aus. Das lustigste aber war, daß die Buben in der Kammer, die sich eben zu Bett legten, das Liedchen gehört hatten. Sie kamen, wie sie eben waren, in den bloßen Hemden an die Thüre gesprungen, öffneten diese, streckten die Köpfe mit den verwilderten Haaren herein und brüllten das Verschen nach.

Fränzchen jagte sie in die Kammer zurück und schloß die Thüre.

„Also, Herr Pathe," — sagte sie dann lächelnd — „ich soll Euch wirklich des Vaters Wams, Mütze und Schürze bringen?"

„Ja, Kind!" — entgegnete Wenck und warf seinen mit Ziegenfell gefütterten Rock ab.

Das Mädchen brachte das Gewünschte und das Schneiderlein bekleidete sich damit. Der Kleine sah unendlich komisch aus. Er selbst und Fränzchen mußte lachen.

„Ein ächter Hans im Schnakenloch!" — rief er, sich anschauend.

„Ein prächtiger Wirth!" — meinte das Mädchen.

„Und jetzt" — sagte der Meister, Geld auf den Tisch legend, — „jetzt bringe mir eine große Kanne von eurem Besten."

Die Kleine gehorchte abermals staunend.

Als sie den Wein gebracht, setzte Wenck die Mütze auf und nahm die Kanne.

„Ich komme in wenigen Augenblicken wieder!" — sagte er dann und verließ, zu Fränzchens immer größerer Ueberraschung, das Haus.

Die Kleine schlich bis zur Thüre nach . . . aber der Pathe verschwand bald in der Dunkelheit.

Als sich Meister Franz Blasius allein sah', hielt er an und lauschte.

Richtig! in einiger Entfernung wurden Pferde auf und abgeführt.

Wenck folgte dem Schall der Tritte.

Nach etwa zehn Minuten traf er auf einen im Sattel sitzenden Reitknecht, der zwei leere Pferde neben sich her auf- und abführte. Der arme Kerl zitterte vor Kälte und machte seinem Unmuthe durch ein Selbstgespräch Lust, das zumeist aus Flüchen und Verwünschungen seines Herrn bestand.

„Der Teufel soll einen solchen Dienst holen!" — brummte er jetzt vor sich hin. — „Ich will verdammt sein, wenn ich und die Thiere diese Nacht nicht alle Glieder erfrieren."

Er hielt inne und hauchte in die Hände, in welchen er die Zügel der Pferde hielt.

Wenck lauschte: das war kein Straßburger. Wohl sprach er deutsch, . . . aber in Niederrheinischer Mundart.

„Was der heilige Mann auch hier bei Nacht und Dunkel in der Spitzbubengegend zu thun hat?" — brummte der Reitknecht weiter. — „Denn ich will gehängt sein, wenn das, wo die trüben Lichter dort scheinen . . . Straßburg ist!"

„Heiliger Mann?" — wiederholte Wenck.

„Wären wir zu allen Donnern und Teufeln doch in Cöln geblieben!" — brummte der Reitknecht weiter, indem er mit den Pferden umdrehte, — „der fromme Herr Bischof behandelt uns freilich auch dort wie Hunde . . . aber . . . man ist doch zu Haus . . . und hier? . . . hier schleichen wir um die Ketzerstadt herum, wie Diebe . . . und logiren in Illkirch, dem Rattenneste!"

„Also der Bischof von Straßburg" — dachte

der Schneider — „sieh', sich'! was haben denn der Fürst von Fürstenberg bei Nacht und Nebel hier zu thun? ... und noch dazu mit dem Stadtschreiber?"

„Ich weiß, was ich thue!" — fuhr der Reitknecht fort, indem er sich dazwischen wiederholt in die Hände hauchte, — „wenn's wieder Krieg gibt, brenn' ich durch. Es ist doch ein ganz ander Leben unter dem Kriegsvolk! ... auch dabei Plackerei genug ... aber ... man hat auch was davon ... hier" ...

Der Reitknecht hielt inne, ... er hatte die dunkele Gestalt bemerkt, die sich ihm genaht.

„Wer da?" — rief er im Tone einer Schildwache.

„Gut Freund!" — entgegnete Wenck.

„Was wollt ihr?"

„Euch den Frost mit einer Kanne Wein vertreiben!"

„Wer seid ihr denn?"

„Der Wirth vom Schnakenloch?"

„Von was für einem Loch?"

„Vom Schnaken-Loch! so heißt mein Wirthshaus dort."

„Mag ein sauber Wirthshaus sein."

„Wenn der Herr Fürst-Bischof von Straßburg dort einkehrt, möcht' es doch nicht so schlecht sein!"

„Meinetwegen!" — rief der Reitknecht — „wenn ihr wirklich Wein für mich habt, so reicht mir ihn. Es ist verdammt kalt. Ich zittre am ganzen Leibe."

Meister Wenck reichte die Kanne, man sah' daß der Reitknecht am Rhein zu Hause war und das Trinken unter deutschen Söldnern studirt hatte: er leerte die riesige Kanne in drei gewaltigen Zügen.

„Und wer schickt mir den Wein?" — frug er dann, die leere Kanne zurückgebend.

„Euer Herr!" — versetzte Wenck — „der Herr Fürst=Bischof, Franz Egon von Fürstenberg."

„Mann!" — rief der Reitknecht — „das lügt ihr dem Teufel aus dem Halse!"

„Und ist das nicht euer Herr?"

„Wohl ist er es! der aber schickt seinen Dienern keinen Wein . . . und sollten sie verdursten und erfrieren, den frißt der Geiz . . . und dann . . ."

„Nun?"

„Trinkt er den Wein lieber selbst."

„Es war noch ein Herr bei ihm!" — sagte jetzt Wenck forschend.

„So ist es!"

„Der befahl mir, euch den Wein zu bringen."

„Der?"

„Wer ist es?"

„Weiß ich's?"

„Kommt der denn nicht mit euch von Cöln?"

„Nein! wir trafen ihn, tief in einen Mantel gehüllt, auf seinem Pferde an einem großen steinernen Kreuze auf uns wartend."

„Wo das?"

„Wohl eine halbe Stunde von hier."

„Und ihr kennt ihn nicht?"

„Donnerwetter!" — fluchte hier der Reitknecht — „Herr Wirth vom? . . . welchem Loch?"

„Schnakenloch!"

„Also Herr Wirth vom Schnakenloch, ihr seit verflucht neugierig."

„Nun, nun!" — meinte Wenck — „wer weiß wozu es gut ist! Man hat auch seine Schwächen. Mit plaudern vergeht die Zeit. Während die Herren oben bei mir sitzen, können wir hier unten schwatzen! . . . Waret ihr nicht einmal Soldat?"

„Ja!"

„Ich auch. Ich focht unter den Kaiserlichen."

„So!"

„Und habt' ihr keine Lust wieder dem Kriegsgott zu huldigen?"

„Ja!"

„Unter den Kaiserlichen?"

„Nein!"

Wenck merkte aus den kurzen und grob heraus=

gestoßenen Antworten, daß der Mensch die vielen Fragen müde sei.

Vergeblich kam er wieder auf den Begleiter des Bischofs zu sprechen, der Reitknecht blieb bei seinem unwilligen „Ja!" und „Nein!" und wollte ihn nicht kennen.

Selbst eine weitere Kann Wein schlug er aus und schwieg am Ende ganz.

„Nun," — sagte Wenck mit verstellter Freundlichkeit — „nicht's für ungut!" und entfernte sich.

Hatte er auch wenig aus dem Menschen herausgelockt, so war dies Wenige doch von großer Wichtigkeit für ihn. So viel stand fest: Stadtschreiber Günzer hatte hier mit dem Bischof von Straßburg und noch einigen verkappten Herren eine höchst verdächtige Zusammenkunft. Das war in solchen Zeiten für einen Patrioten, wie Meister Wenck, genug.

Aber was sollte er nun mit dieser Entdeckung machen?

Er sann hin und her . . . endlich entschloß er sich, den kommenden Morgen in aller Frühe zu dem ehrenfesten Syndicus Frantz zu gehen und diesem nicht nur die Geschichte von heute Abend, sondern alles mitzutheilen, was mit Bergeslast auf seinem ehrlichen, so warm für die liebe Vaterstadt und das schöne deutsche Vaterland schlagenden Herzen lag.

In der Schenke wartete Fränzchen mit Ungeduld und Angst. Was sollte der Vater zu dem Geschehenen sagen, wenn er zurückkam. Und es wollte dem Kinde bedünken, als wenn er gar nicht weg sei? Die einzigen Stiefeln die er besaß . . . standen hinter dem Ofen. In Holzschuhen konnte er doch nicht in die Stadt gegangen sein.

Wie froh war daher das arme Kind, als der Pathe wieder eintrat. Die Kleider waren bald wieder gewechselt. Meister Wenck bezahlte noch den Wein, den er getrunken, schob das übliche Geschenk unter den Becher, . . . hieß sein Pathchen das neue Mieder übermorgen bei ihm abholen und verabschiedete sich mit einem väterlichen Kusse.

Den ganzen Heimweg brachte er mit Nachdenken über das Vorgefallene zu. Es war doch wunderbar, daß ihn der Himmel gerade diesen Abend nach dem Schnakenloch geführt.

„Es ist wunderbar!" — sagte er, sich zu Bette legend — „aber! wer weiß, wozu es gut ist!"

Alma.

Wie er so groß und gewaltig in den lichtblauen Himmel hineinragt und doch auch wieder so leicht und so schlank, der prächtige Münster zu Straßburg, — das gewaltige Werk des genialen Erwin von Steinbach! Steht er nicht vor uns: „ein frommes, im Entschweben versteintes Gebet?"

Welch' ein Gedanke ist das . . . ganz, groß und bis in den kleinsten Theil nothwendig schön!

Wie steigt er hocherhaben auf, gleich einem weitausgebreiteten Baume Gottes, der mit tausend Aesten, Millionen Zweigen und Blättern wie Sand am Meer, ringsum der Gegend verkündet die Herrlichkeit des Herrn, seines Meisters!

Welche Harmonie der Massen! welche Reinheit der Formen!

Mit welcher unerwarteten Empfindung überrascht

uns der Anblick, wenn wir vor diesen Riesenbau treten. Ein ganzer, großer Eindruck füllt unsere Seele, den — weil er aus tausend harmonirenden Einzelheiten besteht — wir wohl genießen, keineswegs aber erkennen und erklären können.

Wie oft mußt du zurückkehren die himmlisch-irdische Freude seines Anblickes zu genießen, den Riesengeist unserer älteren Brüder in ihren Werken zu umfassen. Wie oft mußt du zurückkehren, von allen Seiten, aus allen Entfernungen, in jedem Lichte des Tages zu schauen seine Würde und Herrlichkeit.

Ja! das ist deutsche Baukunst, — wie auch Erwin von Steinbach ein deutscher war — — und Straßburg deutsch und der Elsaß dazu!

Auch jetzt lag der Münster im prächtigsten Sonnengolde, denn es war ein schöner Sonntagmorgen: so hell, so heiter und frisch, wie ihn der Januar nur bringen konnte. Dabei läuteten die Glocken aller Thürme feierlich und ernst, und riefen mit ihren ehrenen Zungen die ehrsamen Bürger zur Kirche.

Aber in einem Herzen riefen sie keine frommen Gefühle hervor, sondern Haß und Neid ... und das war in dem Herzen des Fürsten von Fürstenberg, der mit dem frühen Morgen verkleidet in die Stadt gekommen war. Er, der den Titel eines Bischofs von Straßburgs führte, wohnte jetzt fern von seiner Diöcese; denn in dem lutherischen Straßburg gab es seit der Reformation kaum noch hundert katholische Familien und der Dom, dieser stolze Prachtbau — dessen schlanker Thurm die größte der Pyramiden nur um wenige Fuß an Höhe überragt — diese gewaltige, diese herrliche Cathedrale war... in den Händen der Protestanten. Lutherische — ketzerische — Prediger verkündeten in seinen geweihten Hallen Lutheranern — Ketzern — das Wort Gottes — nein! — — nicht das Wort Gottes, sondern — — die fluchwürdige Irrlehre des Wittenberger Mönches! Der Fürst-Bischof, Franz Egon von Fürstenberg, schäumte vor Ingrimm und Wuth, wenn er daran dachte. Gehörte doch ursprünglich der Dom der heiligen alleinseligmachenden Kirche... die Reformation nur hatte ihn derselben geraubt; ... und er, der Bischof Franz Egon, sollte von Gott und Rechtswegen in diesem stolzen Wunderbau als stolzer Oberhirte herrschen.

So dachte der Fürst-Bischof, als jetzt die Glocken läuteten; und der Haß gegen die Andersgläubigen, gegen Diejenigen, die das Münster jetzt inne hatten und in religiöser Beziehung die Herrschaft, schwellte sein Herz in Zorn.

Aber die Glocken läuteten ruhig ernst und feierlich weiter und riefen die protestantische Bevölkerung zum einfachen schlichten, aber von Geist und wahrem religiösen Gefühle getragenen Gottesdienste.

Der Fürst-Bischof biß sich auf die Zähne, seine Augen loberten herausfordernd . . . tief in seinem Herzen aber rief eine Stimme: „Nur Geduld! wir werden doch noch siegen. Ist erst Straßburg französisch, . . . dann . . . kommen wir wieder daran. Bei allen Heiligen! . . . ich . . . ich . . . Fürst-Bischof von Straßburg, führe Ludwig XIV. doch noch als Sieger in das Münster ein!"

So dachte der Bischof, — der heilige Mann, — der deutsche Fürst! . . . Die Glocken aber läuteten ruhig, ernst und feierlich weiter und riefen jedem frommen Herzen zu: Komm! . . . komm! . . . komm! . . . komm! . . . komm! . . . komm! . . . und die Bürger Straßburgs mit ihren Weibern und Kindern verstanden diese Sprache der metallnen Zungen und strömten nach dem Münster; denn in jenen Zeiten hielt man noch etwas auf Religion und der alte würdige Prediger war ein Mann nach dem Herzen Gottes, einfach und schlicht, der da sprach und lehrte und predigte, wie es warm und lebendig aus seinem Herzen kam. Dabei war ja damals noch der Sinnspruch: „Ehrbar, sittig, streng und fromm!" das Motto des guten Bürgerthumes.

Und ehrbar und sittig und streng und wahrhaft fromm schritt jetzt auch Alma — das liebliche Töchterchen des würdigen Syndicus Frantz — an der Seite der Mutter der Kirche zu. Schüchtern und bescheiden schlug sie die Augen nieder; die Hände hielten das schwarze silberbeschlagene Gesangbuch, das kleine Herz aber sehnte sich recht nach einer kräftigen trostreichen Predigt, denn es war traurig und gebeugt. Schon die weite Reise des Vaters in so strenger Jahreszeit und die damit verbundene lange Trennung von ihm lag schwer auf dem guten, mit der innigsten Liebe an den Eltern hängenden Kinde; dazu aber kam noch die Sorge um die Vaterstadt, deren mißliche Lage der alte Herr ihr und der Mutter im Vertrauen offenbart hatte ... und endlich ... die Liebe, die sie im Herzen trug ... und der sich von Tag zu Tag mehr Schwierigkeiten entgegen setzten.

Auch Frau Hedwig ging schweigend und ernst. Sie dachte an den fernen Gatten und die Stürme, mit welchen die nächste Zukunft drohte.

Die Glocken aber läuteten ruhig ernst und feierlich weiter und riefen jedem Trostbedürftigen zu: Komm! ... komm! ... komm! ... komm! ...

Und wirklich . . . da kam auch der Herr Stadt=
schreiber Günzer her. Er fehlte ja niemals in der
Kirche und bei der Predigt.

Wie er so fein gekleidet war, und das Gesang=
buch so schön hielt, daß es Jedermann sehen konnte.
Seine Miene aber war ernst und fromm, und ernst
und tief grüßte er jetzt, bei dem Eintreten in die
Kirche, die wohlehrsame Frau Syndicus Frantz und
ihr Töchterchen. Die Schöffin dankte mit Würde
Alma aber hatte ihn nicht bemerkt.

Und immer mehr Bürger und Bürgerinnen
strömten herbei. Auch der kleine Schneidermeister
Franz Blasius Wenck kam dort über den Gemüse=
markt her, an der alten „Pfalz" — der Residenz
des hochweisen Rathes — vorbei.

Ei! ei! er war ja heute nicht so munter wie
sonst. In seinen flackrigen kühnen Aeuglein lag etwas
Trübes. Hatte das drollige Schneiderlein Sorgen?

Ach ja! Meister Wenck hatte den Syndicus
Frantz vergeblich aufgesucht, um dem Ehrenmann
sein Herz auszuschütten und ihm von jener verdäch=
tigen Zusammenkunft Günzers mit dem Bischof zu
berichten. Der Syndicus — so hieß es in dessen
Hause — sei in Geschäften verreist. Wenck aber, der
ja mit ganzer Seele an dem Wohle der Vaterstadt
hing, drückte und beängstigte jetzt das Geheimniß

auf peinliche Weise. Wem sollte er sich jetzt offenbaren? Von wem Rath und Trost hoffen?

Doch ja! es gab noch Einen, der aufzurichten vermochte, und das war der dort oben, der gewiß auch Straßburg vor Verräthern zu schützen wußte . . . und . . . läuteten denn nicht die Glocken so ernst und feierlich und riefen auch ihm zu: Komm! . . . komm! . . . komm! . . . komm! —

Wenck trat ein. Er hatte gerade seinen Platz erreicht, als die hoch über den Andächtigen schwebende Orgel ihre gewaltigen Tonwellen durch die Hallen brausen ließ.

Und wie tief und mächtig, wie großartig und feierlich war der Eindruck, den auch jetzt wieder — wie in jeder solchen Feierstunde — dieser erhabene Tempel des Herrn auf alle edlen und empfänglichen Herzen machte.

Und wer kann ihn denn beschreiben diesen Eindruck, der ihn nicht selbst empfangen? Wer kann es beschreiben das wunderbar mystische Halbdunkel, das in diesem ungeheuren Raume, selbst am hellsten Mittage, herrscht, da alle die hohen gewaltigen Fenster, mit ihren wunderbar schön gearbeiteten Spitzbogen von oben bis unten mit Glasmalereien bedeckt sind, die bald in dunkeln und abstract allegorischen, bald in klaren und derben Darstellungen des Lebens Jesu, der Schöpfung des Menschen, der Heiligen und der Qualen der Märtyrer wetteifern?

Welcher Farbenglanz! welche Farbenpracht!

Und wie sie aufstreben die gewaltigen Säulen= bündel, ... auf, nach dem Himmel! und dein Herz erfassen und es mit nach Oben ziehen!

Ja! es ist ein unbeschreiblicher Eindruck des Erhabenen, den hier das gewaltige und doch so still= harmonische Ringen und Streben der Stoffmassen auf die Seele macht: "Es ist ein seliges Stammeln der Steine, die Unaussprechliches aussprechen möch= ten!" Rings um uns Alles „von jenem klaren Ebenmaße erfüllt, welches mit der Bewegung zugleich die erhabenste Ruhe, mit der Kraft zugleich die edelste Majestät verbindet.

O! und wenn dann auf den gewaltig dahinbrau= senden Wogen der Orgelklänge jeder irdische Gedanke, alle Klugheit und Selbstsucht, alle Sorge und Pein, zergehend dahinschwimmt; wenn — wie jetzt — das von Tausenden von Stimmen gemeinsam gesungene Kirchenlied jedem Einzelnen das Hochgefühl einer allumfassenden Liebe, eines gemeinsamen Bedürfnisses der Erhebung zum Höchsten gibt, dann . . . ja dann füllt wahre innige Andacht alle Herzen und ein wahres warmes hoch-geistiges Wort findet empfäng= lichen Boden.

So brauste es auch jetzt dahin, das gewaltige, das herrliche Lied Luthers, der Schlachtgesang des Protestantismus:

„Ein' feste Burg ist unser Gott,
„Ein' gute Wehr und Waffen!"

Und jedes Herz glühte, und jeder Geist fühlte sich aufgerichtet, freudig gehoben und stark.

Da schwiegen die Töne und der alte ehrwürdige Prediger mit dem schneeweißen Haare und den milden menschenfreundlichen Zügen bestieg die Kanzel.

Und er sprach über die Liebe. Daß Gott die Liebe sei, und er den Menschen in seiner Liebe eine feste Burg gegeben habe ... aber auch eine gute Wehr und Waffe gegen alles Böse, so da von Außen und Innen auf die Menschen einstürme. Aber auch die Religion sei „Liebe": Liebe der Schönheit. Davon zeugten selbst diese Säulen und Hallen, ja der ganze Wunderbau der hier die Gemeinde umfange und der eben aus dieser Liebe der Schönheit, dieser heiligsten Religion des Herzens, hervorgegangen sei. Der Weise liebe die Schönheit selbst, die Unendliche, die Allumfassende; der thörigte Mensch liebe — wie die alten Völker — ihre Kinder, die Götter, die sich ihm in den mannigfaltigsten Gestalten darstellten, seinen Sinnen, Schwächen und Leidenschaften zu huldigen.

Und in schönem, in heiligem Eifer erglühend,

that der würdige Greis dar: daß **ohne solche Religion** jeder Staat, jeder Mensch nichts sei, als ein dürr Gerippe ohne Leben und Geist, und alles Denken und Thun ein Baum ohne Gipfel, eine Säule von der man die Krone herabgeschlagen. Aus dem Boden der Liebe aber wüchsen, als herrliche göttliche Blüthen: Milde des Herzens, Reinheit der Seele, edles hohes Streben, ja, jede bürliche und staatliche Tugend!

Nur mit dieser Liebe gewaffnet vermöchten Menschen und Staaten allen den Stürmen des Schicksals zu trotzen. Darum möge auch in der lieben Vaterstadt jeder Einzelne sowohl, als auch der kleine Staat selbst, diese Liebe festhalten und die gesammte Bürgerschaft sie — in diesen schweren, verhängnißvollen Zeiten — zu ihrem strahlenden Panier erheben.

Und der Greis schwieg, und erschüttert begeistert und gehoben von seiner Rede stimmte die Gemeinde mit doppelter Kraft den Gesang wieder an, daß es weit, weit hin schallte durch die Hallen und über den Platz und die Straßen.

Ja! das war ein protestantischer Gottesdienst, wo die Stimme des Priesters Donner ward, wo der Geist flammte, die Herzen glühten und der Choral des Volkes gleich einem Meersturm einherbrauste, der den Vater des Weltalls preist und den kühnsten Ungläubigen erschüttert, indeß die Orgel wie ein Orkan darein fuhr und die Wogen der Töne wie die Fluthen des Oceans dahinwälzte.

Alle Anwesenden waren in frommer gehobener Stimmung der Rede des würdigen Geistlichen gefolgt, nur Einer nicht, obgleich er die höchste Spannung, die regste Theilnahme in seinen Mienen, ja sogar in seiner Haltung auszudrücken suchte.

Und dieser Eine war Günzer, dessen Seele eine ganz andere Thätigkeit in Anspruch nahm. Saß doch, nicht weit von ihm entfernt, Hugo, der Sohn des Stettmeisters von Zeblitz, und diesem gegenüber — in den Frauenstühlen — die Gattin des Syndicus Frantz mit ihrem hübschen Töchterchen.

Das war nun freilich nichts Neues, denn die Kirchenstühle waren Eigenthum der beiden Familien; wie denn damals fast jedes bemittelte Gemeindeglied seinen eigenen Kirchenplatz besaß; auch fehlten die betreffenden Familien höchst selten, da der regelmäßige Besuch der Kirche an Sonn- und Feiertagen den Protestanten jener Zeit als eine heilige Pflicht, als ein lebendiger Ausdruck ihres Glaubens galt.

Eben darum hatte aber auch der Stadtschreiber oft genug Gelegenheit, die beiden jungen Leute zu

beobachten, und wahrlich! ... er that dies um so schärfer, als ihm Eifersucht dabei ihre Argus=
augen lieh.

Günzer saß alsdann, den langen schwanken Ober=
körper vor, den Kopf etwas zur Seite geneigt, da, als ob er ganz und gar in die Predigt vertieft sei. Spannung und Andacht lagen in den Mienen, die Augen waren niedergeschlagen ... aber ... zwi=
schen den gesenkten Augenliedern hindurch stahlen sich fortwährend Blicke nach Alma und Hugo.

Und diese Blicke, sie hatten ihm längst ein für ihn schlimmes Geheimniß offenbart. Es konnte kein Zweifel sein, die beiden jungen Leute liebten sich. Verrieth dies doch das plötzliche Erröthen, wenn sie sich gegenseitig bei dem Eintreten in die Kirchenstühle sahen; — kündete es doch das lichte freudige Auf=
blitzen ihrer Augen, wenn sich zufällig ihre Blicke einmal unter dem Absingen der Lieder trafen; denn während der Predigt ruhten diese auf dem Geist=
lichen, wie auch ihre Herzen und Geister seiner Rede stets mit ungetheilter Aufmerksamkeit folgten. Sie liebten und verehrten ja gar hoch, den alten würdi=
gen Seelsorger, und zwar um so mehr, als er sie beide getauft und durch die Confirmation in die Ge=
meinde eingeführt hatte.

Günzer war also überzeugt, daß die beiden Her=

zen sich nicht gleichgültig seien. Es hätte ihn dies nun — da er ja ebenfalls ein Auge auf Alma geworfen — sehr beunruhigt, wenn ihm nicht die feindliche Spannung der beiden Familien bekannt gewesen wäre, . . . eine Spannung, die er, eben darum, auf alle Weise im Geheimen zu nähren und zu vergrößeren suchte. Syndicus Frantz und Stettmeister von Zeblitz waren aber beide harte Köpfe, — Charaktere die sich so leicht nicht beugen ließen. Nie und nimmer war es daher denkbar, daß sie ein ernstliches Liebesverhältniß zwischen ihren Kindern dulden würden.

Günzer baute darauf; dennoch war er ein zu kluger Weltmann, um der, in den beiden jungen Herzen erwachenden Leidenschaft der Liebe zu trauen. Er wußte, daß die Liebe ein spielendes Kind . . . aber auch oft ein Löwe sein könne, der alle Fesseln zerreiße.

Er hatte sich daher schon lange vorgenommen, Hugo und Alma so viel als möglich zu überwachen, und da schleichen, überwachen und belauschen, spioniren und Ränke schmieden ganz in seinem Wesen lagen, so führte Günzer diesen Vorsatz auch trefflich aus, theils in eigener Person, theils durch seine geheimen Creaturen, deren er immer — schon wegen seinen politischen Machinationen — mehrere an Händen hatte.

So waren denn auch heute während der ganzen kirchlichen Feier seine geheimen Blicke nicht von den beiden Liebenden gewichen; dabei aber war ihm Eines aufgefallen.

Hugo war nämlich mehr denn einmal mit der Hand nach der linken Seite seiner Brust gefahren, als wolle er sich versichern, daß er dasjenige, was er hier in der Tasche seines Rockes berge, auch noch besitze. Zugleich war dies wohl auch ein Wink für das Mädchen.

Und was konnte dies sein? Ein Geschenk für Alma? ein Gedicht an sie? Hugo dichtete ja!

Ober wohl gar ein Liebesbrief, mit einer flammenden Erklärung? und eine solche schriftliche Erklärung fürchtete der Stadtschreiber gar sehr; sie stand aber zu erwarten, denn wie sollte sich Hugo dem Mädchen sonst nähern?

Was es aber auch sein mochte, es mußte der Tochter des Syndicus mit List zugesteckt werden; denn — das wußte Günzer bestimmt — von der Seite der Mutter kam sie nicht. Die einzige Möglichkeit, sich Alma zu nahen, bot dabei das Hinausströmen der Volksmenge aus der Kirche.

Hier also galt es aufzupassen.

Jetzt war der Segen gesprochen . . . jetzt brauste die Orgel noch einmal und die Masse der Menschen wogte in lebendigen Strömen den Ausgängen zu. Man wurde gedrückt und geschoben, an ein freies Bewegen der Hände und Füße war dabei kaum zu denken.

In der That mußte man so aalglatt und geschmeidig wie der Stadt- und Rathsschreiber sein, um — sich durchschmiegend und durchschiebend — an ein selbstgewähltes Ziel zu kommen. Günzer gelang es.

Jetzt war er ganz dicht hinter Alma, die bescheiden und mit niedergeschlagenen Augen an ihrer Mutter Seite die Kirche verließ, wie sie dieselbe betreten, ohne sich nach den neben und hinter ihr drängenden Menschen umzusehen.

Günzers Blicke suchten ihre Hände. Sie hielt, wie bei dem Eintreten in den Tempel, das Gesangbuch in denselben.

Da schob sich eine männliche Gestalt an Günzer vorüber.

Richtig! . . . es war der junge Zedlitz.

Im Eifer hatte er den Stadtschreiber nicht bemerkt.

Günzer suchte sich zu bücken, als ob ihm etwas gefallen sei.

Im gleichen Augenblicke berührte eine Hand, die ein Briefchen zwischen den Fingern hielt, Alma's Kleid.

Alma schrack zusammen, ... das Gesangbuch entschlüpfte ihr, sie glitt mit der Hand nach ... aber schon reichte es ihr Günzer, der es aufgefangen, wieder dar.

Hugo's Augen strahlten ... eine andere Hand hatte ihm das Briefchen abgenommen.

Er war glücklich in dem Gedanken, daß ihn die Geliebte verstanden.

Ach! sie erglühte ja auch in Purpur, als sie ihn jetzt gewahrte.

Wie sie doch so schön war, so herzig und lieb!

O! des kurzen Augenblickes! ... Jetzt war man auf der Straße ... die Menge zerschlug sich nach allen Seiten.

Günzer triumphirte. Die Siegestrophäe war sein; ... er hielt das Briefchen in der Hand.

Rasch eilte er nach Hause. Mit zitternden Händen riß er es auf.

In der That! er hatte sich nicht getäuscht ... es war eine vollständige glühende Liebeserklärung in der Form eines Gedichtes.

Der Kopf brannte ihm. Also so weit war es schon?

Da durfte von seiner Seite keine Zeit mehr verloren werden, wenn nicht die Hand des Mädchens sammt ihrem schönen Vermögen auch für ihn verloren sein sollte. Er mußte wissen woran er war.

Aber wie? wie dies beginnen?

Zutritt hatte er — schon in Folge seiner Stellung — zu jeder Stunde im Hause des Syndicus.

Wie? . . . wenn er nun das Gedicht selbst benutzte? Es war so feurig, so sinnig, so glühend als schön!

Aber das mußte rasch geschehen, ehe der Zufall möglicherweise den rechten Autor verrieth.

Und konnte es denn, das Mädchen und die Mutter zu überraschen und zu überrumpeln, eine gelegenere Zeit geben, als eben jetzt, da der Syndicus ferne war?

„Frisch gewagt ist halb gewonnen!" — rief Günzer und setzte sich nieder, das Gedicht so schön er nur konnte abzuschreiben.

Es gelang trefflich.

Aber wie klopfte ihm doch nun das Herz, als er den Nachmittag das Gedicht der lieblichen Alma überreichte und zugleich bei Mutter und Tochter um die Hand der reichen Erbin anhielt.

Sollte er, der selbst schon Vermögen besaß und dessen Stellung in den Regierungs-Collegien eine der besten und einflußreichsten war, . . . sollte er umsonst werben?

Und doch! . . . und doch kam es so!

Was er für unmöglich gehalten, trat ein: Mutter und Tochter wiesen artig . . . aber . . . mit einer fast männlichen Entschiedenheit den Antrag des Stadtschreibers zurück.

Günzer konnte sich, als er das Haus des Syndicus verließ, vor Zorn und Wuth kaum halten. Haß erfüllte seine ganze Seele! . . . Haß gegen Frantz, sein Weib und seine Tochter! . . . Haß vor allen Dingen, bitterer unersättlicher Haß gegen Hugo, seinen Nebenbuhler.

Haß aber ist eine Hyäne, die in ihrem Heißhunger jede edle Regung des Herzens verschlingt; . . . Haß ist der Boden aus dem die Giftblüthe der Rache hoch und Alles überwuchernd aufschießt.

Und Rache schwur Günzer der Familie Frantz, . . . Rache seinem glücklichen Nebenbuhler!

O! wie es tobte in seiner Brust! . . . und doch läuteten die Glocken so ruhig, so feierlich und ernst den sonntäglichen Abendsegen ein, und riefen abermals jedem frommen Herzen zu: Komm! . . . komm! . . . komm! . . . komm! . . .

Die Verräther.

———

Syndicus Frantz weilte noch immer in Wien; während er hier aber mit der ganzen vollen Energie eines ächten Patrioten eines wahren und aufrichtig deutschgesinnten Mannes dahin zu wirken suchte: daß seiner Vaterstadt Freiheit und Selbstänbigkeit, das wichtige unersetzliche Straßburg dem deutschen Reiche erhalten werde... geschah weder von den Ministern noch von dem Kaiser irgend etwas, was den Wünschen und Hoffnungen der so schwer Bedrohten entsprochen hätte.

Wohl war die Rede von der Aufstellung eines Hülfsheeres von vierzigtausend Mann; ... bald aber zeigte es sich, daß diese gegen die Türken, nicht aber gegen die Franzosen dienen sollten.

So geschah' denn — trotz der verzweifelten Anstrengungen des Syndicus und dem Schmerzesschrei

Straßburgs — in Wien nichts, gar nichts! ... während Ludwig XIV. und Louvois mit einer Kühnheit vorwärts gingen, die in der Weltgeschichte ihres Gleichen sucht.

Ein neuer unerhörter Schritt geschah von Seiten der französischen Regierung: sie dehnte ihre hinsichtlich des Elsasses ergriffenen Maßregeln jetzt plötzlich auch auf Landau und das zwischen dieser Stadt und Weißenburg gelegene Gebiet aus. Um jedoch dieser Besitznahme, zu welcher kein vorhergehender Vertrag eine bestimmte Berechtigung verlieh, die Form schreiendster Willkühr zu benehmen, und sie zu gleicher Zeit als rechtsgemäße Folge des westphälischen Friedens darzustellen, wurde den Reunions-Kammern — dem hohen Rathe in Breisach — diese Sache zur Entscheidung übergeben, so wie dem Parlamente von Metz ähnliche Fragen über Lothringen und Hochburgund zur Lösung aufgetragen wurden.

Die verschiedenen Herrschaften des Landes erhielten zugleich die Weisung, vor den betreffenden französischen Gerichtshöfen ihre Güter und Rechte geltend zu machen.

Vergebens protestirten dagegen Stadt, Land und Adel, als unabhängig von Frankreich und dem deutschen Reiche angehörig.

Louvois und sein König begegneten ihnen mit Hohn und Gewalt.

Ohne auf ihre Bitten, Einwendungen und Protestationen die leiseste Rücksicht zu nehmen, stellte die Reunions-Kammer das ganze geistliche und weltliche Vermögen des Landes unter die Obergewalt der französischen Regierung; ... ja, sie forderte categorisch: Ludwig XIV., König von Frankreich, unverzüglich den Eid der Treue zu leisten, das französische Wappen an die Thore und öffentlichen Gebäude anzuschlagen und gebot: von nun an in dem Gerichtsgange die letzte Entscheidung bei keinem anderen Hof als dem in Breisach residirenden französischen einzuholen.

Um aber diesen Gewaltthaten auch den nöthigen Nachdruck zu geben, rückte der französische General Montclar weiter vor, musterte die im Elsasse stationirten Truppen und legte an verschiedenen Punkten große Vorrathshäuser an. Weigerten sich nun die Einwohner und die sonst Betroffenen, die Huldigung zu leisten, so ward der Richterspruch militärisch vollzogen; beschwerten sich die Landesherren bei den französischen Ministern, so erhielten sie von diesen — Louvois und Colbert de Croissy — die schon voraus bestimmte Antwort: ihre Beschwerde sei keine Kabinets-Angelegenheit, sondern eine Rechtssache, sie müßten sich daher nicht an die Regierung, sondern an die Reunions=Kammern zu Metz und Breisach wenden, welche der glorreiche und gerechte König, Ludwig XIV., eingesetzt habe, um seinen Nachbarn zu beweisen, daß er keinem Menschen Unrecht thun wolle!

So gesellte sich auch noch der Gewalt und dem Raub der Hohn bei!

Syndicus Frantz verzweifelte bald in Wien. Er bestürmte die Minister . . . es geschah nichts! Der Bischof von Straßburg, Fürst Franz Egon von Fürstenberg, hatte ja im Namen und Auftrag des französischen Herrschers vermittelnd und beschönigend geschrieben und den Vorschlag gemacht: die streitigen Punkte durch besondere Gesandtschaften auf einem Congreß in Frankfurt am Main zu ordnen.

Hier sollte wieder berathen und berathen und berathen werden! . . . Wien, der Kaiser, ganz Deutschland thaten nichts . . . und . . . Frankreich fuhr — im Geheimen hohnlachend — fort, Deutschland und seine übrigen Nachbarstaaten zu berauben und sich selbst zu vergrößern!

Auch das ganze Herzogthum Zweibrücken, damals ein Eigenthum des schwedischen Königs, ward als französisches Lehen in Anspruch genommen, König

Karl XI. vor die Reunions-Kammern geladen und, als er nicht erschien, das Herzogthum ihm abgesprochen. Man erkannte es darauf dem Pfalzgrafen von Birkenfeld, als Agnaten, zu, und . . . dieser deutsche Fürst . . . leistete mit Freuden dem Könige von Frankreich den Huldigungseid!

Ebenso machte man es dem Könige von Spanien.

Auch er wurde jetzt — abgeredetermaßen — vor die Reunions-Kammern gefordert und, da er, wie natürlich, nicht erschien, des Fürstenthums Chimay, der Stadt Cortryk und des Herzogthums und der Festung Luxemburg verlustig erklärt, . . . worauf Frankreich diese sämmtlichen Städte und Landstriche mit militärischer Gewalt in Besitz nahm.

Syndicus Frantz schauderte vor diesen Ungerechtigkeiten zurück! Seine Anstrengungen verdoppelten sich; — alles setzte er an die Erreichung seiner Sendung: Gesundheit, Ruhe, selbst die Gnade der Herren Minister, welchen sein Drängen nachgerade beschwerlich ward.

Frantz hielt mit der Festigkeit und Zähigkeit eines deutschen Charakters aus. Patriotisch . . . ächt deutsch war ja sein Herz, sein Sinn, sein Wesen! Er sprach mit glühender Beredsamkeit, — er bewies schlagend, wie wichtig Straßburg für Deutschland sei, — er zeigte, wie es die Pflicht des Kaisers,

seinen deutschen Unterthanen zu Hülfe zu kommen!
... umsonst! ... es geschah in Wien nichts!

Man verhandelte, ... man versprach ... man gab ihm Hoffnung ... man vertröstete ... aber ... **man that in Wirklichkeit nichts ... gar nichts!**

Endlich entschloß man sich ... den Gesandten=Congreß in Frankfurt zu beschicken. — — —

Aber auch in Straßburg war während dieser Zeit der Feind thätig gewesen.

Louvois war durch Vermittlung des Bischofs von Straßburg in Verhandlungen mit Günzer getreten. Der Stadtschreiber versprach: Louvois Pläne im Magistrat und bei der Bürgerschaft nach allen Kräften — versteht sich im Geheimen — zu fördern. Hunderttausend Thaler sollten ihm dabei zur Bestechung einzelner Mitglieder der Regierung zur Verfügung gestellt werden*). Auch seinen Uebertritt zur katholischen Kirche schwur er dem Bischof in die Hand, so wie sein Mitwirken zu weiteren ähnlichen Bekehrungen. Dafür sagte ihm der Bischof im Namen und Auftrage Louvois dreißigtausend Thaler und — wenn Straßburg erst französisch geworden und das Münster der katholischen Kirche zurückgegeben sei —

---

*) Schlosser: Band XV. S. 590.

eine der ersten, einflußreichsten und einträglichsten Stellen zu.

Das waren nun freilich für Günzer freundliche Blicke in die Zukunft; denn was frugen sein Geiz, seine Hab- und Ehrsucht nach dem, was ein ehrlicher Mann Gewissen nennt. Lange schon hatte er ja absichtlich auf eine derartige Bestechung von Seiten Frankreichs hingearbeitet . . . jetzt kam sie und der Fall Straßburgs ihm doppelt willkommen; konnte es doch nicht ausbleiben, daß sich bei dieser Katastrophe seine sämmtlichen Feinde — die deutschen Patrioten und an ihrer Spitze der Syndicus Frantz — so tief in das politische Treiben verwickelten, daß sie, sammt ihren Familien, dabei untergehen mußten.

Einmal aber in der Hand des grausamen und rücksichtslosen Louvois, waren sie — wenn es Günzer dann wollte — rettungslos verloren.

Der Stadtschreiber dachte schon jetzt triumphirend an diese Rache. Dennoch lag sie ihm für den verhaßten Nebenbuhler noch zu fern. Ihn mußte schon ein früherer Schlag niederschmettern, und zwar um so mehr, als ja auch Hugo zu den Patrioten gehörte, ihm demnach nicht nur das Werk des Verrathes erschwerte, sondern auch — wenn seine Bewerbung um Alma und die perfide Benutzung des

Gedichtes zu Hugo's Ohren kam — persönlich gefährlich werden konnte.

Und Günzer bedurfte wahrlich nicht eines allzulangen Nachsinnens, um, getrieben von Eifersucht und Haß, einen diabolischen Plan auszuhecken.

Schon in den nächsten Tagen war er in seinem Geiste fertig damit und ging nun rasch an das Werk. Sollte dieses aber gelingen, so mußte er vor Allem — Hugo durfte in dem Stettmeister keine Stütze finden — den Sohn von dem Vater losreißen. Es war dies übrigens keine allzuschwierige Aufgabe, da sich bereits seit längerer Zeit zwischen Hugo und dem alten Zeblitz eine Kluft gebildet hatte, die beide von Tag zu Tag mehr entfremdete.

Hugo, der kräftige charakterstarke Jüngling, dessen Herz noch warm für alles Edle und Große schlug, — der seinen Geist an dem Studium des klassischen Alterthums, an der Größe der Griechen und Römer herangebildet, — Hugo war natürlich mit ganzer Seele Patriot. Sein Herz glühte in begeisterter Liebe für die Vaterstadt und das schöne deutsche Vaterland. Mußte aber nicht dieser edle Patriotismus — gerade bei ihm, der sich dem Studium des Rechtes gewidmet, — eine glühende Nahrung in den schmäligen Rechtsverletzungen finden, die sich Frankreich gegen das theure Vaterland erlaubte?

Louvois niederträchtiges und auch noch mit Hohn gepaartes Verfahren empörte des Jünglings edle Seele bis zum Aeußersten und ließ ihn den „großen" Ludwig und seine Helfershelfer auf das Tiefste verachten.

Und kannte denn Hugo die Schändlichkeiten nicht, die sich die französischen Generale und Truppen bereits in den Niederlanden und in der Pfalz erlaubt? War denn für einen verständigen Menschen, der mit ungetrübtem Auge sah, die auf Mordbrennerei und Raub begründete Vergrößerungs-Politik Ludwig's XIV. ein Geheimniß?

Schrieen denn die Ereignisse der Gegenwart im Elsaß und der Pfalz nicht so laut auf, daß Jedermann ihren Warnungsruf hören mußte? War es denn da nicht Pflicht jedes ächten Deutschen, den Weckeruf weiterzutragen: „**Wach auf, geliebtes Vaterland, wach' auf und schütze deine Gränzen vor Frankreichs Herrsch- und Habsucht!**"

Diese heilige Pflicht aber hatte der edle, der heißblütige Jüngling erkannt, — und dieser heiligen Pflicht kam er nach in seinem ganzen Wirken und namentlich durch seine schönen und kräftigen poetischen Ergüsse.

Hugo's patriotische Gedichte machten in jener

politisch erregten Zeit gewaltiges Aufsehen, traten damit aber dem Stettmeister auf die empfindlichste und verletzendste Weise entgegen. Denn war auch der alte Zedlitz kein Freund der französischen Herrschaft, so war er doch ein ängstlicher Mann, den die Furcht vor dem gewaltigen und übermächtigen Feinde zur Halbheit in Politik und Wesen trieb. Und wahrlich! er hatte an dem Ammeister Dominique Dietrich und vielen anderen Mitgliedern des Magistrates Collegen in Halbheit und Aengstlichkeit. Darum hatte eben auch durch Furcht und die, aus dieser erwachsenden Achselträgerei eine Halbheit in Straßburgs Regiment Platz gegriffen, welche — das sah' Hugo klar ein — den kleinen Freistaat mit der Zeit verderben mußte. Der schlaue Louvois wartete ja nur darauf . . . um Stadt und Gebiet als gute Beute einzuziehen.

Bei solch' ganz entgegengesetzten Ansichten, — bei solch' ganz entgegengesetztem Wesen, mußten aber Vater und Sohn fortwährend feindlich aufeinander treffen.

Der alte Herr sah' sich, den Magistrat und den kleinen Staat selbst durch seines Sohnes Auftreten compromitirt und bedroht, — der Sohn aber warf Vater und Regierung vor, daß sie — umgekehrt — sich und den Staat durch Halbheit dem Verderben entgegenführten.

So war längst eine weite Kluft zwischen Vater und Sohn entstanden, die Günzer jetzt mit einem Male, in Folge seines Racheplanes, unausfüllbar machte. Der Elende überbrachte nämlich — unter dem Deckmantel der innigsten Freundschaft, der wärmsten Besorgniß für das Wohl und die Ehre der Zedlitz'schen Familie, — dem alten Herrn die poetische Liebeserklärung seines Sohnes an Alma Frantz in der Originalhandschrift.

Der Vater erkannte sie sogleich; außer sich vor Zorn über diese Liebe, ließ er seinen Sohn rufen ... und es erfolgte nun — obgleich des Gedichtes auf Günzers Wunsch und bringende Bitten keiner Erwähnung geschah — eine Scene, die Vater und Sohn vollständig auseinanderriß und um so mehr gegenseitig erbitterte, als in der leidenschaftlichen Aufwallung beider die so verschiedenen politischen Ansichten mit rücksichtsloser Schärfe auf einander trafen. Das aber hatte ja Günzer beabsichtigt; der erste Schritt zu der Ausführung seines Racheplanes war gethan.

Der zweite ging dahin: den Magistrat zu vermögen, daß Syndicus Frantz noch in Wien bleibe. Auch dies führte der geschmeidige und beredte Mann, mit Hülfe seiner Parthei, durch. Daß dabei keine Gefahr für ihn war, wußte er. Dem Wiener Hofe waren die Hände durch die Türken gebunden . . . die Besorgniß desselben durch des Fürsten von Fürstenberg lügenhafte Berichte beschwichtigt.

Jetzt aber galt es, den Hauptschlag auszuführen.

Die geheimen französischen Bestechungsgelder waren bereits zum Theile bei Günzer eingetroffen; der Stadtschreiber besaß also Mittel, mit der Allmacht des Geldes seine Pläne zu fördern.

Rasch ging er an das Werk.

Dem väterlichen Hause entfremdet, — von Alma, die mit der Mutter während der Abwesenheit des Gatten und Vaters und in Folge des Günzerischen Auftretens fast klösterlich lebte, nichts hörend und nichts sehend — war Hugo geneigt, sich jetzt anderen jungen Männern mehr als sonst anzuschließen. Und siehe! es fanden sich überraschend bald solche, die ihm gefielen und ihn um so mehr anzogen, als sie seine politischen Ansichten theilten.

Schwärmerisch und glühend, wie die Jugend ist, schloß man sich rasch an einander an . . . und bald war eine Art geheimer Club gebildet, in dem man sich offen und ungenirt über Politik aussprechen konnte.

Wie schlugen da die jungen Herzen so laut und

rm für die gute Sache; ... wie schwärmte man für Vaterstadt und Vaterland! Wie sprach man mit edlem Patriotismus die Art und Weise durch, wie Straßburg vor den Uebergriffen Ludwigs und Louvois möglicherweise zu sichern sei. Eine Umgestaltung der Magistratur und die Einführung jüngerer Elemente in dieselbe, schien das zweckmäßigste.

Man sprach darüber viel, ... schrieb manches nieder, und Hugo Zeblitz, den man zum Präsidenten des kleinen Clubs ernannt hatte, war der beredtste, der offenste, der begeistertste der Jünglinge dabei.

O! er ahnte ja nicht, daß es Stadtschreiber Günzer gewesen, der ihm diese jungen Männer nahe gebracht; — er ahnte nicht, daß deren begeisterte Freundschaft für ihn, nur eine schmälig erkaufte Sache sei; es fiel ihm nicht im Traume ein, daran zu denken, daß er hier in eine Schlinge seines Todfeindes gerathen, dem jedes Wort berichtet, jedes Schriftstück in Abschrift mitgetheilt wurde und der bereits den XIIIern — der geheimen politischen Behörde — Anzeige davon gemacht und fortwährend machte.

Hier aber war man entsetzt und empört über dies verrätherische Auftreten der unbedachten Jugend. Wenn dem französischen Residenten, wenn Monseigneur Louvois, wenn Seiner Majestät von Frankreich solche Dinge zu Ohren kommen sollten . . . stand da nicht die Existenz des kleinen Freistaates auf dem Spiele?

Die Halben, die Achselträger und Aengstlichen — den alten Zedlitz an der Spitze — wollten verzweifeln — Günzer hatte die Namen der Mitglieder des Clubs noch nicht genannt —; aber das ganze Collegium kam außer sich vor Schrecken und Empörung, als ihm die Berichte über eine dort besprochene Reorganisation des Magistrates und eine Ergänzung desselben durch jüngere und kräftigere Elemente zu Augen und Ohren kam.

Ha! das war Hochverrath! . . . selbst in dem Schwörbriefe von 1482 stand ja: „Allen Bündnissen soll man entsagen, bei Strafe der Verbannung! . . ." und das war ein geheimes Bündniß gegen Rath und Magistrat, das sogar auf dessen Sturz und Auflösung hinarbeitete.

So ward denn die Verhaftung der Verräther einstimmig beschlossen und — wenn sich alles bestätige — die Verbannung derselben im Voraus ausgesprochen.

Eine schwere Stunde.

Dicht neben dem sogenannten Katzenthurme an der, die Stadt in mehreren Armen durchströmenden Ill, stand um jene Zeit ein kleines Haus, zum „Krebs" genannt, in welchem ein alter Fischer eine kleine Schenke hielt. Ein in Holz geschnittener, roth=angestrichener Krebs und eine darüber angebrachte, ebenfalls bunt bemalte männliche Figur — von der übrigens Niemand wußte, was sie bedeuten sollte, — kennzeichnete sie. Die Schenke „zum Krebs" war indeß nur für geringere Leute: wie Schiffer, Fischer, am Wasser oder in den Straßen beschäftigte Arbei=ter, und diese kamen nicht gar häufig hin.

Auch an dem heutigen Abende saßen nur zwei Menschen in der kleinen niederen Stube, deren Wände und Decke so schwarz von Schmutz und

Rauch waren, daß das Gemach eher einem Gefängnisse, als einem Wirthszimmer glich.

Und wahrlich! die alte halbzerbrochene Oellampe, die mit trübem Scheine auf dem Tische brannte, war nicht geeignet, die Phantasie des Eintretenden von dieser Täuschung zu heilen, so wenig, als der Tisch selbst, der sie trug, und der in seiner rohen Holzplatte Hunderte von eingeschnittenen Namen oder deren Anfangsbuchstaben zeigte.

Auf dem mit Steinplatten belegten Boden hätte man dabei mit Leichtigkeit Rüben pflanzen können, so gewaltig war hier mit der Zeit Erde und Schmutz angewachsen. Nur die alten Fischergeräthschaften, die an den Wänden hingen, und die wenigen Kannen und Krüge die auf einem wurmstichigen Schenktische standen, führten von der gedachten Täuschung auf die Wirklichkeit zurück.

Hier nun saßen an dem heutigen Abende zwei Gäste: der kleine Schneider Wenck und ein alter Diener der Gerechtigkeit, dessen blaurothes kupferiges Gesicht indeß bewies, daß er Bachus, dem edlen Gott des Weines, wenigstens ebenso treu diene, als hochweisem Magistrate der freien Stadt Straßburg.

Und Meister Wenck war es gewesen, der den schon etwas angetrunkenen Trombert hierher gebracht.

Ein sonderbares Gerücht hatte nämlich heute Abend die Stadt durchlaufen: man sprach von einer plötzlichen Verhaftung Günzers; ... aber die Sache wurde so räthselhaft behandelt, daß Niemand recht dahinterkommen konnte, ob sie auf Wahrheit beruhe oder nicht.

Daß dies Gerücht den kleinen Schneider ganz ungemein interessirte, war natürlich. Er frug und forschte also nach, wo und wie er konnte ... indeß auch er hatte nichts Bestimmtes erfahren, als er in der Nähe des Katzenthurmes Trombert begegnete.

Daß der Gerichtsdiener schon ein Kleines über den Durst genommen hatte, gewahrte Wenck, der ihn genau kannte, da sie einst in einem und demselben kaiserlichen Regimente gedient, sogleich.

„Wer weiß wozu das gut ist!" — dachte das Schneiderlein sofort und machte sich an den alten Kammeraden.

„Guten Abend Trombert!" — sagte er daher, vor dem Diener der Gerechtigkeit und des Weingottes stehen bleibend — „woher des Weges?"

„Direkte von der Pfalz!"

„Und noch in Geschäften?"

„Das meine ich."

„Ihr seid ein wichtiger Mann bei der Stadt."

„Mag schon sein; gibt auch manch' Wichtiges wozu man den alten Trombert braucht."

„So?" — rief Meister Wenck gedehnt. — „Ist wohl gar etwas Wahres an der Sache"...

„An welcher Sache?"

„Nun... man spricht... das heißt... man munkelt"...

„Was denn?"

„Daß der Herr Stadtschreiber Günzer... verhaftet sei!"

„Der Herr Stadtschreiber!" — rief Trombert und brach in ein lautes Lachen aus — „was doch diese Lästermäuler immer zu erfinden und zu schwatzen haben. Der Herr Stadtschreiber verhaftet...!" — und er lachte auf's Neue, daß es weithin schallte.

„Aber etwas muß doch"...

„Ja... etwas... etwas!" — rief Trombert geheimnißvoll — „aber das bindet man den Maulaffen nicht auf die Nase!"

Der Schneider lauschte erstaunt; etwas war also doch im Gange.

„Habt recht, Trombert!" — sagte er dann — „was braucht das dumme Volk alles zu wissen. Ich hab' sie auch ausgelacht. Mögen sie schwatzen und die Köpfe zusammenstecken, die Narren!... ich gehe und trinke meine Kanne Wein!"

„So?" — meinte der Gerichtsdiener, der die sonderbare Eigenschaft hatte, nicht nur gern dem Bachus zu dienen, sondern auch wo möglich, dies umsonst zu thun.

Wenck kannte das.

„Wollt ihr mitgehen Trombert und mein Gast sein?" — frug er daher.

„Meinetwegen!" — entgegnete der Rothnasige — „wenn's nicht über eine Stunde dauert."

„Keine halbe!" — meinte der Schneider — „wir treten hier gleich im Krebs ein!"

„In den Schweinstall?"

„Schweigt still, Trombert, in dem Drecknest gibt es einen vortrefflichen Wein. Und dann . . . wir müßten sonst so weit gehen."

„Nun denn, Meister Wenck, ich folge euch!" — versetzte Trombert, sich schon die Lippen leckend.

Aber Wenck hatte etwas anderes dabei im Auge. Er wußte, daß er hier mit dem Gerichtsdiener allein sein werde. Beim Wein konnte er dem Alten alsdann die Würmer aus der Nase ziehen.

Und so geschah es in der That; sie saßen erst bei der zweiten Kanne, als der durch den Wein geschwätzig gemachte und durch die pfiffigen Kreuz= und Querfragen des kleinen Schneiders inquirirte Trombert dem alten Kriegskamerad sein Geheimniß unter dem Siegel der tiefsten Verschwiegenheit wenigstens in so fern ausgeplaudert hatte, daß Wenck mit Entsetzen erfuhr: eine Verschwörung gegen den Magistrat sei entdeckt, — an der Spitze derselben stehe der junge Zedlitz, — die Verschwörer sollten nun in einer Stunde in ihrer Club-Stube überrumpelt, der Behörde ausgeliefert und alsdann als Hochverräther bestraft werden.

Wenck erschrack zum Tode. Der junge Zedlitz, der Dichter der schönen patriotischen Lieder, den er und ganz Straßburg so hoch verehrte, — dieser edle junge Mann verhaftet! . . . . er, einer der entschiedensten Patrioten, ein Verräther an dem Magistrate? . . . ein Hochverräther?! . . .

Nein! das war nicht möglich! Aber konnte denn da nicht ein Irrthum obwalten?

War es vielleicht nicht gut, den jungen Mann zu warnen?

„Ja! wer weiß wozu das gut ist!" — dachte Wenck, ließ noch eine Kanne Wein kommen, hieß Trombert sie ruhig auf seine Rechnung trinken, . . . und machte sich, Müdigkeit vorschützend, davon.

Kaum aber hatte Meister Wenck den „Krebs" verlassen, als er — so schnell er nur konnte — nach dem Zedlitz'schen Hause eilte. Hier, in einem der Hintergebäude, lebte Hugo — seit dem letzten

Streite mit dem Vater — abgesondert für sich. Wenck wußte dies, da er für den Sohn des Stettmeisters arbeitete, der Wenck als eine ehrliche Haut und einen der besten Patrioten allen feineren Meistern vorzog.

Bald war das Haus erreicht. Pochenden Herzens eilte Wenk der kleinen Treppe hinauf ... und siehe! ... wie froh war er ... Gott sei Dank! Hugo saß noch hinter seinen Büchern und Schreibereien.

Die Mittheilung war rasch gemacht.

Hugo erblaßte. Er! er! sollte ein Verräther an seiner Vaterstadt sein?! ... er, der es so ehrlich mit ihr meinte! ... der nur an ihr Wohl, an ihre glückliche Zukunft gedacht?!

Wenck drang auf schleunige Flucht; der Jüngling aber, im Vollgefühl seiner Unschuld, verwarf diesen Vorschlag mit edlem Stolze.

„Nein!" — rief er, das schöne Haupt kühn erhebend, — „das wäre Feigheit! das würde heißen, sich schuldig bekennen, wo man vollkommen unschuldig ist!"

„Aber bedenkt!" — entgegnete Wenck angstvoll — „daß hier Verläumdung im Spiele sein kann."

„So erfordert es meine Ehre, daß ich sie zurückschlage!"

„Ihr habt eine Menge Feinde im Magistrate junger Herr!"

„Das ist wahr . . . und leider ist mein Vater dabei."

„Traut nicht!"

„Das Recht wird siegen."

„O! es unterliegt so oft im Leben!"

„Aber nicht immer!"

„Mein Gott! Herr! seid doch klug und vernünftig: der Schein ist gegen Euch!"

„Wie so!"

„Ich kann es mir wenigstens nicht anders denken: Ihr sollt in Eurem Club eine Reorganisation des ganzen Magistrates beschlossen haben."

Hugo lächelte.

„Traut Ihr mir — oder auch der kleinen Club-Gesellschaft — eine solche Thorheit zu? Was vermöchten denn wir paar jungen Leute?"

„Aber gerade deßhalb" . . .

„Wir sprachen nur von der Sache, . . . erörterten sie" . . .

„Dann sind sie Alle verloren!"

„Wie so?"

„Weil man dann jedes unschuldige Wort darüber als Verrath auslegen wird."

Hugo war ernster geworden.

„Herr von Zedlitz!" — rief jetzt der kleine Schneider und seine Augen flehten den Jüngling an — „Ihr wißt, daß ich Euer Freund, daß ich Patriot, daß ich nicht feige bin!" . . .

„Ich weiß es, lieber Wenck!"

„Auch an Erfahrung hat mich das Leben gereift" . . .

„So ist es!"

„Nun denn, nehmt einen Rath von mir an."

„Und der wäre!"

„Folgt mir jetzt unverzüglich in mein Haus" . . .

„Flucht? . . . nein!"

„Ihr sollt ja nicht fliehen" . . .

„Was denn?"

„Euch nur für die ersten paar Tage verbergen, bis man weiß, wie der Magistrat die Sache aufnimmt . . . ob als Hochverrath" . . .

„Sie können es nicht!"

„O!" — rief jetzt der kleine Schneider in Verzweiflung. — „Wenn doch jetzt der würdige Syndicus Frantz da wäre. Aber so hat die Parthei der Patrioten weder Halt noch Spitze im Magistrat. Sie werden unbedingt Günzer und seinem Anhang erliegen!"

Hugo stutzte; die Namen Frantz und Günzer weckten unerwartet einen neuen Gedankengang in ihm.

„Nun?"

„Freigesprochen."

„Gott sei Dank! und ich? . . ."

„Auf die bringendste Verwendung des Herrn Stadt- und Rathsschreiber . . . freigesprochen! — Hugo von Zedlitz aber, der Vorsitzende, ist der Aufreizung gegen Frankreich und der Aufwieglung gegen den Magistrat der Stadt überwiesen . . ."

„Nun . . ."

„Als Verräther . . . auf ewige Zeit aus ihrem Weichbilde verbannt!"

„Unmöglich!" — rief Hugo mit fast schwindenden Sinnen. — „Straßburg kann seinen treuesten Sohn nicht so schmählich von sich stoßen!"

„Und doch thut es dies!" — entgegnete Meister Wenck, mit Gewalt die Thränen in seinen Augen zerdrückend.

„Aber das ist ja alles Lüge!" — rief Hugo. — „Wer hat denn Aufwieglung gepredigt? . . . und thaten die Andern nicht dasselbe, was ich that? sprachen sie nicht noch viel kühner, so daß ich es war, der sie oft auf das richtige Maß zurückführte?"

„Sie haben sämmtlich das Gegentheil beschworen und Hugo von Zedlitz als ihren Verführer angegeben."

„Das haben sie" . . .

„Beschworen!"

Eine lange und tiefe Pause entstand.

Hugo stand wie versteinert.

Endlich schien ihm das Leben wiederzukehren. Ruhig und gefaßt reichte er Wenck die Hand und sagte:

„Ich gehe! — Erdenkt die Art und Weise, mich noch diese Nacht heimlich fortzubringen. Hier ist meines Bleibens nicht mehr. Gott vergebe meinen Feinden, was sie an mir gethan!"

„Geht, lieber Herr!" — sagte hier Wenck und die Thränen, die er nicht mehr zurückhalten konnte, flossen über seine Wangen. — „Geht! Verlaßt Eure unglückliche und undankbare Vaterstadt wenigstens auf einige Zeit. Fügt Euch dem Unvermeidlichen ... wer weiß, wozu es gut ist! ... Gewiß! Eure Unschuld wird an den Tag kommen und dann ... dann ... kehrt Ihr gerechtfertigt zurück!"

„Ich gehe!" — wiederholte Hugo ernst — „aber einen Gefallen, lieber Wenck, müßt Ihr noch für mich haben."

„Ihr braucht Geld, Herr! das Bischen, was ich mir zurückgelegt"...

„Nicht doch!" — entgegnete Hugo gerührt. — „Ich habe mir, als ich vorgestern mit Euch mein Zimmer verließ, so viel in der Eile zugesteckt, als ich vor der Hand brauche. In Mannheim treffe ich Verwandte und dann . . . doch zur Sache!"

„Was denn sonst!"

„Sucht sofort . . . die Tochter des Syndicus Franz zu sprechen."

„Die schöne Alma?"

Hugo nickte: — „Aber im Geheimen."

„Und?"

„Sagt ihr, was unter uns vorgefallen . . . daß ich unschuldig . . . sagt ihr . . . was Ihr wißt."

„Gern, lieber Herr, gern!"

„Und beschwört sie, bei allem was ihr lieb und heilig ist, daß sie mir vor meinem Weggehen . . . nur eine viertel Stunde im Geheimen Gehör schenke."

„Ich gehe sogleich. Einen Vorwand, in das Haus zu kommen, habe ich schon. Ich muß die Frau Syndicus sprechen . . . es liegen mir Dinge auf dem Herzen . . . sie soll dem Gatten darüber schreiben. Wer weiß wozu es gut ist."

„Ihr wollt also" . . .

„Ich gehe sofort." — — — —

Noch an demselben Abende — Frau Hedwig saß in ihrem Wohnzimmer und schrieb in Folge der wichtigen Entdeckungen, die ihr Meister Wenck gemacht und der die Stadt erschütternden Vorfälle mit Hugo Zedlitz eifrig an den Gatten — sah Hugo die Geliebte.

Gewissen- und mädchenhaftes Zartgefühl hatten sich Anfangs gegen diesen Schritt gesträubt; aber die Macht des Augenblickes, die Gewalt der Liebe und die Verzweiflung, die sie erfaßt, siegten bald.

Unter dem Vorwande: zur Abendbetstunde zu gehen, war sie Wenck in dessen Haus gefolgt. Dort . . . hatte sie Hugo, den sie ja längst im Stillen geliebt, getroffen.

O Himmel! welche Stunde trat jetzt an die Beiden heran! . . . eine Stunde, die ihnen ein halbes Leben einzuschließen schien! . . . eine Stunde des reinsten, des höchsten Glückes und des unendlichsten Schmerzes!

Fanden sich doch zwei edle, zwei reine, kindliche Herzen in heiliger Liebe. Aber ach! der erste süße, die Seelen mit himmlischer Wonne durchschauernde Kuß . . . war ja auch der **Abschiedskuß**. Aber er war mehr noch . . . mehr! . . . brannte er doch als Siegel des Schwures: **sich auch in der Ferne und trotz aller noch kommenden Schicksalsstürme treu zu bleiben**, auf ihren Lippen.

Weinend riß sich Alma los; gestärkt und aufgerichtet machte sich Hugo zur Flucht bereit.

Jetzt nahm er keinen Haß mehr mit, gegen die Stadt, die in ihm einen ihrer treuesten Söhne verbannte; . . . jetzt stand er über der Armseligkeit geblendeter Menschen; . . . jetzt war neuer Muth und neue Hoffnung über ihn gekommen, und stolz und freudig jauchzte es in seinem Innern: "Ich liebe dich doch noch, mein schönes Straßburg, mein theures Vaterland! und all mein Denken und all mein Handeln, ja mein ganzes Leben soll dir beweisen, daß ich dein würdiges Kind bin! Gott segne dich, geliebte Vaterstadt und erhalte dich groß, frei und glücklich!"

Ende des ersten Theiles.

Nachtrag.

Seite 29 Zeile 23 lies statt erfurchtsvoll . ehrfurchtsvoll
„ 30 „ 4 „ „ partheischer .. partheiischer.
„ 47 „ 11 „ „ Prinzesinnen . Prinzessinnen.
„ 319 „ 25 „ „ servieles Wesen ... serviles Wesen.

In der Literarischen Anstalt in Frankfurt a. M.
sind ferner erschienen:

Das
Evangelium der Natur.
Ein Buch für jedes Haus.

Den Inhalt dieser schön ausgestatteten Gesammtausgabe bilden folgende Abtheilungen:

    I. Der Sternenhimmel (Astronomie).
   II. Die Erdbildungsgeschichte (Geologie).
  III. Blicke in das Pflanzenleben (Botanik).
  IV. Die Wunder des menschlichen Körpers (Anatomie).
   V. Blicke in das Thierleben (Zoologie.)
  VI. Das Reich der Physik.
 VII. Das Wissenswertheste im Reiche der Chemie.

Dies Werk stellt das ganze Reich der Naturwissenschaften in einer schönen und ächten Volksthümlichkeit dar, indem es durch interessante, anmuthig ernste, und zugleich für die sittliche Bedeutung der Naturwissenschaften begeisternde Form auch deren wissenschaftlichen Gehalt allen Bildungsstufen des deutschen Volkes zugänglich und eindringlich klar macht.
Preis Thlr 2 oder fl. 3. 30 kr.

Altes und Neues
aus
Thier- und Menschenleben.
von
Carl Vogt.

Zwei Bände. Preis Thlr. 2⅔ oder fl. 4. 40 kr.

Der Verfasser, bekannt durch seine wissenschaftlichen Leistungen und seine politische Laufbahn, theilt in diesem Werke mehrere seiner früheren humoristisch-wissenschaftlichen Schriften, die einen bleibenden Werth in unserer Literatur haben werden, zum Theil neu umgearbeitet und dem heutigen wissenschaftlichen wie politischen Standpunkte entsprechend, mit. Vogt hat in diesen beiden Bänden den ganzen Reichthum seines gediegenen Wissens und seines humoristisch-satyrischen Schriftstellergenies niedergelegt.

Zoologische Briefe.

Naturgeschichte
der
lebenden und untergegangenen Thiere,
für
Lehrer, höhere Schulen und Gebildete aller Stände
von
Carl Vogt.
Mit circa 1500 in den Text gedruckten Holzschnitten.
Zwei große Oktavbände (85 Bogen) Preis Thlr. 4 oder fl. 7.

Ein Werk, das sich durch seine großartig wissenschaftliche Bedeutung wie durch seine edle, durchsichtige Darstellung gleich bei seinem ersten Erscheinen die ehrenvolle Stellung neben den klassisch-populären Werken unserer wissenschaftlichen Literatur erworben hat. Bei einer nach allen Seiten hin erschöpfenden Auffassung der gesammten Thierwelt, von der Pflanze bis zum Menschen, führt es uns in das innere Heiligthum der Naturwerkstätte ein und gewährt einen überraschenden Blick gleichsam in die Weltgeschichte des Thierreichs, in der das innere und äußere Leben, die urälteste Vergangenheit und die Gegenwart, die wichtigsten Verrichtungen, der Lebenszweck der einzelnen Geschöpfe, ihrer Familien, Ordnungen und Classen, sich in organischer Nothwendigkeit vollständig und in lebendigster Bewegung entwickeln und in manchem Bekannten, Alltäglichen ein ungeahnt tiefes Geheimniß erblicken lassen.

Klassische Vorschule.
Geschichte der griechischen und römischen Poesie mit umfassendster Auswahl des Schönsten und Edelsten aus derselben, von der ältesten Zeit bis zum Beginn des Mittelalters. Nach den vorzüglichsten Uebersetzungen, mit den nöthigen Anmerkungen und einem Umrisse der antiken Mythologie und Metrik.
Herausgegeben von
Dr. Löning.
3 Bände (12 Lieferungen).
Preis Thlr. 2. 12 Sgr. oder fl. 4. 12 kr.

Bewährte Sachkenner haben der „Klassischen Vorschule" und ihren erschöpfend reichhaltigen, stets das Ganze der Dichtung charakterisirenden Mittheilungen aus allen Dichtern der Griechen und Römer, öffentliche Anerkennung gezollt.